理财规划实训教程（第二版）

主　编◎万思杝

副主编◎陈勇阳　徐　磊　蒋雨宏

西南财经大学出版社
Southwestern University of Finance & Economics Press
中国·成都

图书在版编目(CIP)数据

理财规划实训教程/万思杝主编 .—2 版.—成都:西南财经大学出版社,2021.1(2021.8 重印)
ISBN 978-7-5504-4730-1

Ⅰ.①理… Ⅱ.①万… Ⅲ.①私人投资—教材 Ⅳ.①F830.59

中国版本图书馆 CIP 数据核字(2020)第 257266 号

理财规划实训教程(第二版)
LICAI GUIHUA SHIXUN JIAOCHENG

主 编 万思杝
副主编 陈勇阳 徐 磊 蒋雨宏

责任编辑:李特军
封面设计:何东琳设计工作室
责任印制:朱曼丽

出版发行	西南财经大学出版社(四川省成都市光华村街 55 号)
网 址	http://cbs.swufe.edu.cn
电子邮件	bookcj@swufe.edu.cn
邮政编码	610074
电 话	028-87353785
照 排	四川胜翔数码印务设计有限公司
印 刷	郫县犀浦印刷厂
成品尺寸	185mm×260mm
印 张	19.5
字 数	417 千字
版 次	2021 年 1 月第 2 版
印 次	2021 年 8 月第 2 次印刷
印 数	2001— 5000 册
书 号	ISBN 978-7-5504-4730-1
定 价	39.80 元

编 委 会

主　编： 万思杝

副主编： 陈勇阳　徐　磊　蒋雨宏

编　委： 李　娇　李海燕　符明恺　孙　娟
薛　扬　刁安红　张　宁　张莎莎
史雪丽　靳　华　周　娅　刘　萌

Preface 第二版前言

又到一年冬季时节，今年冬天似乎格外寒冷。本教材出版至今不知不觉已经两年有余了，其间世界经济社会发生了很多变化，中美贸易摩擦频发、祖国70周年华诞、5G网络的推行、上海首条全自动无人驾驶APM线开通试运营……在即将进入新的一个五年计划之际，在信息技术快速发展的同时，全球经济环境发生着前所未有的变化，这促使我们重新修订这本教材，进一步明确以培养具有实践操作能力的投资理财人才为目标。

在这一版的修订中，本书读者仍然定位于具备基础金融知识以及对投资理财感兴趣的读者。为提高教材的可读性和实用性，进一步完善全书结构体系，本书对理论篇和实训篇进行了较大增减修改，将纯理论与实训任务相对应，使得理论与实训结合更加紧密。此外，本书还强调实训实践能力的培养，一方面在实训篇中新增了几个章节，满足不同读者的需要；另一方面在其他没有单独配套实训任务的理论中进一步丰富实务或案例分析，让读者以理论内容+练习的方式进行学习。

具体而言，我们所做的修订工作主要包括以下几点：

①理论篇。将货币时间价值章节中的理论和实训部分合并，作为理财规划的基础知识呈现。本书在介绍货币时间价值的概念后，紧接着让读者进行相应的实训实操练习，帮助读者形成知识体系。同时针对金融投资理论部分，本书根据时事变化进行了数据资料的及时更新。

②实务篇。从知识结构划分更加明晰的角度出发，本书将现金规划、退休规划、财产分配与传承规划分别作为专项理财规划内容进行独立讨论，将住房规划根据概念内涵合并为消费支出规划。此外，鉴于税收政策和税收相关法律法规对个人及家庭理财的广泛影响，本书新增了个人税收筹划的实训内容，以使理财规划的知识框架更加完整；同时，还进行了案例补充和数据更新，以期用更贴近实际的实训内容，帮助学生充分理解和掌握理财规划方案的制定。

③案例部分。这次修订更新了书中的案例分析，并且针对原书中的某些疏忽和遗漏进行了增补和修正，力图更好地体现知识的应用性和实践性。

本次修订仍然保留了第一版的特色：第一，时效性和创新性。教材结合最新的经济形势和理财人才需求，按照理财规划的流程体系进行讲解，理论结构和内容体系思路新颖、体例独特。第二，强调科学性和趣味性的有机结合。为取得更好的教学效果，本书在各章节保留了“课后阅读”“案例分析”“拓展思考”等栏目，并在部分章节增添对我国经济发展的现状特点进行的针对性分析。第三，实用性。本书以培养应用型人才为目标，按照理财规划的基本流程和理财规划的种类进行介绍，理论结合实践，采用理论+练习+实训的模式，将基础知识、专业理论和理财实践融为一体。第四，项目式教学。本书在实训篇中采用项目教学法，让读者以团队的形式完成项目。

本书由万思杝老师担任主编。本书得以修订和出版得到了众多专家学者的大力支持、指导和帮助，其中刘萌老师为本书的修订工作提出了宝贵的意见，在此对所有专家学者表示衷心的感谢！对西南财经大学出版社编辑的鼓励与支持表示感谢！

“青青园中葵，朝露待日晞。阳春布德泽，万物生光辉。”修订完成本书时严冬已经过去，我举目遥望远方，初春已然到来，万物生机勃勃，如同周边的一切事物都在重启，带来无限的希望……

万思杝

2020 年 4 月 7 日

目录
Contents

第一篇　理论篇

第一篇　理论篇

第一章　理财规划概论

开篇引言

俗话说，“你不理财，财不理你”，那什么是理财呢？这里所说的理财，特指个人理财。我们要理好财，首先就要做好个人理财规划。关于个人理财规划有三个比较相近的概念，分别是个人职业规划、个人生涯规划和个人理财规划。让我们首先来了解一下这三个概念的含义。

个人职业规划：姓名、年龄、性别、居住地域、知识结构、能力才干、受教育程度、优势特色资源、核心竞争力、尚存缺陷等。社会最需要什么样的人，我最适合做什么工作，做什么工作最能发挥自己的价值。个人职业规划是要在我为社会做出贡献的同时，也为自己获取较大的收益。

个人生涯规划：我的一生将如何安排度过，如何进行就业择业、结婚成家、子女生育教育、买房买车、纳税缴费、养老、遗产分配等。个人生涯规划是安排一个人从摇篮到坟墓的一切内容。

个人理财规划：如何赚钱花钱攒钱、存钱贷款，选择什么样的股票债券、基金期货、保险信托进行投资。个人理财规划是对各类投资理财事项的系统安排。

以上三个概念之间既有联系，又有区别。个人生涯规划立足于人生全程，个人职业规划是人生先导，而个人理财规划则奠定财力基础。

第一节　理财规划的基本知识

一、理财规划的发展背景

随着我国经济的发展，人们财富积累速度的激增，理财已经不再是一个陌生的概念了。据调查，2016 年我国中产阶级（年收入 10 万元，家庭资产为 50 万~70 万元）人数为 7 000 万~8 000 万人，亚洲 170 万人流动可投资额在 100 万美金以上，中国人均 GDP 已经超过 8 000 美元，我国人均储蓄超过 4 万元。与此同时，中国的城镇化进程不断推进，消费人群数量和消费需求不断提升。随着 90 后踏入社会，人们的消费观念开始转变，享受性消费和超前消费需求开始爆发。改革开放以来，居民年消费水平呈现指数级增长，2015 年所有居民的平均年消费水平达到 19 308 元。城乡居民储蓄存款余额持续增长，增长率从 2008 年之后呈下降趋势，2015 年的增长率为 8.06%。2005—2015 年我国人均收入情况如图 1-1 所示。

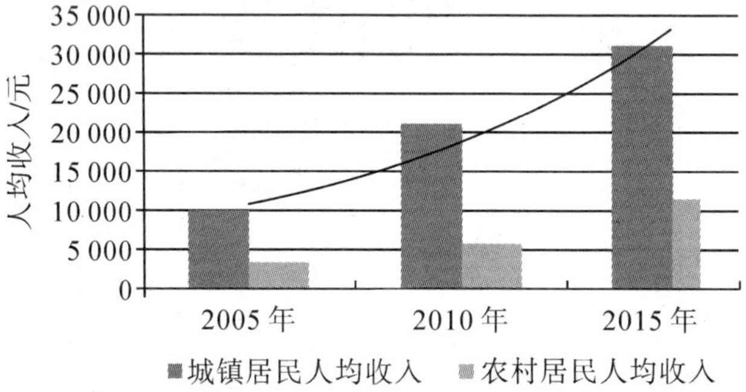

图 1-1　2005—2015 年我国人均收入情况

数据来源：《2016 中国统计年鉴》。

截至 2016 年年末，银行间市场各类参与主体共计 14 127 家，较 2015 年年末增加 4 491 家。存款类金融机构持有债券余额 34 万亿元，持债占比 60.4%，较 2015 年年末下降 1.7 个百分点；非法人机构投资者持债规模 14.5 万亿元，占比为 25.7%，较 2015 年年末提高 3.5 个百分点。公司信用类债券持有者中存款类机构继续下降，存款类金融机构、非银行金融机构、非法人机构投资者和其他投资者的持有债券占比分别为 28.8%、7.8%、63.4%。2010 年与 2015 年社会金融资产结构如表 1-1 所示。

表 1-1　2010 年与 2015 年社会金融资产结构

	2010 年	2015 年
企业存款	25.3 万亿元	62.59 万亿元
其中：活期存款	16.5 万亿元	33.77 万亿元
定期存款	8.8 万亿元	28.82 万亿元
城乡居民储蓄存款	30.7 万亿元	55.21 万亿元
股票市值（股票数量，账户数）	26.5 万亿元（2 062 只，1.3 亿股票账户）	41.79 万亿元（2 827 只，2.15 亿股票账户）
债券市场规模	16.31 万亿元	36.1 万亿元
其中：银行间市场债券	15.8 万亿元	32.2 万亿元
基金数量（封闭式基金数量）	711 只	2 722 只
基金规模（净值）	2.51 万亿元	7.67 万亿元

数据来源：《2016 年金融市场运行情况》。

由此可见，国民经济的发展带来的财富积累构成了我们理财的基础。如此庞大的财富，在金融市场中的股票、基金、债券等金融工具理应成为最具投资价值的产品，但我国股市的实际情况却是表现平平，2010 年中国股市表现全球倒数第二，上证指数全年下跌 14.31%；2011 年中国股市表现全球倒数第一。面对这种情况，人们除了对普通理财具有保值增值的需求，在经济制度的转型背景下还产生了不少基本的理财需求，如住房（私有化）、医疗（保险）、养老、教育等。

二、理财的概念

理财，首先要理解什么是财，财有狭义和广义之分。

狭义的财是指能够给所有者直接带来价值利益的有形资产或无形资产。有形资产是指特定主体所控制的，具有实物形态，对个人和组织长期发挥作用，并且能够直接带来经济利益的资源。无形资产是指特定主体控制的，不具有实物形态，对个人和组织长期发挥作用，并能带来直接经济利益的资源。

广义的财，具有更丰富的内涵，它包括狭义的财的范围，还包括可以间接带来价值利益的无形资源，例如社会关系、智慧、荣誉、健康、知识、理念、经验、形象等。这些东西一般不能通过某种方法进行度量，但实际上它们也是财富的一部分，通过它们可间接转化为狭义的财。我们通常所说的理财中的财，一般采用广义的财的概念。

其次，要区分理财的主体，理财的主体可分为个人理财和公司理财两类。在个人理财中，家庭是理财的主体，它被定义为在法律所保护的范畴内，对财产具有完全的自主处置能力的个人和家庭，任何共同享用财富、收入和支出的团体，只要是共同享用家庭的所有钱财，都可作为家庭对待。在公司理财中，公司企业是理财的主体，在我国公司理财又叫财务管理，是对公司财务活动所进行的管理活动。本书的理财主要指个人理财活动。

最后，回到最开始的问题，到底什么是理财呢？个人理财是指，通过搜集整理和分析个人（或家庭）收入、消费、资产、负债等数据，根据客户的理财目标、风险承受能力和风险态度的评估结果、心理偏好等情况，制订系统的储蓄计划，策划投资，设计家庭整体财务方案并予以执行、反馈、调整的过程。个人理财的核心在于根据客户不同生活阶段的财务状况和财务需求，合理分配资产和收入，实现个人财务资源的有效管理和控制。个人理财的根本目的是实现人生目标中的经济目标，同时降低人们对未来财务状况的焦虑。

由此可以看出，理财规划（financial planning），是指运用科学的方法和一定的程序为个人或企业制订出切合实际的、具有高度可操作性的投资组合方案，以达到个人或企业资产的保值与增值目的的行为。理财规划师，则是运用理财的原理、方法和工具，为客户提供理财规划服务的专业人员。

三、个人理财与公司理财的区别

从定义上来讲，个人理财是指根据个人财务状况，建立合理的个人财务规划，并适当参与投资活动；公司理财是指在市场经济条件下，研究以现代化企业和公司为代表的企业理财（或称财务管理）行为，公司理财在我国更多地被称为财务管理，其核心内容是投资、融资和资金营运管理。

另外，商业银行或第三方理财机构针对不同的理财用户也推出不同的理财产品，个人理财产品是出售给个人的小额理财产品，公司理财产品是出售给企业公司的大额理财产品。个人理财与公司理财有许多相同的地方，总的原则都是量入为出，善用现有资源增值，但同时在很多方面也有所区别。

1. 理财的目标不同

个人理财主要是为个人或家庭提供财务策划服务，以实现个人的经济目标，个人理财通常具有具体的理财目标，涉及时间较短。而公司理财则主要是为公司、企业提供财务策划服务，以提高利润率、增加市场份额、控制成本等为主要目标。

2. 服务对象的风险承担能力不同

个人的风险承担能力相对较弱，在权衡风险和收益时，往往把安全性放在第一位，收益性放在第二位。而公司因为拥有相对雄厚的财力和专业的财务人员，为了追求较高的利润，则能够承担较高的风险。

3. 主要内容不同

公司理财是指企业为了达到既定的战略目标而制订的一系列相互协调的计划和决策方案，一般包括投资决策、融资决策、成本管理、现金流量管理等。个人理财是指个人或家庭根据财务资源而制订的，旨在实现人生各阶段生活目标的一系列相互协调的计划，包括职业生涯规划、房地产规划、子女教育规划、保险规划、退休规划、税务筹划、遗产管理规划等。

4. 依据的法律法规不同

公司理财需要遵守《中华人民共和国公司法》《中华人民共和国证券法》以及与企业税收、会计等方面相关的法律法规。而个人理财则需遵守《中华人民共和国个人所得税法》、社会保障等相关规定，以及保险、遗产等方面的法律法规。

5. 行业管理不同

在成熟的市场里，为了提供更好的服务、取得公众的信任、加强行业的管理和自律，往往会成立专门的行业组织，如各种国际理财师资格认证机构和管理机构，用以指导成员国建立和维护行业的职业标准，负责职业培训，组织职业资格考试，颁发从业资格证书等。这种做法主要是针对个人理财。

6. 研究对象不同

公司理财研究对象以公司的资产、负债和利润为主。个人理财的研究对象以个人收支、个人财富为主。一般而言，个人的收入主要来自工作及个人投资，而公司的收入则来自产品或服务的销售。

四、投资与理财的区别

投资理财经常会放在一起说，但其实这是两个不同的概念。投资是理财的一个部分，投资不等于理财。投资是放弃了现在确定的一部分收入，去争取未来更高收益可能性的行为。而理财则是注重资产的最优配置，需要综合考虑不同投资者的资产负债情况、现金收支情况、人生财务规划、风险偏好程度等多方面因素，平衡收益率和风险，优化投资组合。

理财其实是一种战略，注重的是资产的布局，通过各种资产的互补，以实现家庭财务的平稳发展；投资则是战略的运用，是一种战术，是理财规划的具体执行，因此投资仅仅是理财的一个部分而已。具体而言，它们有以下几个方面的区别。

1. 目标不同

一般而言，投资是将资金投入某一渠道或某些产品中进行增值、保值、超值，其目的是获得利润，它关注的是资金的流动性与收益率。而理财则不是为了赚钱，它是帮助人们更合理地安排收入与支出，以达到财务安全、生活无忧的目的，并不单纯地追求资产的保值。

2. 决策过程不同

在理财方案的设计与实施过程中，要考虑市场环境的因素，但更重要的是考虑个人及家庭的各方面因素，包括生活目标、财务需求、资产和负债、收入和支出等，甚至还要考虑个人的性格特征、风险偏好、投资特点、健康状况等。而在投资决策中，依据的则是对市场趋势的判断和把握，主要考虑的是各种投资工具的收益和风险特征，而很少考虑个人的其他需求。

3. 结果不同

通常而言，投资的结果是获得收益，实现资产的保值增值，但也可能因为风险而承受一定的损失。理财则是为了在目前的资产和收入状况下，使我们未来的生活更加富有，生活更加有质量，家庭成员更加健康、更加快乐。

4. 涵盖的范围不同

具体而言，个人及家庭的投资渠道主要包括金融市场上买卖的各种资产，如在金融市场上购买汽车债权、债券、股票、基金、外汇、期货，以及在实物市场上买卖的资产，如房地产、金银珠宝、邮票、古玩，或者实业投资，如个人店铺、小型企业等。与之相比，理财的内容则要丰富得多，它涵盖的内容除上述之外，还包括个人及家庭收入与支出的方方面面。

理财小故事

一富豪到华尔街银行借5 000元贷款，借期两周，银行贷款须有抵押，富豪用停在门口的劳斯莱斯做抵押。银行职员将他的劳斯莱斯停在地下车库里，然后借给富豪5 000元，两周后富豪来还钱，利息仅15元。

银行职员发现富豪账上有几百万元，问为啥还要借钱，富豪说："15元两周的停车场，在华尔街是永远找不到的。"

理财师点评：有时候换位思考，一件事情会找到更好的解决方案。

五、理财规划的范围、作用以及原则

（一）理财规划的范围

就理财规划的范围而言，其涉及很多方面，如金融、社保、投资、房产、退休、遗产、税收的策划等。现代意义上的个人理财，不同于单纯的储蓄或投资，它不仅仅是财富的积累，而且还囊括了财富的保障和安排，财富保障的核心则是对风险的管理和控制。

（二）理财规划的作用

1. 平衡现在和未来的收支

理财规划可以调节我们的收支平衡，减轻生活压力，将收入和支出进行空间和时间的重新配置，改变入不敷出的现象。

2. 提高生活水平，积累财富

俗话说的"富不过三代"，便是对不会进行理财规划的写照，只要我们进行合理的理财规划，便可以获得收益，积累并传承不少的财富。

3. 规避风险与保障生活

有很多人认为把钱存进银行便是资金的一大安全保障，但是银行也是企业，银行是可以宣布破产的，除了安全性方面的考虑外，银行存款还随时面临着降准降息和通货膨胀的风险。生活中的不确定性事件可能会导致我们正常生活遭受重创，而理财规划可以让我们在突发事件发生后，有足够的资金保障生活。

4. 为子女的健康成长打好经济基础

在现代社会中，只有高素质的人才方能立于不败之地。我们要想在竞争之中获胜，必须重视综合素质的提高。小孩从出生到大学毕业，需要大量的智力投资及其他物质投资（又称为"人力资本投资"），总费用平均在10万元以上。在现实中，许多家长抱着"只要把钱花在子女的教育上就值得"的态度，心甘情愿地盲目投资、无效投资、过度投资，不能使之产生良好的预期效果。巨额的人力资本投资，需要做好科学的财务规划，针对子女的特长、兴趣和爱好，把孩子培养成有用之才、高素质人才。一个家庭能够合理地进行理财规划，不仅能够为子女积累财富，还能为子女的未来教育质量提供保障。

（三）理财规划的原则

1. 整体规划

个人理财规划通常不会是一个单一性规划，而是一个包括现金规划、投资规划、税收规划、退休规划、风险管理以及遗产规划等单项规划在内的综合性规划。每个单项规划可以针对某一方面的具体问题提供解决方案，但仅仅依靠单项规划并不能全面实现客户的理财目标，因此，理财规划必须是一个全面综合的整体性解决方案。

2. 提早规划

货币经过一段时间的投资和再投资之后可以进一步增值，这是货币的复利现象，称为货币的时间价值。由于货币具有这样的特性，所以理财规划应尽早开始，理财方案应尽早制订，避免资产受到时间和通货膨胀因素的侵蚀。

3. 现金保障优先

不论个人及家庭做何种规划，首先要保证日常生活和意外应急事件发生时的计划外开支准备，如重大疾病、意外灾难、犯罪事件、突发事件等。因此，根据理财规划的基本要求，建立一个能够帮助家庭在出现失业、大病、灾难等意外事件的情况下，也能安然度过危机的现金保障系统十分关键，这也是进行任何理财规划应首先考虑和重点安排的事项。

4. 风险管理优于追求收益

理财规划首先应该考虑的因素是风险，而非收益。风险是指可能发生的危险，如利率风险、通货膨胀风险、人身意外风险等。理财规划旨在通过财务安排和合理运作来实现个人及家庭财富的保值增值，最终使生活更加舒适、快乐。保值是增值的前提，我们在理财规划时要认清可能出现的各种风险，合理利用理财规划工具规避风险，并采取措施来防范和控制风险。

5. 消费、投资与收入相匹配

消费支出通常用于满足短期需求，投资则具有追求未来更高收益的特质，收入无疑是二者的源头和活水。在收入一定的前提下，消费与投资支出此消彼长。理财规划应该正确处理消费、资本投入与收入之间的矛盾，形成资产的动态平衡，确保在投资达到预期目的的同时保证生活质量的提高。

6. 家庭类型与理财策略相匹配

基本的家庭类型有青年家庭、中年家庭和老年家庭三种。不同的家庭形态，他们在财务收支状况、风险承受能力方面都各不相同，理财需求和具体理财规划内容也不尽相同。因此，根据不同家庭形态的特点，理财规划师应该制定不同的理财规划策略与之相匹配。

第二节 理财规划事业的产生与发展

一、个人理财业务的萌芽阶段

个人理财起源于20世纪30年代美国的保险业，它是随着金融理财制度和金融创新的发展而逐步形成的。虽然美国现今已有30多万名理财师，但是在其萌芽期，理财仅仅是保险工作人员为兜售本公司商品而采取的一种全新的营销策略。

1929年10月，美国股市大萧条，世界经济危机爆发，导致全球股价大跌，投资者财产蒙受巨大损失，生活受到严重影响。由此人们萌生了综合规划个人财产与生活的需求。第二次世界大战结束后，随着经济的复苏与社会财富的积累，美国人民逐步意识到个人理财的重要性，对金融服务和产品的需求进一步增加。

这个阶段还没有关于个人理财业务概念的明确界定，个人理财业务主要是为保险产品和基金产品的销售而服务。现代意义上的理财出现于20世纪60年代，它的标志是1969年国际金融理财协会的成立。

二、个人理财业务的形成与发展时期

20世纪60年代到20世纪80年代是理财业务的形成与发展时期。1969年是美国理财业发展的标志年，这一年美国创立了首家理财团体机构——国际金融理财协会（International Association for Financial Planning，IAFP），它以普及理财知识、促进理财行业发展为宗旨。当时，人们已经认识到了个人理财的重要性，但还没有发展到委托专业人员帮助其理财的地步。然而一部分保险工作人员和信托投资推销员已经开始寻求系统化的理财概念，在这样的背景下成立了以这些人为中心的专业策划团体——国际金融理财协会。国际金融理财协会在成立初期仅有13名会员，随着理财事业的普及、发展，国际通用的注册理财师人数不断增加，目前已经超过10万人。

1972年，美国又创立了第一家专业理财教育机构——金融理财学院（College for Financial Planning），向社会推行金融理财师（又译为财务规划师）（Certified Financial Planner，CFP）认证制度。

20世纪七八十年代是美国理财业发展的关键时期。它的发展主要受两方面的影响。一方面，20世纪70年代，证券、投资、保险的混业经营模式，以及金融改革浪潮的出现使创新金融产品不断涌现，为个人理财提供了丰富的金融投资产品，金融改革不断推进。另一方面，在能够运用的资产增加的同时，能成为投资对象的商品也越来越多，但靠个人的判断很难做出最佳选择；再加上各国复杂的税收制度，选择商品投资的同时还必须考虑如何节税和避税，这时就须咨询专业人员了。与此同时，为了满足顾客的需要，理财师的教育制度和资格评定制度也趋于完善。也就是说，客户理财需要的增加和理财行业的兴起共同促进了理财师队伍的发展。到

20 世纪 80 年代，银行管理理论的转变和电子信息系统的使用，使融合了传统存贷款业务、投资业务和咨询顾问业务的“组合式”理财产品，开始成为银行个人理财业务的主要方式。

这个阶段，理财业务仍然以销售产品为主要目标，同时帮助客户规避繁重的赋税。在 20 世纪 70 年代到 20 世纪 80 年代初期，个人理财业务的主要内容就是避税、年金系列投资、参与有限合伙（投资者投资合伙企业但只承担有限责任）以及投资于硬资产（如黄金、白银等贵金属）。直到 1986 年，伴随着美国税法的改革以及里根总统时期通货膨胀率的显著降低，个人理财业务的视角逐渐扩展，开始从整体角度考虑客户的理财需求。

三、个人理财业务的成熟时期

20 世纪 90 年代，美国的理财行业已经发展成熟，有了稳定的社会地位，并着手理财师的选拔。理财业务开始广泛涉足衍生金融产品领域，并且将信托业务、保险业务以及基金业务等相互结合，以满足客户的个性化需求。与此同时，金融管制开始松动，各类投资工具和衍生产品市场、场外市场交易规模迅速扩大，理财产品的投资空间得到进一步拓展，理财的组合方式、投资对象、风险承担和利益分配模式更加多样化，保证收益（保底）、浮动收益、有条件转换收益等各类理财产品不断推陈出新。

20 世纪末，体系完整、制度完善的理财行业在美国已经形成并在欧亚等经济发达国家和地区得到了迅速的推广与发展。至今，美国已成为拥有全球最先进理财文化和理财机构的国家之一。

理财行业有两个重要的机构，一是国际 CFP 理事会，它于 1990 年成立，2004 年 3 月更名为国际金融理财标准委员会（Financial Planning Standards Board，FPSB）；另一个机构是 CFP 标准委员会（CFP Board of Standards，CFP Board），它于 1994 年成立，是由 CFP 更名形成的非营利性金融管理机构。在这两个机构的推动下，国际金融理财行业在金融理财师的执业标准和业务操作流程方面基本上达成共识。

四、理财事业的发展趋势

1. 客户的需求呈多样化、个性化、层次化趋势

随着大众理财观念的深入，人们逐渐将理财作为生活中必不可少的一部分，由于背景、收入、学历、年龄、性别等因素的影响，不同消费者的理财需求也会有所不同，而且在不同年龄阶段，理财需求也不同。

2. 理财业务细致化

理财业务不断地细分市场，实行人性化、个性化、差别化、分层次的理财服务，不断提升服务理念。在满足消费者物质理财需求的同时，更加重要的是要满足他们

精神领域的内在需求，并在此基础之上建立起和客户之间相互信赖的关系。不断改进经营理念，确立“以市场为导向”“以客户利益为中心”的现代经营理念。

3. 加强金融机构之间跨行业的合作，丰富理财业务内涵

混业经营快速发展使商业银行与证券、保险、基金等金融机构进一步加强了合作，从相互代理业务发展到更广泛的行业间合作。我国金融行业目前仍是采用分业经营模式，但是各个金融机构之间的业务往来和合作一直在加强加深。

4. 理财规划师将成为新兴的热门职业

目前，银行等金融机构开始注重对从业人员进行专业的理财培训。一些高等院校为适应理财业发展的需要，开设了理财专业或相关专业。而有关理财的国际和国内认证犹如雨后春笋般发展起来。

第三节　理财规划的内容和步骤

一、理财规划的主要内容

个人理财规划是针对整个一生而不是某个阶段的规划，它包括个人生命周期每个阶段的资产负债分析，现金流量预算和管理，个人风险管理与保险规划，投资目标确立与实现，职业生涯规划，子女养育及教育规划，居住规划，退休计划，个人税务筹划及遗产规划等多个方面。具体如图 1-2 所示。

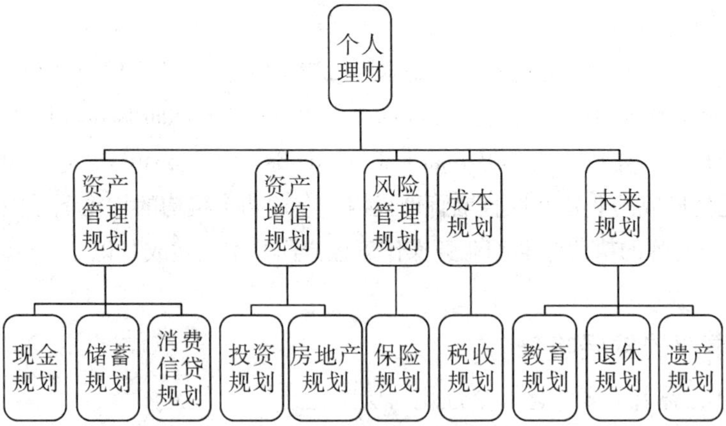

图 1-2　个人理财政规划的主要内容

（一）现金规划

当前，现金消费仍然是人们常用的支付方式之一，现金在支付的安全性和方便性上具有其他支付方式不可替代的优越性。持有足够的现金固然方便，但是现金并不具有收益性，在通货膨胀严重的情况下其价值还会受到侵蚀。因此必须在现金支

付的方便性和由此丧失的收益之间进行权衡，找到最佳的现金持有量，使之既能满足日常需要，又能在发生紧急情况下提供及时的帮助，这就是现金规划的内容。

（二）储蓄规划

储蓄是所有个人理财规划的源头，对个人来讲既有盈利的目的，更有安全、方便、备用和保值的需要，而且对国家经济发展具有重大意义。个人进行储蓄要满足日常开支的需要，建立有效的储蓄计划，这样不仅能够缓冲财务危机，而且可以积累资金。储蓄的形式有很多种，常见的有活期存款、定期存款、定期定额存款。

理财小故事

小杰和小明是两个上班族，小杰爱理财，小明却觉得理财没有什么作用。

从 20 岁开始，小杰每个月定投 500 元，并假设平均年化收益率为 10%，连续投资 7 年就不再定投。我们可以估算一下，7 年之后小杰的本息加起来是 6 万多元。如果这 6 万多元继续按照年化 10% 的收益率滚动增长，到了 60 岁退休的时候，小杰的本息金额已达到 160 多万元。

等到小杰定投了 7 年，小明发现同龄人的小杰竟然存了不少钱，这时候也开始学习小杰的理财方式，每月定投 500 元。

那么按照同样 10% 的年化收益率，小明追上小杰需要多久呢？

根据数据测算，小明需要持续定投 33 年，本息金额才能达到 160 多万元。

达到同样的目标，一个是定投 7 年，一个是定投 33 年。所以说，不要低估未来 10 年的变化，在理财上 7 年的差距，也许就是一辈子的差距。

【相关资料】

储蓄率是指个人可支配收入总额中储蓄所占的百分比。国际货币基金组织公布的数据显示，中国的国民储蓄率从 20 世纪 70 年代至今一直居世界前列，20 世纪 90 年代初居民储蓄占国民生产总值的 35% 以上，到 2005 年中国居民储蓄率更是高达 51%，而全球平均储蓄率仅为 19.7%。2009 年我国居民储蓄余额已经突破 18 万亿元，储蓄率在全世界排名第一，人均储蓄超过 1 万元。2013 年，我国居民储蓄余额连续 3 个月突破 43 万亿元，位于历史最高位，已成为全球储蓄金额最多的国家；居民人均储蓄超过 3 万元，是人均储蓄最多的国家；居民储蓄率超过 50%，是全球储蓄率最高的国家。这也说明我国人民对未来缺乏安全感，以增加储蓄来防范风险。详见表 1-2。

表 1-2　2013 年中国部分省（直辖市、自治区）人均存款排行榜

地区	城乡居民储蓄存款余额/亿元	常住人口/万人	人均存款/元
北京	23 747.60	2 114.80	112 292.42
上海	21 185.70	2 415.15	87 720.02

表1-2(续)

地区	城乡居民储蓄存款余额/亿元	常住人口/万人	人均存款/元
浙江	29 360.48	5 498.00	53 402.11
天津	7 695.80	1 472.21	52 273.79
广东	50 638.60	10 644.00	47 574.78
辽宁	19 858.00	4 390.00	45 234.62
江苏	34 072.80	7 939.49	42 915.60
山西	13 385.00	3 630.00	36 873.28
陕西	12 302.30	3 763.70	32 686.72
重庆	9 648.4	2 970.00	32 486.20
河北	23 421.50	7 332.61	31 941.56
福建	12 002.40	3 774.00	31 802.86
山东	29 967.30	9 733.39	30 799.14
内蒙古	7 479.00	2 497.61	29 944.63
宁夏	1 893.40	654.19	28 942.66
吉林	7 803.80	2 751.28	28 364.25
四川	22 663.49	8 107.00	27 955.45
海南	2 480.40	895.28	27 705.30
湖北	15 571.00	5 799.00	26 851.18
黑龙江	10 125.60	3 835.00	26 403.13

数据来源：《2013 中国区域金融运行报告》和《国民经济和社会发展统计公报》。

(三) 消费信贷规划

以前负债被认为是不光彩的事，而现在借债并不可怕，负债仅仅代表提前使用自己未来的收入，可以享受以后才能得到的商品和劳务，是理财规划的一种方式。消费信贷规划能够帮助人们在决策之前认清自己的还贷能力，选择适合自己的信贷方式，充分享受信贷给生活带来的方便和乐趣。

(四) 投资规划

投资是个人取得财富的主要手段，单一品种的投资工具很难满足对资产流动性、回报率和风险的最佳组合要求，而且作为个人或家庭，也不具备投资的专业知识和信息优势，在时间精力的投入方面都无法保证。投资规划根据个人风险偏好和投资回报率需求，通过合理的资产分配，使投资组合满足客户的收益性、流动性和安全性要求。

(五) 房地产规划

住是衣食住行四大需求中期间最长、所需资金最多的一项。购买房地产有四种考虑：自己居住、对外出租、投资获利和减免税收。出于不同的目的，投资者也会有不同的购房选择。在房地产规划中，一方面应对国家的法律法规和影响房地产价格的各种因素有所了解；另一方面必须了解自己的支付能力，以确定合理的购置计划。

（六）保险规划

在日常生活中人们肯定会面对一些风险，有些风险事故一旦发生，就会给人们造成很大的负担，而管理风险的一种常用方式就是通过购买保险来转移风险。保险的最基本职能就是提供保障，除此以外现代保险还具有融资、投资的功能。保险品种多，条款复杂，有一定的专业性。保险规划的目的是通过对个人经济状况和保险需求的详细分析，选择合适的保险产品和合理的期限金额，对个人的人身及财产进行保障。

（七）税收规划

依法纳税是每个人的法定义务，但纳税人出于对自身利益的考虑，都希望将自己的税负合理地降到最低，因此，如何在合法的前提下减少税赋呢？这就是税收规划。税收规划能在充分了解税收制度的前提下，通过各种税务规划构建策略，合法地减少税收负担，进行减税避税。

（八）教育规划

教育是一种智力投资，不仅可以提高人的文化水平和品位，还可以使受教育者增加人力资本。教育投资可以分为两大类：对自身的教育投资和对子女的教育投资，对子女的教育投资又可以分为基础教育投资和高等教育投资，而后者是所有教育项目中花费最高的一项。近年来教育投资数额不断增加，而父母也是不惜血本，所以对教育投资进行规划是十分必要的。

【延伸思考】

昂贵的教育费

目前，一对夫妇要供养一个小孩四个老人，这种“4+2+1”的家庭模式是社会的普遍形态，同时还需要面对激烈的社会竞争。而子女的教育费用从出生到读完大学，人均花费为 14.6 万元，望子成龙、望女成凤的心愿，应该如何来实现呢？我国 0~18 岁教育费用估计如图 1-3 所示。

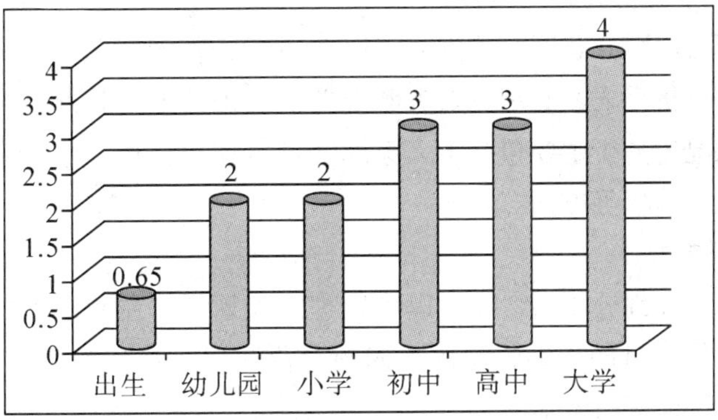

图 1-3 我国 0~18 岁教育费用估计（单位：万元）

（九）退休规划

人们工作到一定年龄就会退休，一旦退休则工薪收入就会停止，人们的收入在整个人生中是不平衡的，而大部分人不希望自己的消费支出随时间变化太多，也就是说人们总爱追求消费路径的平滑性。并且从退休到去世毕竟还有很长一段时间，如何在退休期间保持一定的生活水平就成为每个人都会面对的现实问题。如不早做计划就会导致自己退休后的生活水平急剧下降；另外，现在一对独生子女夫妇要照顾四位老人，负担很重。所以做好退休规划不仅可以使自己的退休生活更有保障，同时还可以减轻子女的负担。

（十）遗产和财产传承规划

遗产的继承是人生需要妥善安排的最后一个事项。遗产规划的目标是高效率地管理遗产，并将遗产顺利地转移到受益人的手中。一方面遗产转移需要时间，另一方面继承人还要缴纳遗产税，所以如何尽快地、尽可能多地把遗产留给继承人就是遗产和财产传承规划关注的问题。

二、理财规划的一般步骤

1. 收集个人家庭信息

理财方案是否适合个人家庭的实际情况，取决于是否详细了解个人家庭的财务信息、与理财相关的非财务信息和个人家庭的期望目标。收集、整理和分析个人家庭的财务信息和与理财有关的非财务信息，是制订理财方案的关键第一步。

2. 分析个人家庭的风险偏好和理财目标

分析客户的风险承受能力、投资偏好以及投资需求，是对客户的主观行为进行评估。一方面是对投资者的风险进行评估，主要内容包括风险承受能力，即损失最大限额、行为偏差的评估，以及风险态度的评估；另一方面是对投资者的理财目标进行评估，包括理财的短期目标、长期目标、目标的量化分析等。

3. 分析个人家庭财务状况

个人家庭现行的财务状况是达到未来财务目标的基础，在提出具体的理财计划之前必须客观地分析个人家庭现行财务状况并对未来的财务状况进行预测。对个人家庭现行财务状况的分析主要包括个人家庭资产负债表分析、个人家庭现金流量表分析以及财务比率分析等方面。

4. 制订理财方案

在对客户进行详细分析后，就可以进行理财规划了，在制定理财规划方案时要综合考虑每一具体项目的规划，运用掌握的专业知识，结合个人家庭的实际情况，最终形成整体系统的理财方案。

5. 执行理财方案

一份书面的个人家庭理财方案本身是没有意义的，只有通过执行理财方案才能让个人家庭的财务目标成为现实。

6. 持续关注

理财服务并不是一次性完成的。在完成方案后很长时期内，仍需要根据新情况来不断地调整方案，使个人家庭更好地适应环境，达到预定的理财目标。持续关注包括定期对理财方案进行反馈和评估，以及不定期的信息服务和方案调整。理财规划的一般步骤如图 1-4 所示。

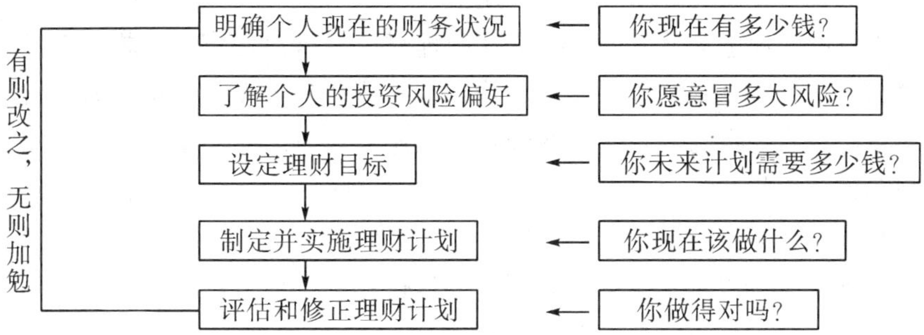

图 1-4　理财规划的一般步骤

第四节　投资理财的资产选择

一、理财的方式

一般而言，个人或家庭进行理财投资时有两种选择。一种是通过购买商业银行或正规金融机构出售的理财产品进行理财，理财产品是由上述机构自行设计并发行的产品，银行将募集到的资金根据产品合同约定投入相关金融市场及购买相关金融产品，获取投资收益后，根据合同约定分配给投资人。另一种方式是投资者自己进入金融市场或实体经济，选择不同的资产，进行比例配置。

前者不需要投资者自己进行理财，由银行按照既定的投资策略代理投资者进行投资，这是目前大部分个人投资者选择理财的主要方式；后者则要求投资者具备一定的专业能力和资产规模，自行选择资产种类，并根据收益和风险配置资产比例。

二、银行理财产品种类

1. 固定收益类理财产品

这类产品主要投资于银行间市场、交易所以及其他金融市场的固定收益产品，是收益水平较为确定的一类产品，包括央行票据、金融债、企业债、短期融资券、贷款类信托、商业票据、优先股等。依据投资方向不同，可分为债券型理财产品、信托贷款型理财产品和票据型理财产品。

（1）债券型理财产品。债券型理财产品以国债，金融债和央行票据，高信用等级企业、公司债，短期融资券等为主要投资对象，产品结构期限固定，投资风险较低。债券型理财产品具有收益稳定、期限固定、风险较低的特点。

（2）信托贷款型理财产品。信托是指投资者基于对信托投资公司的信任，由信托公司按投资者的意愿以自己的名义，为受益人的利益或为特定目的，进行管理或者处分的行为。信托贷款是指受托人（信托公司）接受委托人（如银行）的委托，将委托人的资金按指定的对象、用途、期限、利率与金额等发放贷款，并负责到期收回贷款本息的一项金融业务。信托贷款型理财产品以信托贷款为投资对象，由银行发行理财产品，将募集的资金投资于其指定的信托公司设立的信托贷款计划，产品到期后银行按照约定向客户支付本金收益。这类理财产品期限固定，能够准确测算出客户预期年化收益率（信托贷款利率减相关固定费率），投资者有望获得较高收益但须承担一定的投资风险。

（3）票据型理财产品。票据型理财产品以已贴现的商业汇票为投资对象，由银行发行理财产品，将募集的资金投资于商业银行已贴现的商业汇票。产品到期后，银行按照约定向客户支付本金和收益。票据型理财产品主要投资于已贴现的银行承兑汇票，具有收益固定、风险较低的特点。

2. 现金管理类理财产品

这类理财产品大多可以随时变现，流动性近似于储蓄，申购和赎回交易都非常方便，主要投资于国债，央行票据，债券回购以及高信用级别的企业债、公司债、短期融资券等安全性高、可随时变现的投资工具。现金管理类产品具有投资期短、交易灵活、收益较活期存款高等特点，通常作为活期存款的替代品，用来管理短期闲置资金。

3. 国内资本市场理财产品

这类产品主要投资于在上海、深圳证券交易所上市交易的投资品种，包括交易所股票、开放式基金以及交易所债券等，可分为新股申购类理财产品、证券投资类理财产品和股权投资类理财产品。

4. 代客境外理财类（QDII）产品

代客境外理财业务，是指具有代客境外理财资格的商业银行，受境内机构和居民个人的委托，以其资金在境外进行规定的金融产品投资的经营活动。代客境外理财产品的资金投资市场在境外，但是可投资的境外金融产品和金融市场是有限的，投资者可以直接用人民币进行投资。

5. 结构性理财产品

它是运用金融工程技术，将存款零息债券等固定收益产品与金融衍生产品（如远期、期权、掉期等）组合在一起而形成的一种金融产品，简而言之，就是将产品分为“固定收益+期权”的复合结构。其可分为保本型结构性产品和非保本型结构性产品。

【相关阅读】

我国的结构型产品

结构型产品是目前银行及证券公司理财业务的重要发展方向。随着外资银行大量进入国内市场，国内该类产品的发行增长迅速，以外币型产品为主，发行机构利用境外投资工具多、风险对冲机制完善的优点，推出多种结构化产品。在产品结构方面，以本金保护型产品为主，挂钩标的包括利率、汇率、股票指数。以前国内银行的人民币理财业务投资范围较窄，主要是债券、央行票据、存款等，收益率较低，对投资者吸引力不大。近年来国内银行将外币结构化产品设计模式用于人民币理财已成趋势，例如光大银行推出的人民币理财A计划，即为包含了与原油期货挂钩的产品。

结构型产品在国内有广阔的发展前景。国内居民储蓄存款多，存差大，而可供居民投资的品种太少。如果假定市场上投资者大部分是风险厌恶型，则风险越大的投资产品，市场需求量越小。结构化产品可以在风险介于股票和定期存款之间构造出多种类型的投资品种，它的市场规模理论上应大于股票市场，小于银行存款余额。从外币结构化产品在国内销售火爆的情况可以看出，结构化产品在国内有相当大的需求。

资料来源：周凯. 结构化产品探路中国［N］. 证券时报，2006-04-10.

三、理财的资产选择

目前我国理财市场的产品种类越来越丰富，投资者在了解自身风险承受能力的情况下，可以通过多种产品类型的搭配来丰富自身的资产配置以及降低风险，优化理财方案。

1. 投资实体经济

投资实体经济即通过参与实体经济的经营、投资、融资等活动，获取回报的一种方式。首先从品种来讲，投资实体经济可选择性比较丰富，市场常见的包括服装、家具、建材等。从收益来讲，如果投资比较成功，收益率能在30%左右；但是实体经济的投资需要考虑的东西也很多，包括店面的选择、客户的管理和挖掘、进货渠道、成本控制、营销推广，如果可能还要求跑业务。这样的情况费精力费时间，还要配合工商执法部门检查，而且风险比较大。总而言之，这是一种高风险、高回报的选择。

2. 储蓄存款

从存款的品种看，资金的存取方式多样，基本形式有两种，即定期存款和活期存款，定期存款回报收益相对高一点，但不够灵活。2017 年的活期存款利率是 0. 36%，定期 5 年的利率是 3. 6%，拟 10 000 元做比较，活期存款一年之后本利和就是 10 036 元，如果定存五年，则每一年本利和也就 10 360 元。再考虑通货膨胀的情况，2016 年 12 月国家公布的居民消费物价指数 CPI 同比上涨 2. 1%，也就是说，这个月与去年12月相比，每万元约贬值210元。以5年定存为例，一个月的利息大概为30元。从储蓄存款的回报收益来看，如果我们把钱存在银行，一个月的实际利息只有12.5元。

【相关资料】

通货膨胀的侵蚀

1998年，如果你口袋里揣了30元钱，可以买到5.6千克大米、1千克猪肉还有1.3千克食用油，一辆购物车都装不下；2008年，30元钱只够拿一只小环保袋到超市买2.5千克大米、0.35千克猪肉和0.55千克食用油（针对特定品级的同一产品）。

短短10年间，30元的购买力下降速度堪比跳水。作为一个现代的社会人，我们很难回避通货膨胀闯入生活，所以我们要懂得理财，学会理财，保证自己的资金不缩水，回避通货膨胀，首先做到保值，再是达到增值目的。

3. 基金

基金是指为了某种目的而设立的一定数量的资金。就交易的方式划分，基金有两类：开放式基金和封闭式基金。开放式基金是指基金发行总额不固定，基金单位总数随时增减，投资者可以按基金的净值在基金管理人确定的营业场所进行申购或者赎回的一种基金，其解决了封闭式基金折价问题。封闭式基金是指有固定的存续期，在存续期间基金的总体规模固定，投资者可以通过二级市场买卖的基金。该类基金虽然长期持有静态投资价值较高，但流动性差，中短线投资机会往往不佳。

从收益来划分，主要有股票型基金和债券型基金。股票型基金，是指60%以上的基金资产投资于股票的基金，这一类基金品种风险大、收益大，并且由于是被别人管理操作，所以投资者需要承担很大的管理风险和折价风险。这种基金比较类似于股票的风险收益，但它相对于股票的收益而言较小，有专人管理，省去了自己的操作精力。债券型基金，是指基金资产80%以上投资于债券的基金。在国内，投资对象主要是国债、金融债和企业债。它比较类似于债券的投资，有专人负责管理操作，但是收益较低，抗通货膨胀的能力差。

4. 股票

股票按种类发行范围可分为A股、B股、H股和F股四种。A股是在我国国内发行，供国内居民和单位用人民币购买的普通股票；B股是专供境外投资者在境内以外币买卖的特种普通股票；H股是我国境内注册的公司在中国香港发行并在香港联合交易所上市的普通股票；F股是我国股份公司在海外发行上市流通的普通股票。股票的主要收益方式是获得红利收入和股价买卖价差。而一般我们所说的炒股收益是指股价买卖差，即资本利得。就股票的投资管理来讲，要经常关注宏观经济情况和行业的行情走势，股市风险较大，容易受政策、产业趋势、物价、人为操作以及市场环境所影响，投资股票要关注来自宏观、中观和微观三个层面的影响。

5. 外汇

我国的外汇交易品种主要是美元、港元、日元、欧元、英镑、加拿大元、澳大利亚元、瑞士法郎。投资外汇是从国际货币汇率的变化中，通过低买高卖来获取收益，外汇投资最大的优势是可以以小博大，由于交易商允许使用借贷的方式参与交易，因此杠杆投资可以大大降低自己投入每笔交易的成本。一般外汇公司的交易比率为 200~400 倍，也就是说我们拿出 500 美元，就可以交易到 100 000（10 万~20 万）美元的货币交易额。外汇的收益非常高，但这与它的风险也成正比。外汇市场采用 24 小时连续交易，所花费的时间精力不利于个人时时守着这个市场，如果投资者判断失误，就很容易让保证金全军覆没。外汇买卖的风险主要在于外汇汇率的变化，投资者从汇率的波动中赚钱可以说是外汇现货合约投资获取利润的主要途径。而汇率的变化受诸多因素的影响，包括中长期因素，如国际收支、经济增长、宏观政策、利率差异、物价水平等；还有短期因素，如央行干预、政治因素、市场表现、国际资本流动等。

总而言之，外汇投资是高收益高风险，投入资金以小搏大，专业性非常强，所耗费的精力和时间不是一般上班族能承受的。

6. 收藏品

就收藏的品种而言，有古董、邮票、艺术品等。在收藏品投资中，一双火眼金睛不可或缺，尤其是古董投资，如果没有专业知识是不可轻易介入的。实际上，许多识货行家也会阴沟里翻船，甚至许多赝品还成功躲避了许多业内顶级专家的眼光，堂而皇之地进入了许多国家的艺术殿堂。收藏品投资除了专业能力要求非常高之外，风险也非常大，投资收藏品的主要风险有以下几类。

（1）假货风险。

（2）时代风险。“三十年河东，三十年河西”，每个时代受欢迎的东西不同，昨日的香饽饽今天可能就没人理睬了。很多投资者一开始往往从自己喜欢的东西入手进行投资，时间一长，敝帚自珍，积累了深厚的感情，觉得千金难换，反而失去了市场价值。因此，投资收藏品关键是要抓大势，从众多投资者的品位和偏好入手，这样才可能获得不错的收益。

（3）市场风险。同股市一样，收藏品市场同样存在炒作，也有庄家出没。

（4）政策风险。许多收藏品因为本身价值极高，可列为国宝。比如《中华人民共和国文物保护法》第五章第二十五条规定：“非国有不可移动文物不得转让、抵押给外国人。”这一条肯定了私人收藏文物是合法的，同时也否定了将文物作为一种投资途径的行为。因此，收藏品投资必须在国家允许的范围之内，注意选择投资对象，对于政府禁止在市场上买卖的，则不要进行投资。

7. 债券

我国的债券品种主要有三类：国债、企业债券、可转换公司债券。我国的国债专指财政部代表中央政府发行的国家公债，由国家财政信誉作担保，信誉度非常高，历来有"金边债券"之称，稳健型的个人投资者喜欢投资国债。其种类有凭证式、记账式、实物券式三种。现在常见的是前两种。

企业债券是公司依照法定程序发行、约定在一定期限还本付息的有价证券，通常泛指企业发行的债券。我国一部分发债的企业不是股份公司，一般把这类债券叫企业债，企业债和公司债的发行略有不同。符合深、沪证券交易所关于上市企业债券规定的企业债券可以申请上市交易。企业债券由于与国债相比具有更大的信用风险，因而本着风险与收益相符的原则，其利率通常也高于国债。但我国在交易所上市的公司债券基本是AAA级，相当于中央企业级债券，信用风险很低。

可转换公司债券是一种特殊的企业债券，其发行公司在发行债券时事先规定债权人可以选择有利时机，在一个特定时期（转股期）内，按照特定的价格（当期转股价）转换为发债企业的等值股票。可转换公司债是一种被赋予了股票转换权的公司债券。所以可转债既有普通债券的一些基本特征（如票面利率、到期还本付息等），又具有一定的股票特征，是一种混合型的债券形式。我国上市公司发行可转债审批严格，债券信用等级要求AA级以上，加上可转债具有"下跌风险有界，上涨幅度无界"的特性，因而较受机构投资者和专业投资者的青睐。

总的来说，债券是风险小收益小的投资工具，平均收益在2.40%~4.10%，投资效益低，抗通货膨胀能力差。

8. 期货

所谓期货，是指由期货交易所统一制定的、规定在将来某一特定的时间和地点交割一定数量标的物的标准化合约。这个标的物又叫基础资产，是期货合约所对应的现货，可以是某种商品，如铜或原油；也可以是某个金融工具，如外汇、债券；还可以是某个金融指标，如三个月同业拆借利率或股票指数。期货交易采用保证金交易制度，即投资者买入或卖出期货只须缴纳一定比例的保证金即可参与市场交易，而保证金只占交易金额的一小部分，约占总价值的10%，少量的保证金就可以进行大量数额的交易，这就形成了杠杆效应。

期货市场收益很大，但是风险也很大，期货价格的影响因素包括经济波动周期因素（危机、萧条、复苏、高涨）、金融货币因素（利率和汇率）、政治因素、政策措施因素、自然因素（气候条件、地理变化和自然灾害）、投机和心理因素等。

期货投资的特征是以小博大，收益和风险成正比，高杠杆高复杂性，对投资者的专业能力要求非常高，投资者必须具备丰富的经营知识和广泛的信息渠道及科学的预测方法，而且所花费的时间精力也不是一般的上班族所能承受的，获利最高达到十多倍。

【相关知识链接】

中国有四个期货交易所：大连商品交易所、郑州商品交易所、上海期货交易所、中国金融期货交易所。

大连商品交易所：主要交易黄大豆、豆油、豆粕、玉米、棕榈油、塑料期货。

郑州商品交易所：主要交易白糖、棉花、强麦、硬麦、菜籽油、PTA 期货。

上海期货交易所：主要交易铜、铝、锌、燃料油、橡胶、黄金期货。

中国金融期货交易所：主要交易沪深 300 指数期货合约。

9. 保险

就保险品种来讲，常见的有医疗险、养老保险、失业保险、工伤保险和生育保险，这五类险种便是常说的“五险一金”中的“五险”。除此以外，各大保险公司还有多种不同的保险产品。保险主要功能是抗风险和保障性功能，作为投资理财产品它的收益和银行的利率差不多，但是现在保险的功能正逐步多样化。一般而言，保险投资收益性较低，占用资金比例依据所投品种种类和数量，保障抗风险性强，可选择性购买投保。

投保选择保险公司很重要，我们可以从三个方面去考虑：一是公司实力，投保人一般愿意选择历史悠久，信誉卓越，规模宏大，资金雄厚，网络齐全，保费收入与市场份额均居前茅的保险公司。二是险种种类，优良的保险公司提供的险种应具备以下条件：①保险种类齐全；②灵活性高，在保费缴纳、到期给付以及保额变更等方面灵活多样；③竞争性强；④组合性强，主险与附加险可灵活搭配与组合，以便提供最全面的保障；⑤客户服务功能强大。三是服务，保险产品归根结底是一种社会服务产品，因此在投保时，一定要注意该公司服务水平、服务质量与服务信誉。

10. 房地产

房地产是目前中国人的投资主选，它是实物投资，低风险高收益，受预期通货膨胀影响不大。从 1998 年到现在，房地产投资造就了一大批富人，据调查，中国的亿万富豪有一半涉足房地产市场。但是房地产投资需要的资金数额庞大，投资风险不容易把握，操作复杂，费时费力，需要专业经纪人代为操作。

11. 现货黄金

黄金投资的品种主要分为黄金现货、黄金期货、黄金股票、实物黄金、纸上黄金。贵金属投资是以小博大，收益和风险成正比。目前比较普遍的交易方式主要有两种。

（1）柜台式交易，又称场外交易，即直接购买金条、黄金首饰等实物或者纸黄金，目前只能买涨，不能买跌。它获利收益来自低买高卖的价差，比较适合中长期的投资群体，它最大的劣势是交易费用比较高，报价不统一规范，而且回购渠道不完善，变现不易，一旦买入价格过高容易发生价格下跌带来的市场风险。

（2）投资黄金现货（俗称“炒黄金”）。这种交易和炒股类似，就是通过网上交易平台操作，以赚取黄金差价为盈利目的的一种投资品种，这种投资形式是一种针对个体投资客户的 24 小时随时随地都可以操作的智能化投资形式，涨、跌都可以赚钱，较适合利用业余时间来学习理财的投资者，不熟悉的投资者可以通过模拟操作来加强了解。

从黄金投资的独特性看，贵金属的价值一方面表现为它自身的独特保值功能，另一方面则体现在投资组合中的独特价值。黄金价格变动具有非常突出的特点，这就是黄金与其他投资产品价格变动具有负相关性，例如当发生通货膨胀时，市场所有的金融资产收益率都会受到影响，这个时候贵金属就是保值的一种理想选择。一般投资产品价格变动都具有高度的正相关性，如股票市场下跌那么债券市场、基金市场等都会受到同样因素的影响而下跌，因此很难达到分散风险的目的。而黄金与大多数投资产品之间存在的负相关关系，使之成为一种重要的分散风险的投资工具。黄金分散风险的功能不仅取决于它自身价格相对稳定，更重要的是，它的保值功能具有降低系统风险的功能，这是一般资产组合无法实现的。

无论在稳定时期，还是在不稳定时期，具有黄金的资产组合，都能以较小的风险取得较大的收益，这是具有黄金资产的组合与其他组合最大的区别。所以，虽然黄金投资的替代品在不断增多，但由于这种独特的保值功能，黄金的投资价值难以被取代。

黄金分散风险的功能，以及黄金在资产配置中的比例大小，与不同时期资产组合中各类资产收益、风险变动状况有重要的关系，它不会长期维持在一个固定不变的数字。只要黄金在资产组合中维持一定的比例，则随着国际市场金融资产总量的不断增加，对黄金资产配置的需求也会持续增加。投资理财资产比较如表 1-3 所示。

表 1-3　投资理财资产比较

投资品种	特点	现状与发展	结论
股票	1. 单向操作 2. 本身没有任何价值 3. 市场不透明，容易受大户操控 4. 撮合成交，若出现亏损，难以退出市场	1. 国内股票市场走势与经济表现背道而驰 2. 市场透明度较低，信息不对称 3. 上市公司不够规范，产权关系模糊	我国股票市场经常大起大落，股价变化无常，根本没有反映出上市公司的经营与发展。非理性成分大，股票市场总体效率不高
债券	1. 时间跨度长 2. 风险较低 3. 收益率低	1. 品种不多 2. 供给有限，不易购买	低回报低风险，但我国债券市场还处于发展的初期阶段
房地产	1. 资金占用量大 2. 资金回笼比较慢 3. 交易费用较高	1. 固定资产投资过热 2. 存在房价泡沫 3. 宏观调控的直接对象	不适合做短线投资
纸黄金	1. 交易手续费较大 2. 只能做多，不能做空 3. 资金无放大功能	1. 只是一种凭证交易 2. 收益不会很大 3. 不能取得实物黄金	收益回报不高，并且不利于投资者进行交易

表1-3(续)

投资品种	特点	现状与发展	结论
基金	1. 集合理财，专业管理 2. 组合投资，分散风险 3. 利益共享，风险共担 4. 严格监管，信息透明	1. 自上而下受到挑战 2. 政府目标与投资人利益的阶段性失衡 3. 管理人与投资人风险收益不对称	国内基金大部分用来投资证券，而现阶段股市低迷，收益不稳定，且伴随一定的风险
存款储蓄	1. 操作简单 2. 较强的灵活性 3. 收益稳定	面临货币贬值风险	一定比率的储蓄应作为现金流，而不属理财品种
黄金、白银	1. 多空双向操作 2. 货币属性易于储藏，保值避险 3. 较高流动性 4. 可以进行保证金交易	1. 与国际市场联动 2. 正处于上升通道，被越来越多的投资者关注	1. 具有储藏、保值和获利的功能 2. 是应对危机的保障资产 3. 我国投资品种的新亮点

第五节　我国理财市场现状

一、我国理财市场发展历史沿革

回首中国理财文化发展的漫长历程，我们可以发现近几年理财行业兴起的这段激荡的潮流后面蕴藏着深刻的经济文化背景。

在我国古代，以家庭或个人致富为基本目标的私人理财思想萌芽于春秋时期，初步形成于战国时期，到西汉中期臻于成熟，其标志是司马迁《史记》的问世。《史记》，尤其是其中的《货殖列传》篇，蕴含着丰富的中国古代私人理财思想，是中国私人理财发展史上一个重要的里程碑。中国真正意义上的理财业务兴起于20世纪90年代中期，并在极短的时间内成为一种时尚，为大多数国人所接受。

1996年，中信实业银行广州分行率先挂出了“私人理财中心”的牌子，我国银行的个人理财业务正式起步。1998年，我国规范的证券投资基金的推出标志着现代理财制度正式建立。基金为中国人带来了全新的理财之道。基金是众多理财方式中发展更快、收益更明显、安全更有保障的新的理财方式，正被人们逐步认知并接受，不仅已走进老百姓的生活，更在人们日常理财中发挥着越来越大的作用。同年，中国工商银行的上海、浙江、天津等5家分行，根据总行的部署，分别在辖区内选择了一些软硬件符合要求的营业网点进行“个人理财”的试点。商业银行、保险公司和证券公司根据自身业务的特点和对个人理财的认识，也竞相推出了具有鲜明行业特点的理财服务。

1995—2005年，中国个人理财市场每年的业务增长率达到18%。2007年，中国个人理财市场规模达到5 000亿元，此后的理财市场增长率以每年10%~20%的速度突飞猛进。1996—2005年国内个人理财市场重要事件如表1-4所示。

表 1-4　1996—2005 年国内个人理财市场重要事件

年份	金融机构	详细内容
1996	中信银行	广州分行成立私人银行部，向贷款余额 10 万元以上客户提供理财服务
1997	工商银行	上海分行推出理财咨询设计等 12 项理财服务
1998	工商银行	在上海、浙江、天津等五家分行进行个人理财业务试点
1999	建设银行	在上海、北京等 10 个城市的分行建立个人理财中心
2000	工商银行	上海分行以员工名字做服务品牌，推出个人理财工作室
2001	农业银行	推出金钥匙金融超市，为客户提供一站式理财服务
2002	中资银行	招行、工行、建行、民生等各大银行先后推出各自的理财品牌
2002	外资银行	花旗银行在上海设定个人理财中心，汇丰银行推出卓越理财服务
2002	人民银行	发布信托公司管理办法，规范信托市场，信托市场开始启动
2004	中资银行	光大、民生银行先后获得人民币理财资格，推出人民币理财业务
2005	证券公司	券商集合理财产品获得批准，当年共推出 13 只券商集合理财产品

二、我国理财业务发展现状

随着中国经济的快速发展，中产阶层和豪富阶层正在迅速形成，有相当一部分人的理财观念从激进投资和财富快速积累阶段逐步向稳健保守投资、财务安全和综合理财方向过渡。理财需求迅猛增长，中国已经成为全球个人金融业务增长最快的国家之一。目前我国已经进入个人理财时代，个人理财业已经成为我国金融发展的重要行业。但是我国的个人理财业务仍处于新兴阶段，热潮越来越高，市场前景非常广阔，发展潜力巨大。

从发展动力上看，理财市场的发展动力主要来自三个方面。

1. 需求方的动力

我国庞大并仍在持续增长的个人金融资产，为发展个人理财业务提供了物质基础和内在动力。同时，我国大众理财意识也越来越强，理财需求不断升温。普通老百姓缺乏足够的时间和专业知识，渴望理财保值增值的愿望变得越来越迫切，这构成了潜在的、持久而旺盛的理财需求。

2. 供给方的动力

个人理财业务已成为当今金融机构拓宽业务的战略重点和创造新利润的重要来源。银行可以通过理财等其他中间业务获得新的利润点，其中，个人理财业务也成为银行发展零售业务的战略方向和稳定的利润来源。券商、基金、保险、信托等公司都在充分发挥各自的优势，抢占理财市场，扩张业务范围，增加利润来源。

3. 外部环境的拉力

金融改革为理财市场的发展创造了更好的外部环境，同时也使得汇率风险、利率风险、市场风险等更加突出。一方面，这些将增强理财主体和客体规避风险的动力和需求，拓展各种理财工具和产品创新与发展的空间。另一方面，信息技术的发展为个人理财提供了条件保障，尤其是在计算能力和通信能力方面的发展，为个人理财的创新给予了支持。

从发展趋势来看，我国个人理财市场进入快速发展期。国内居民所拥有的金融资产以及国内个人理财市场的总规模都在不断上升。2007 年，国内居民所拥有的金融资产超过 17 万亿元；国内个人理财市场的总规模达到 2. 4 万亿元。至 2015 年年底，我国金融机构和第三方理财总规模为 81. 18 万亿元。银行、信托、券商和保险是最大的理财机构。其中，银行 23. 5 万亿元，占 28. 95%；信托 16. 3 万亿元，占 20. 08%；券商 11. 89 万亿元，占 14. 65%；保险 11. 86 万亿元，占 14. 61%；基金公司 16. 65 万亿元，占 20. 51%；2015 年，基金下属的资管子公司理财规模扩张很快，同比增长率高达 130%，此外私募基金规模同比增幅也超过 100%。

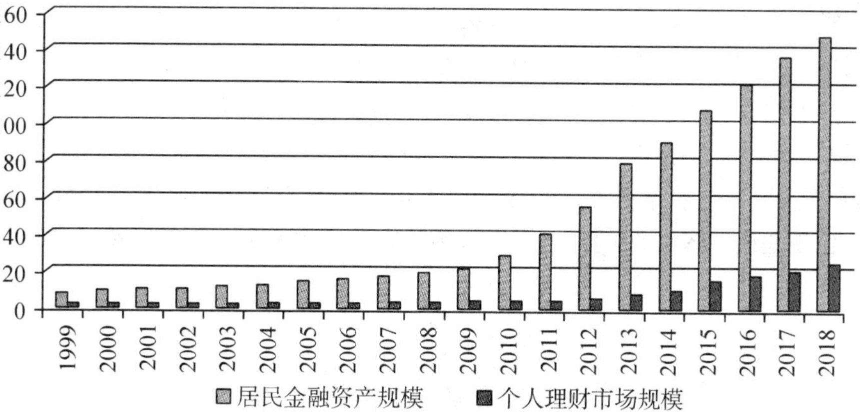

图 1-5 国内居民金融市场规模和个人理财市场规模（单位：万亿元）

数据来源：Wind 咨询。

截至 2018 年年底，国内居民可投资金融资产总额达到 147 万亿元，国内居民个人财富增长的势头依然旺盛，个人可投资金融资产与 2017 年相比增长 8%，但增速较 2013—2017 年 16%的平均增速水平有明显下降。总之，我国近十年居民可投资资产规模呈现不断上升的趋势，预计 2020 年居民可投资资产规模将突破 200 万亿元，其中金融资产的规模达到 129. 54 万亿元。

在银行理财市场方面，各类银行理财市场存续产品 60 879 只，账面余额超过 23. 5 万亿元，同比增加 8. 48 亿元，增幅 56. 46%。无论从存续产品数还是存量规模来看，我国银行理财产品的规模都大幅增长①。

我国个人理财市场还处于初级阶段。主要表现在以下几个方面：金融业分业经营的现状制约了个人理财业务发展的空间；投资市场的不完善阻碍了个人理财业务的良性发展；各金融机构的软、硬件建设与个人理财的需求尚存在较大差距；机构

① 数据来源：Wind 统计数据。

理财基本上还是停留在业务品种的介绍、咨询建议、办理简单的中间业务等层面，更多的是把现有的业务进行一个重新整合，理财产品附加值低，同质化严重，例如在投资领域，几乎都是证券、外汇、保险、基金等投资产品的组合，而没有针对客户的需要进行个性化的设计，尚未达到真正意义上的个人理财；人才的缺乏更是制约我国个人理财市场发展的最大瓶颈，理财是一项专业性、操作性和技术性很强的高智力服务业务，而现在理财从业人员缺乏理财专业技能和全面系统的金融投资知识，复合型的人员非常缺乏，理财专业教育和培训滞后。

三、我国理财业务发展前景

传统观念认为，只有把钱放在银行才是理财。而目前在我国，储蓄仍是大部分人传统的理财方式。在人们的传统观念中，储蓄理财是最安全、最稳妥的。但是在通货膨胀率较高的时期实际利率会成为负利率，储蓄理财是非常危险的理财方式，因为利息收入远远赶不上货币贬值的速度，不适于作长期投资工具。

北师大教授钟伟曾经选取 1981 年、1991 年、2001 年和 2007 年四个节点，测算“万元户”财富，上述四个时点居民储蓄总额分别为 532 亿元、9 200 亿元、7.4 万亿元和 17.3 万亿元，考虑人口变化之后人均储蓄为 52 元、800 元、5 900 元和 1.3 万元。也就是说，1981 年的万元财富算到现在差不多是 255 万元。2013 年我国城市居民投资品种比例如图 1-6 所示。

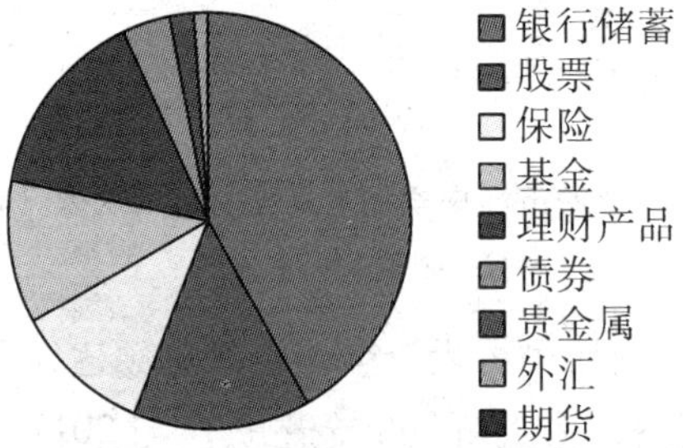

图 1-6　2013 年我国城市居民投资品种比例

数据来源：2013 年中国城市居民财富管理于资产配置调查报告。

在未来，我国将面临更加严峻的老龄化问题，居民的家庭规模将趋向于小型化，市场与政府职能也将发生转变。随着个人收入的快速增长以及人口素质的提高，人们理财的传统观念将发生转变，居民将对个人财务策划产生巨大需要。

本章小结

本章从个人理财相关定义、个人理财业务的发展原因及理财师的执业资格和要求三个方面来初步概述了个人理财的基础知识。

个人理财又称个人财务规划，是为实现个人人生目标而制订、安排、实施和管理的一个各方面总体协调的财务计划的过程。其影响因素既有宏观方面的因素又有微观方面的因素。个人理财是经济发展的产物，随着我国个人收入的增加，中国已经进入了理财时代。

个人理财规划包括储蓄规划、消费支出规划、教育规划、保险规划、证券投资规划、税收规划、退休规划、财产分配与传承规划等。个人理财规划的主要原则是整体规划，提早规划，现金保障优先，风险管理优于追求收益，消费投资与收入相匹配，家庭类型与理财策略相匹配等。个人理财规划的流程主要包括五步，即收集个人家庭信息、分析个人家庭财务状况、制订理财方案、执行理财方案、持续关注。

思考题

1. 为什么需要理财？我们进行理财的基础是什么？
2. 理财的对象是什么？理财规划的对象呢？
3. 简述理财和投资的区别与联系。
4. 简述理财和消费的区别与联系。
5. 简述个人理财和公司理财的区别。
6. 什么是理财规划？为什么要进行理财规划？
7. 理财规划的主要内容有哪些？它们分别适用于哪些人群？
8. 理财规划的一般流程是怎样的？
9. 理财规划的资产有哪些选择？

课后阅读

伊科诺米季斯的科学节约战略

美国的伊科诺米季斯（Economides）一家被称为该国“最节约家庭”，这个收入平平的七口之家有一套成效卓著的“省钱战略”，将“省下的就是赚下的”理念发挥得淋漓尽致。目前，他们不仅成为全美很多脱口秀节目炙手可热的当红嘉宾，还在网上向广大民众传授他们理财的各种绝招。

据英国媒体报道，这个家庭来自美国亚利桑那州（Arizona），丈夫是史蒂夫·

伊科诺米季斯，妻子是安妮特·伊科诺米季斯，夫妇俩育有五个孩子。

由于成功地实施了“省钱战略”，这个普通、平常的家庭如今在美国一举扬名。据悉，这个七口之家的家庭年收入大约为3.3万美元，低于美国家庭的年平均收入（有关统计数字显示大约为4.3万美元）。但是，伊科诺米季斯一家在日常生活中却能“花最少的钱，办尽可能多的事”。例如，他们全家每月在饮食方面的花销仅为350美元，而美国官方的有关统计数字表明，一个普通的四口之家每月光吃饭就大概要花费709美元。另外，安妮特透露说，他们家主要的经济来源是丈夫的收入，她则是全职太太，负责在家照看孩子。但是，即使这样，她每个月节约下来的钱比她去工作挣的还多。

另外，伊科诺米季斯家买下了一套含有五个卧室的房子。如今，他们经过努力，不仅基本还清了贷款买房的债务，房子还升值了一倍多。

伊科诺米季斯家族的理财八招：

（1）每个月只购物一次：因为逛得多一定会买得多，花得多。

（2）穷追不舍买便宜货：每次到超市购物，他们都会在购物架前仔细地来回逡巡，寻找要购买物品的最低价格，而且直到找到最低价才买东西。在他们的带动下，5个孩子也学会了节约，总是陪着父母耐心地搜索最低价格。

（3）购物一定要有计划：购物无计划就等于给存款判死刑。他们每个月都要根据家中需要制订详细、合理的购物计划，甚至要提前将每顿饭的菜单设计好，写在账本上，做到心中有数。

（4）提前购买节日物品：每逢重大节日前，伊科诺米季斯一家都会提前购买一些节日所需物品，并储备起来，以防节日时涨价。

（5）巧妙利用购物优惠：当许多商场、超市促销推出购物优惠活动时，他们一定会经过反复比较，以最优惠的办法买下所需要的物品。

（6）提前预算不立危墙：如果不提前做预算，就很可能陷入经济困境。一旦因拮据导致负债，那么接下来的整个生活都是一种危机了。

（7）永不花费超过信封内总金额80%的钱：从结婚初期，伊科诺米季斯夫妇就开始采用“信封体系”理财，即每个月把家中的钱放入一个个信封，分别用于买食物、衣服、汽油、付房租等，而且永远不花费超过信封内总金额80%的钱。这样不仅支付了基本开支，还可以省下一笔钱。

（8）会省也会赚：除了上述省钱招数，伊科诺米季斯家还有第八招——抓住机会，想办法赚钱。自从在美国打出“科学节约”的名气后，伊科诺米季斯家经常成为访谈节目的主角。为了方便回答观众提问，他们家成立了专门的网站，介绍各种理财的好方法，但是人们必须付费，才能在网上学到他们家的“省钱真传”。

资料来源：佚名.八招省钱战略让她扬名美国［N］.重庆商报，2007-03-10.

第二章　金融理财的理论基础

个人理财规划是一个务实性的系统工程，各项规划的制定与实施必须与现实的经济环境和个体的经济状况相适应。与其他金融业务相似，个人理财规划也有其深厚的理论基础，它是各种经济金融理论的综合应用。因此，掌握好这些理论基础是制定一个科学合理的个人或家庭综合理财规划的前提。

第一节　生命周期理论

一、生命周期理论概述

20 世纪 50 年代，美国经济学家 F. 莫迪利亚尼、布伦伯格和艾伯特·安多，共同提出了消费函数理论中的生命周期假说。生命周期理论强调了消费与个人生命周期阶段的关系，认为人们会在更长的时间范围内计划他们的生活消费开支，以达到他们在整个生命周期内消费的最佳配置，实现一生消费效用最大化。其基本思想是，个人应当在相当长的时间内计划他的消费和储蓄行为，在整个生命周期内实现消费的最佳配置。也就是说，一个人及其家庭应当综合考虑其即期收入和支出、未来收入和可预期的支出、工作时间、退休时间等因素，由此决定当前的消费和储蓄水平，使消费水平在一生内保持相对平滑，而不至于出现消费水平的大幅波动。

莫迪利亚尼理论认为人的生命是有限的，可以区分为依赖、成熟和退休三个阶段。一个人一生的财富累积状况就像驼峰的形状，在年轻时很少，工作之后收入开始成长累积，到退休之前（中年时期），其财富累积达到高峰，随后开始降低。具体如图 2-1 所示。

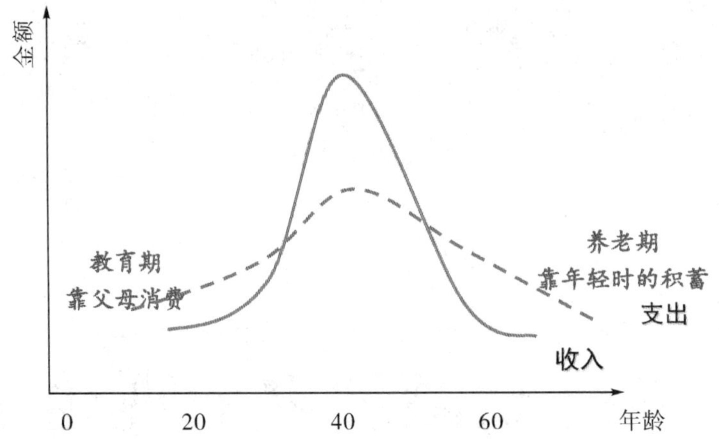

图 2-1　生命周期内消费和收入的变化

该理论将家庭的生命周期分为四个阶段。第一阶段是家庭形成期，夫妻双方在25~35岁，家庭的主要重心在于建立家庭，生养子女；第二阶段是家庭成长期，夫妻为30~55岁，这个时期的特征是子女长大就学，参与教育；第三阶段是家庭成熟期，夫妻为50~60岁，特征是子女已经独立，并且自己处于事业巅峰；最后一个阶段是家庭衰老期，夫妻60岁以上，特征是家庭成员开始退休，并且家庭逐渐消失。具体如表2-1所示。

表 2-1　家庭的生命周期特征与财务状况

	家庭形成期（25~35岁）	家庭成长期（30~55岁）	家庭成熟期（50~60岁）	家庭衰老期（60岁以上）
特征	建立家庭并生养子女	子女长大就学	子女独立和事业发展到巅峰	退休到终老，只有两个老人
	从结婚到子女出生	从子女上学到完成学业	从子女完成学业独立到夫妻退休	从夫妻退休到过世
	家庭成员数量增加	家庭成员固定	家庭成员减少	夫妻两人
收入和支出	收入以双薪为主	收入以双薪为主但收入逐渐增加	收入以双薪为主，事业发展和收入进入巅峰期	以理财收入和转移收入为主
	支出逐渐增加	支出随子女上学增加	支出逐渐减少	医疗费提高，其他费用减少
储蓄	随家庭成员增加而减少	收入增加而支出稳定，储蓄增加	收入巅峰支出降低	支出大于收入
居住	和父母同住或自行购房租房	和父母同住或自行购房租房	与老年父母同住或夫妻两人居住	夫妻居住或和子女同住
资产	可积累的资产有限，但可承受较高风险	可积累资产逐年增加，需开始控制风险投资	可积累的资产达到巅峰，要逐步降低投资风险	开始变现资产来应付退休后的生活，投资以固定收益为主
负债	高额房贷	降低负债余额	还清债务	无新增负债

二、家庭生命周期在金融理财方面的运用

（1）金融理财师可以帮助客户，根据其家庭生命周期设计适合客户的保险、信托、信贷理财套餐。家庭的四个阶段的收入支出以及风险水平都有不同的特征，因此各个阶段理财重点也会有所不同。家庭生命周期各阶段的理财需求如表 2-2 所示。

表 2-2　生命周期四个阶段理财重点

	家庭形成期	家庭成长期	家庭成熟期	家庭衰老期
夫妻年龄	25~35 岁	30~55 岁	50~60 岁	60 岁以后
保险安排	提高寿险保额	以子女教育年金储备高等教育学费	以养老保险和递延年金储备退休金	投保长期看护险
核心资产	股票 70% 债券 10%	股票 60% 债券 30%	股票 50% 债券 40%	股票 20% 债券 60%
货币配置	货币 20%	货币 10%	货币 10%	货币 20%
信贷运用	信用卡、小额信贷	房屋贷款、汽车贷款	还清贷款	无贷款或反按揭

（2）金融理财师可以帮助客户根据家庭生命周期的流动性、收益性和获利性给予资产配置建议。子女年龄较小时和客户年老时，资产配置应侧重于流动性方面，流动性较好的存款和货币基金的比重应该较高；在家庭形成期至家庭衰老期，随着客户年龄的增加，投资风险比重应逐步降低；而在家庭衰老期中，收益性需求最大，投资组合中债券比重应该较高。表 2-3 显示了家庭各个阶段不同理财需求的重要性程度。

表 2-3　家庭生命周期各阶段的理财需求

家庭生命周期	理财需求要素				
	预算	债务	风险	投资	退休
青年单身期	***	***	*	*	*
家庭形成期	**	**	**	**	*
家庭成长期	**	***	**	**	**
家庭成熟期	*	*	**	***	***
家庭衰老期	*	*	**	*	***

注：*** 表示很需要，** 表示比较需要，* 表示一般需要。

三、个人生命周期理论在个人理财中的运用

比照家庭生命周期理论，可按年龄层次把个人生命周期分为六个阶段：探索期（15~24 岁），建立期（25~34 岁），稳定期（35~44 岁），维持期（45~54 岁），高原期（55~60 岁）以及退休期（60 岁以上）。

（1）探索期：15~24 岁。这个时期大多仍处于学习阶段，学生时代是求学深造、提升自己的阶段。本阶段要为将来的财务自由做好专业上与知识上的准备，应在大学时代就培养良好的理财习惯，如记财务账表、强制储蓄、购买保险、基金定投、勤俭节约等，学生时代培养的良好理财习惯将使自己在今后的理财活动中受益无穷。

（2）建立期：25~34 岁。自完成学业走入社会，获得第一份工作并领取第一份报酬开始，真正意义上的个人理财生涯才启动。这个时期多是单身创业时期，是个人财务的建立与形成期，这一时期有很多沉重的理财任务，面临着恋爱、结婚、买房买车、娱乐、继续教育支出等问题，很容易形成入不敷出的窘境。因此这个阶段必须加强现金流管理，科学合理地安排各项日常收支，根据自身的能力和偏好适当进行高风险的金融投资，如进行股票、基金、外汇、期货投资等，一方面积累投资经验，另一方面利用年轻人风险承受能力较强的特征博取较高的投资回报。本阶段的主要理财目标是：①满足日常消费支出的需要；②偿还教育贷款；③解决住房问题；④小额投资尝试；⑤逐步积累储蓄。

（3）稳定期：35~44 岁。这个阶段基本已经成家立业，自己的事业开始进入稳定的上升阶段，收入有较大幅度的提高，财富开始积累。这些为金融投资创造了有利条件，这一时期自己的工作、收入和家庭比较稳定，但同时也面临着未来的子女教育、父母赡养、自己退休三大人生重任。这时的理财任务是尽可能多地储备资产、积累财富。因此这一时期要做好投资规划与家庭现金流规划，以防疾病、意外、失业等风险。同时保险规划也很重要，还可考虑定期定额基金投资等方式，利用投资的复利效应和长期投资的时间价值为未来积累财富。本阶段的主要理财目标是：①购买房屋、家具，装修房屋；②子女养育及智力开发费用；③减少债务；④建立应急备用金；⑤购买保险；⑥稳健型投资；⑦增加储蓄；⑧建立退休基金等。

（4）维持期：45~54 岁。经过十余年的职业生涯，个人已进入中年，对于自己未来的发展有了比较明确的方向，这一时期是事业发展的黄金时期，收入和财富积累都处于人生的最佳时期，更是个人财务规划的关键时刻。在此阶段，个人开始面临财务的三大考验，分别是为子女准备教育费用、为父母准备赡养费用以及为自己退休准备养老费用，同时在这一阶段还需要彻底还清各种中长期负债。这一时期既要通过提高劳动收入，积累尽可能多的财富，更要善用投资工具创造更多收益；既要努力偿清各种中长期债务，又要为未来储备财产。这一时期，财务投资尤其是中

高风险的组合投资是理财的主要手段。本阶段的主要理财目标是：①购买房屋、汽车；②子女教育投资；③分散投资；④购买保险；⑤养老金安排等。

（5）高原期：55~60岁。一般情况，男性60岁退休，女性55岁退休。这时子女一般已经完成学业步入社会开始独立，房贷等中长期债务也基本还清。因此，这个时期基本上没有什么债务负担，财富积累达到了最高峰，个人与家庭都拥有一笔不小的财富积累，可以为未来的生活奠定一定的基础。在此阶段，个人的主要理财任务是妥善管理好积累的财富，积极调整投资组合，降低投资风险，以保守稳健型投资为主，配以适当比例的进取型投资，多配置基金、债券、储蓄、结构性理财产品，以稳健的方式使资产得以保值增值。本阶段的主要理财目标是：①提高投资收益的稳定性；②养老金安排；③资产传承等。

（6）退休期：60岁以后。退休后，个人的收入会大幅减少，支出的结构也会发生较大的变化。这一时期的主要理财任务就是稳健投资保住财产，合理支出积蓄的财富以保障退休期间的正常开支。因此，这一时期的投资以安全为主要目标，投资组合应以固定收益投资工具为主，如各种债券、债券型基金、货币基金、银行储蓄等。退休终老期的财产支出除了日常养老费用以外，最大的一部分就是医疗保健支出，除了在中青年时期购买的健康保险能提供部分保障外，社会医疗保险与个人储蓄也能为医疗提供部分费用。为了使老年有充足的健康保障，除了社保与商业保险外，还应该为自己准备一个充足的医疗保障基金，同时，退休终老期的一个重要任务是遗产规划以及与此相关联的税务规划。本阶段的主要理财目标是：①保障财产安全；②建立信托；③准备善后费用；④财产传承安排等。具体见表2-4。

表2-4 个人生命周期各阶段理财策略分析

期间	探索期	建立期	稳定期	维持期	高原期	退休期
对应年龄	15~24岁	25~34岁	35~44岁	45~54岁	55~60岁	60岁以后
家庭形态	以父母家庭为生活重心	择偶结婚学前子女	子女上中小学	子女进入高等教育	子女独立	夫妻二人生活
理财活动	求学深造提高收入	量入为出攒首付钱	偿还房贷筹集教育款	收入增加筹退休金	负担减轻准备退休	享受生活规划遗产
投资工具	活期存款定期存款基金定投	活期存款股票基金定投	自用房产投资、股票、基金	多元投资组合	降低投资组合风险	固定收益投资遗产
保险计划	意外险寿险	寿险储蓄险	养老险定期寿险	养老险投资型保单	长期看护险、退休年金	退休年金

第二节 货币时间价值理论

一、货币时间价值概述

货币的时间价值是指货币随着时间推移而发生的增值，也称资金时间价值，是理财理论的基础。任何财物决策都会涉及一定时间周期内的成本和收益的核算，这种核算与现金流量、现值、终值等财物指标密切相关。因此，在进行个人财务规划之前，必须对货币的时间价值有比较透彻的理解和把握。

1. 货币时间价值的概念

货币时间价值是指，一定数量的货币资金在两个时点之间的价值之差，或者说是货币经历一定时间的投资和再投资所增加的价值。例如：将 100 元存入银行，年利率按 10%复利计算，一年后本利是 110 元，两年是 121 元，三年是 133. 1 元……7 年就变成 194. 9 元，即 7 年就可以翻一番。这种利息就是日常经济生活中所说的货币时间价值。

为什么货币会具有时间价值呢？主要有三个原因：①货币占用具有机会成本，因为货币可以满足当前消费或用于投资而产生回报，占用货币就失去了其他用途所带来回报的机会；②通货膨胀可能造成货币贬值，物价水平的整体上升会侵蚀货币的实际价值，因此需要进行价值补偿；③投资可能产生投资风险，需要为承担的风险进行价值补偿。可以看出，货币时间价值的真正来源是劳动者所创造的剩余价值的一部分，而不是投资者推迟消费而创造的。也就是说，货币时间价值产生于生产领域和流通领域，消费领域不产生时间价值。

要注意的是，并不是所有的货币都有时间价值，只有把货币作为资金投入生产经营才能产生时间价值，处于停顿的资金是不会产生时间价值的。因此企业应尽量减少资金的停顿时间和数量，应将更多的资金或资源投入生产经营活动中，才能获得货币的时间价值。

货币时间价值的大小与时间长短成正比，一个投资项目所经历的时间越长，其时间价值越大；并且时间价值的大小取决于资金周转速度的快慢，与资金周转速度成正比，即资金周转速度越快，时间价值越大。正因如此，我们在理财投资时要采取适当策略，加速资金周转提高资金使用效率。

2. 影响货币时间价值的主要因素

（1）时间。时间越长，货币时间价值越明显。例如：若以 5%的利率计算，10 000 元存入银行一年可获得利息 500 元；而存入银行三年（按单利计息）可获得利息 1 500 元。

（2）利息率。利息率（interest rate）是一定时期内的利息额同贷出金额的比例，有年利率、月利率和日利率之分，利息率的大小直接受到资金供求关系的影响。货币的时间价值，反映了时间、现金流量和利息率三者之间的关系。由于投资者偏好现在消费，因此利息率是对投资者推迟现在消费的一种回报，是对投资者的不同风险予以回报的实际无风险利率和风险溢价的总和。

在确定的世界中，利息率被认为是无风险（risk-free）利率。无风险利率代表一般是国家的短期债券，如美国财政部发行的国库券（Treasury-bills，T-bills）。

在不确定的世界中，有两个因素影响利息率：①通货膨胀程度。通货膨胀会形成贷款者承担通货溢价（inflation premium）和推迟消费的机会成本。因此，货币的名义成本（nominal cost of money），由实际利率（real rate）和通货溢价组成。②风险水平。贷款者贷出资金，除了会损失货币的机会成本外，还会承担不履行义务或者市场价格发生变动的风险，即存在信用风险和市场风险，如果贷款者急需用钱，那么还可能面临流动性风险。因此，利息率的构成部分应包括两个部分：名义的无风险利率和风险溢价。利息率是决定一笔货币在未来增值程度的关键因素，而通货膨胀率则是使货币购买力缩水的反向因素。收益率能使货币增值；而通货膨胀率能使货币贬值，在实际计算货币的时间价值时，需要考虑排除通货膨胀因素后的利率水平，即用实际利率水平来衡量是比较准确的。

（3）计息方式的影响。实际中货币的计息方式有单利和复利两种。单利的计算始终以最初的本金为计算收益的基数，产生的利息不计入本金中；而复利则以本金和利息为基数计息，从而会产生利上加利、息上添息的收益倍增效应。比如，一笔100万元的资金存入银行，如果按5%的年均单利计算，则每年固定增值5万元，20年后变成200万元；如果按5%的年均复利计算，20年后100万元就变成265.329 8万元，比单利多65.329 8万元。

（4）计息频率的影响。计息频率的高低会影响实际利率的大小，计息频率越高，那么实际利率越大。比如，10%的年复利率，如果一年计息一次那么实际利率则为10%，如果一年计息两次那么实际利率则为10.25%，如果一年计息四次（按季度计息）那么实际利率则为10.51%。在此基础上，当把计息频率提高到无限大时，此时的利率就叫连续复利，它是一个理论上的利率水平。

二、货币时间价值的相关概念

由于货币具有时间价值，那么不同时间点上的资金就不能直接进行加减比较。因此，当我们需要分析一系列现金流的价值时，就需要把不同时间点上的现金流进行折合（如图2-2所示）。如果是将未来的现金流折合到当前，这个过程就叫贴现。在贴现过程中，有一些相关的概念需要界定。

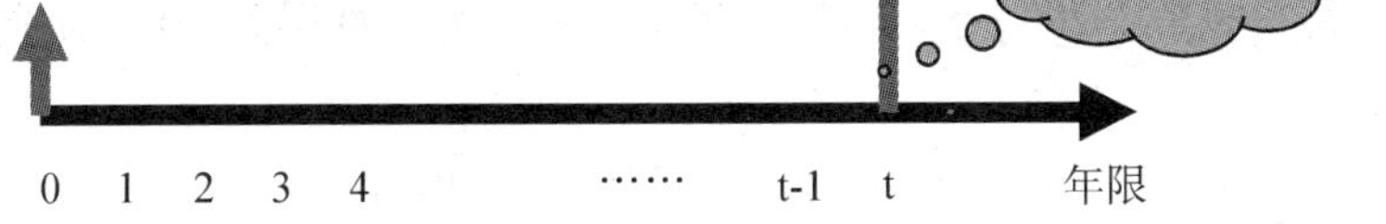

图2-2　货币的时间价值

【相关阅读】

银行的票据贴现业务

假设你有100元钱，但不是现在就有，而是6个月后会收到100元。但你现在急着用钱，那么你告诉银行，6个月后你肯定会收到100元钱，而且银行也看到相应的证据，那么你请求银行现在给你100元用，6个月后收到100元后再还给银行。

这时银行工作人员就会告诉你，如果他现在把100元存入银行，或贷款出去的话，6个月后，银行会收到一定利息，比如按照月息千分之五计算，6个月后银行的100元，会变成100×（1+0.005）×5=102.525元，也就是有2.525元的利息；如果他现在给你100元的话，他就损失了2.525的利息；但如果你可以支付2.525元的利息话，他现在可以给你100元。

因此，银行现在最多只能给你100-2.525=97.475（元），6个月后你再还给银行100元。这就是贴现业务中付给银行利息的原因，就是货币时间价值的体现。

（1）现值PV。现值是指货币在现时的价值，即未来某一时点上的一定量现金折合到现在的价值，或者说是未来某个（或某些）时刻的现金流量按某种利率贴现到目前时点上的价值。通常用P或PV表示。

（2）终值FV。货币在未来某个时间点上的价值，即若干年后资金的本利和。它分为单利终值和复利终值。单利终值是指一定金额的本金按照单利计算若干期后的本利和。复利终值是指一定金额的本金按照复利计算若干期后的本利和。通常用F或FV表示。

（3）时间t。金钱货币价值的持有时间，即理财规划考虑的时段。

（4）利率r（或通货膨胀率）。即影响货币时间价值程度的波动要素，分有单利和复利两种形式。要注意的是，代表货币时间价值的利息率与借款利率、债券利率等与利率并不完全相同，因为借款利率、债券利率中的利息率除了包括货币时间价值因素以外，还包括了风险价值和通货膨胀因素等。而只有在没有风险和通货膨胀的情况下，时间价值率才与以上各种投资报酬率相等。

（5）年金PMT。年金是值在某个特定时间段内一组时间间隔相同、金额相等、方向相同的现金流，即未来一段时间内的一系列的现金收付数额。通常用A或PMT表示。

［**例1**］张先生现有资产100万元，假如未来20年按5%的年均复利计算，那么这笔钱20年后就成了265.329 8万元。

即PV=100万元，FV=265.329 8万元，$r=5\%$，$t=20$年。

［**例2**］每月投资1 200元，年收益20%，那么可计算得到40年后资产本利和则为10 281元。

即PMT=1 200元，FV=10 281元，$r=20\%$，$t=40$年。

第三节　货币时间价值的应用

一、计算现金流的终值（FV）和现值（PV）

现值（present value）是指在将来某一时间的一笔资金折算为现时的价值。终值（future value）也称将来值和未来值，是现在投入的货币资金在将来某时期结束时的价值，对于存款和贷款而言就是到期将会获得（或支付）的本利和。

计息方式有单利与复利之分，根据计息方式的不同，现值和终值的结果也会不同。

1. 单利终值与单利现值的计算

单利计息是指在规定的期限内获得的利息均不计算利息，只就本金计算利息的一种方法。单利终值是指按单利计算的利息与本金之和。单利现值是指依据未来的终值，按单利计算的现在价值。

（1）单利终值是指按单利计算的利息与本金之和。其计算公式为

$$FV=PV+PV\times r\times t=PV\ (1+r\times t) \qquad (式\ 2.1)$$

例 1：设 PV 为 100 元，r 为 10%，t 为 3，则单利计息方式下各期终值为：

解：$FV_1=100\times(1+10\%)=110$（元）

$FV_2=100\times(1+2\times10\%)=120$（元）

$FV_3=100\times(1+3\times10\%)=130$（元）

（2）单利现值是指依据未来的终值，按单利计算的现在的价值。单利现值的计算同单利终值的计算是互逆的，将单利终值计算公式变形，即得单利现值，由终值计算现值称为折现。其计算公式为

$$PV=FV/(1+r\times t) \qquad (式\ 2.2)$$

例 2：某人希望在 3 年后取得 10 000 元，用以支付一笔款项。问：在存款利率为 5%，以单利方式计算的条件下，此人现在需存入银行多少钱？

解：$PV=10\ 000/(1+3\times5\%)=8\ 695.65$（元）

2. 复利终值与复利现值的计算

复利，俗称“利上滚利”，是指在计算利息时，把上期的利息并入本金内一起计算利息。因为复利能够完整地表达货币时间价值，所以，货币时间价值一般采用复利计算方式。其相关计算公式为

$$复利利息=PV\times(1+r)^t-PV=PV\times[(1+r)^t-1] \qquad (式\ 2.3)$$

$$复利终值=FV=PV\times(1+r)^t=PV\ (F/P,\ r,\ t) \qquad (式\ 2.4)$$

式中 $(1+r)^t$ 通常称作“复利终值系数”，它表示 1 元钱经过 t 年后，在利率 r 的作用下变成了多少钱。通常用符号（$F/P,r,t$）表示复利终值系数，如（F/P,2%,3）表示利率为 2%、3 年期复利终值的系数。复利终值可以通过对数运算求得，但为了

计算方便，可以查阅已经编好的各种利率对应的各期终值表，即复利终值系数表（见附录1）。如通过该表可查出：（F/P，3%，3）= 1.09，即在时间价值为3%的情况下，现在的1元和3年后的1.09元在经济上是等效的。

根据这个系数可以把复利终值换算成复利现值：

$$复利现值 = PV = FV \times (1+r)^{-t} = FV\ (P/F,\ r,\ t) \qquad (式2.5)$$

式中：$(1+r)^{-t}$称为复利现值系数，它表示t年后的1元钱，在利率r的水平下相当于现在的多少钱，记作（P/F，r，t）。同样为了简化计算，实践中把$(1+r)^{-t}$编成复利现值表，计算时直接查表（见附录2）即可。如通过该表可查出：（P/F,3%,3）= 0.915 14，即在时间价值为3%的情况下，3年后的1元和现在的0.915 14元在经济上是等效的，根据这个系数可以把终值换算成现值。

例3：小陈希望5后得到200 000元来支付购房首付款，若年利率是6%，以复利计算，小陈现在应该存入银行的资金是多少？

解：$PV = FV \times (1+r)^{-t} = FV\ (P/F,\ r,\ t)$

$= 200\ 000 \times (1+6\%)^{-5} = 200\ 000 \times (P/F,\ 6\%,\ 5)$

$= 200\ 000 \times 0.747\ 3 = 149\ 460$（元）

复利终值就是一定数量的本金在一定的利率下按照复利的方法计算出若干时期以后的本金和利息。

复利终值的计算公式为：$F = P \cdot (1+i)^n$

式中的$(1+i)^n$通常被称为复利终值系数，用符号（F/P，i，n）表示1元本金n期末的复利终值。例如，（F/P，5%，2）表示利率为5%的2期末现在1元钱的复利终值。为了便于计算，有“复利终值系数表”可供查询。

复利现值是复利终值的逆运算，指未来一定时间的资金按复利计算的现在价值，或者说是为取得将来一定本利和，现在所需要的本金。

复利现值的计算公式为：$P = F \cdot (1+i)^{-n}$

式中的$(1+i)^{-n}$通常被称为复利现值系数，用符号（P/F，i，n）表示1元本金n期末的复利现值。例如，（F/P，5%，10）表示利率为5%的10期末现在1元钱的复利现值。为了便于计算，有“复利现值系数表”可供查询。

例4：小陈希望在3年后取得10 000元，用来支付他出国留学的费用，年利率是5%，若以复利计算，小陈现在应该存入银行的资金是多少呢？

$P = 10\ 000 / (1+5\%)^3$

$= 10\ 000 \times (P/F,\ 5\%,\ 3)$

$= 10\ 000 \times 0.863\ 8 = 8\ 638$（元）

【阅读资料】

复利的强大力量

大约350年前，西方殖民者从印第安人手中买下了曼哈顿岛，花了大约价值

$25 的饰品。这笔钱如果按 6%的年利率复利计算，今天是多少钱？

V_n = \$25×（1+6%）^{360} = \$ 1.8^{10} = 180（亿美元）

二、年金的计算

年金（annuity）的概念，是指等额、定期的系列收付款项，即若干期限内（如若干年内）；每个期限（如每年）均衡产生的现金流入或现金流出。如分期付款赊购、分期偿还贷款、发放养老金、支付租金、提取折旧和债券利息等都属于年金收付形式。

按照收付的次数和支付的时间，年金可分为普通年金、期初年金、延期年金和永续年金四类。普通年金：又称期末年金、后付年金，即各期限期末收付的年金。期初年金：又称先付年金、预付年金，即各期限期初收付的年金。延期年金：开始若干期没有收付、后来若干期才有收付的年金。永续年金：无期限收付的年金。下面以普通年金为例，解释年金现值和终值的计算方法。

1. 年金终值的计算

年金终值 FVA，是指将每期发生的年金按照一定的利率，复利计算到未来某一时刻的价值之和。分为期末年金终值和期初年金终值。期末年金是指每期期末发生年金的收付，是最常见的一种年金；期初年金，又称先付年金，是指每期期初发生年金的收付。具体可见图 2-3 和图 2-4。

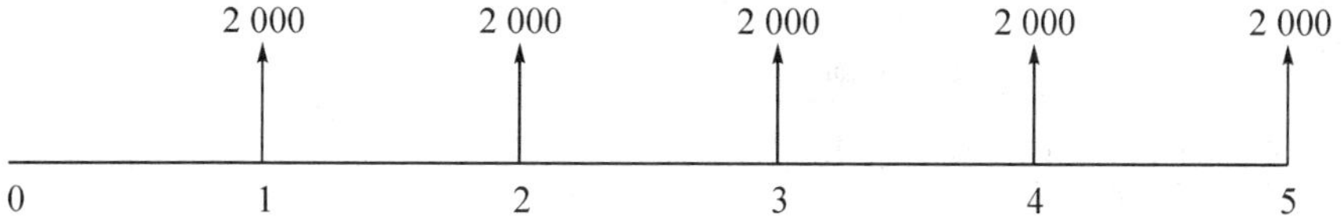

图 2-3　期限为 5 年，利率为 10%，金额为 2 000 元的期末年金的现金流分布

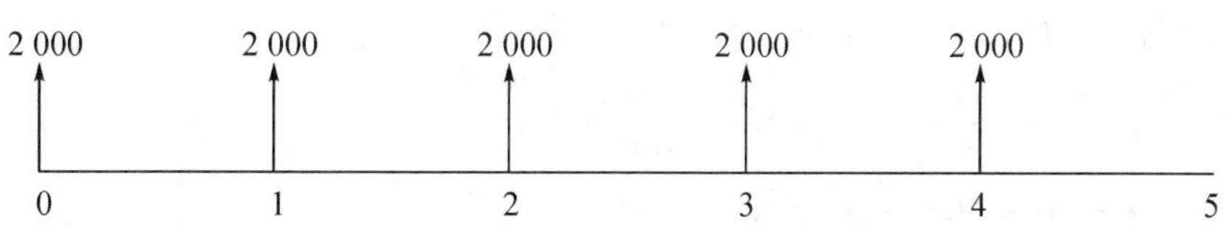

图 2-4　期限为 5 年，利率为 10%，金额为 2 000 元的期初年金的现金流分布

普通年金的终值，是指在一定时期（n）内，在一定利率（i）下，每期期末等额系列收付值（A）的终值之和。计算公式为

$$FVA = A \times [(1+r)^N - 1]/r \quad \text{（式 2.6）}$$

其中 $[(1+r)^n-1]/r$ 为年金终值系数，可用 FVIFAi，n 表示，（F/A，i，n）表示，它表示每期期末存 1 元钱，连续存 t 年，在利率 r 的作用下，t 年时的本息后一共是多少，可通过年金终值系数表（见附录 3）查阅得到。例如，我们可以通过查表获得（F/A，6%，4）的年金终值系数为 4.374 6，即表示每年年末收付 1 元，按年利

率6%计算，到第4年年末，其年金终值为4.374 5元。在年金终值的一般公式中有4个变量——FVA、A、i、n，已知其中的任意3个变量都可以计算出第4个变量。

例4：求每年收入为2 000元，期限为5年，年利息率为10%的这一系列金额的终值。

解：$FVA=2\ 000(1+10\%)^4+2\ 000(1+10\%)^3+2\ 000(1+10\%)^2+2\ 000(1+10\%)^1+2\ 000=12\ 210$

例5：在未来5年中，每年年底存入银行100元，存款利率为8%，求第5年年末的年金终值？

$FVA=A\cdot(F/A,8\%,5)=100\times5.87=587.00$（元）

2. 年金现值的计算

年金现值PVA，是指将每期发生的年金按照一定的贴现率复利折算到现在的合计数。它也分为期末年金现值和期初年金现值。年金现值，是首次支付发生在$t=1$、末次支付发生在$t=N$时的现金流动。已知期末年金为A，那么期末年金现值PVA的计算公式为

$$PVA=A[(1+r)^{-1}+(1+r)^{-2}+\cdots+(1+r)^{-N}]=A[1-(1+r)^{-N}]$$

可简化为：

$$PVA=A\cdot\frac{1-(1+r)^{-t}}{r} \quad （式2.7）$$

式中，$\frac{1-(1+r)^{-t}}{r}$为年金终值系数，它表示每期期末支出1元钱，连续支出t年，在利率r的作用下，那么相当于现值一次性支出多少钱。年金现值系数记为$(P/A,r,t)$，可通过年金现值系数表（见附录4）查阅得到，所以上式可写为：$PVA=A\cdot(P/A,r,t)$。

例5：某公司预计在8年中可以从一位顾客处每年收取6 000元的汽车贷款还款，贷款利率为6%，该顾客借了多少资金？

$$PVA=A\times\frac{1-(1+i)^{-n}}{i}=6\ 000\times\frac{1-(1+6\%)^{-8}}{6\%}$$

$$=6\ 000\times6.209\ 8=37\ 258.8（元）$$

例6：某客户在未来10年内，能在每年期末获得1 000元，年利率为8%，请问其现值是多少？

解：$PVA=A\cdot(P/A,r,t)=1\ 000\times(P/A,8\%,10)=1\ 000\times6.710\ 1$

$=6\ 710.1$（元）

三、构建函数求解货币时间价值

由于年金涉及一系列现金的收付问题，计算量比较大，人工计算费时费力，准确性低。因此更多的是利用电脑中的函数或编程语言来计算复杂的年金问题。本书

主要介绍利用 Excel 完成年金的分析。

打开 Excel 工作表，通过 Excel 中的函数和数据分析工具可以快速准确的求解货币时间价值类的问题，尤其是当现金流的分布比较复杂、所需计算量较大时，函数解题的优势尤为明显。下面介绍几个常用的函数。

1. PMT 函数

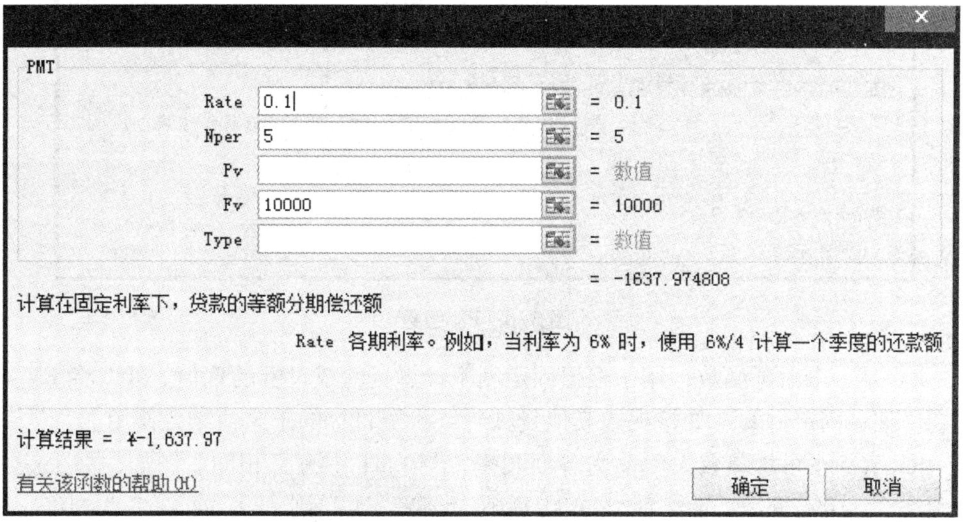

图 2-5　PMT 函数

PMT 函数用于根据固定付款额和固定利率计算贷款的付款额。一共有 5 个参数，rate 为贷款利率，Nper 为该项贷款的付款总数，PV 为现值，或一系列未来付款额现在所值的总额，也叫本金。FV 是未来值，或在最后一次付款后希望得到的现金余额。Type 为类型，表示现金流的支付时间，0 或不填表示期末支付，1 表示期初支付。一般普通年金均为期末支付，如贷款还款额、退休金等；部分年金是期初支付，如租金、生活费支出。

使用 PMT 函数时要注意贷款利率、付款期数必须是相统一的时间单位，如果贷款利率为年利率，则期数应该以年计；如果要计算月还款额，那么期数和贷款利率都应该计月份数量和月利率。

例 6：某客户贷款购买一套房屋，贷款数额为 20 万元，期限为 30 年，假设贷款年利率为 8%，采用等额本息还款发，则请问月还款额为多少？

等额本息还款法，是指贷款的本金利息之和在整个贷款期限内进行平均摊还，每期的还款数额固定。这个问题就是计算年金的问题。将题目中的条件输入 PMT 函数中，注意这里要求的是月还款额，因此在求解时要注意时间上的统一。

利率 rate 为 8%/12 = 0.006 7，期数 Nper 为 30×12 = 360，现值 PV 为 20 万。在 Excel 中输入函数 = PMT（8%/12，360，200 000，0），代入可求解得到 PMT 值为 1 467.53，即每月应还款项为 1 467.53 元。

2. PV 函数

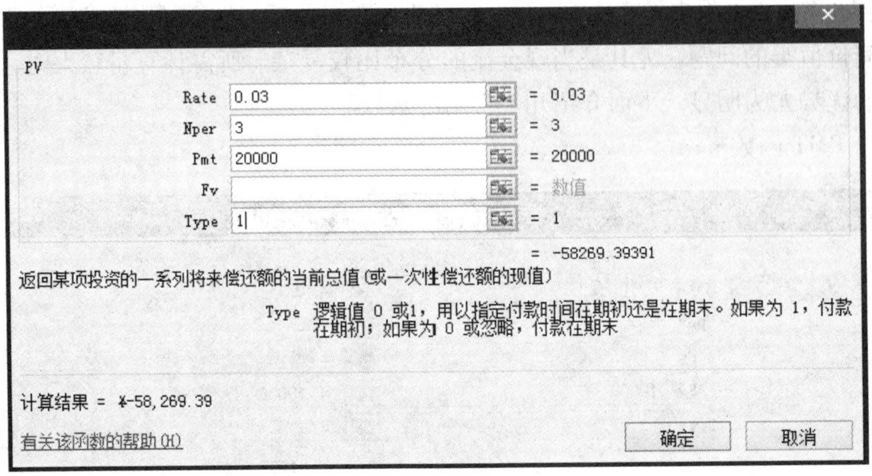

图 2-6　PV 函数

PV 是一个财务函数，用于根据固定利率计算贷款或投资的现值。可以将 PV 与定期付款、固定付款（如按揭或其他贷款）或投资目标的未来值结合使用。

PV 有 5 个可填参数。Rate 为各期利率，与 PMT 中意义相同。例如，如果获得年利率为 10% 的汽车贷款，并且每月还款一次，则每月的利率为 10%/12（0.83%）。需要在公式中输入 10%/12（0.83%）或 0.008 3 作为利率。

Nper 为年金的付款总期数，注意期数要与利率的时间单位相匹配。例如，如果获得为期 4 年的汽车贷款，每月还款一次，则贷款期数为 4×12（48）期，即需要在公式中输入 48 作为 nper。

Pmt 为每期的付款金额，在年金周期内不能更改。通常 pmt 是本金利息之和，但不含其他费用或税金。例如，对于金额为 100 000 元、利率为 12% 的 4 年期汽车贷款，每月付款为 2 633.30 元。需要在公式中输入-2 633.30 作为 pmt。如果省略 pmt，则必须包括 fv 参数。

FV 为终值，或在最后一次付款后希望得到的现金余额。如果省略 FV，则假定其值为 0（贷款的最后一次偿付值是 0）。例如，如果要在 18 年后为支付某个特殊项目而储蓄 500 000 元，则 500 000 元就是未来值。然后，你可以对利率进行保守的猜测，并确定每月必须储蓄的金额。如果省略 fv，则必须包括 pmt 参数，即 fv 和 pmt 两者必须至少一个有值，不能两者均为零。

Type 表示类型，数字 0 或 1，用以指定各期的付款时间是在期初还是期末。

例 7：某公司预计在 8 年中可以从一位顾客处每年收取 6 000 元的汽车贷款还款，贷款利率为 6%，该顾客借了多少资金？

借款是当前的借款，这其实是在计算现值的问题。因此输入 PV 函数，rate 为 6%，Nper 为 8，PMT 为 6 000，即=PV（6%，8，6 000），可计算得到该顾客现在借了 37 258.76 元。

3. FV 函数

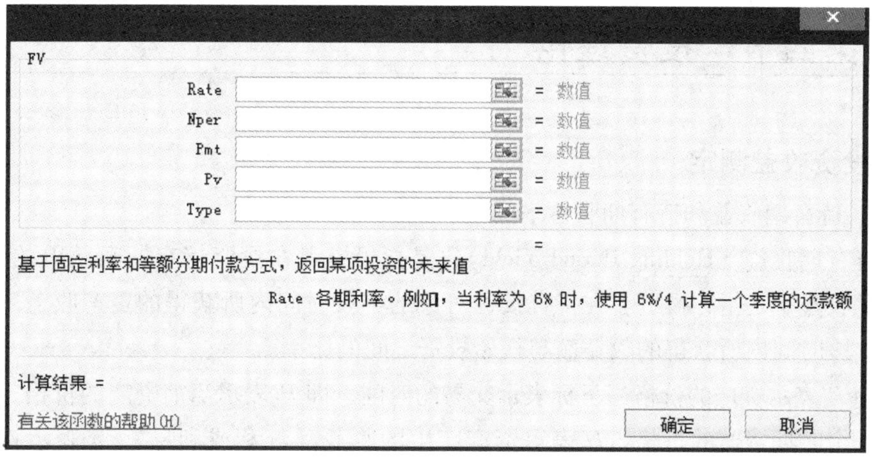

图 2-7　FV 函数

FV 是一个财务函数，用于根据固定利率计算投资的未来值。可以将 FV 与定期付款、固定付款或一次付清总额付款结合使用。类似的，它也有 5 个参数，含义与上相同，这里就不再赘述。

例 8：假设某项目有 5 年建设期，在建设期内每年年末从银行借款 100 万元，借款年利率为 10%，则该项目竣工时应付本息的总额为多少？

到期的本利和是借款的终值，这其实是在计算年金终值的问题。因此输入 FV 函数，rate 为 10%，Nper 为 5，PMT 为 1 000 000，即应付本息的总额 = FV（10%，5，1 000 000），可计算得到该项目竣工时应付本息的总额为 610 510.00 元。

4. NPER 函数

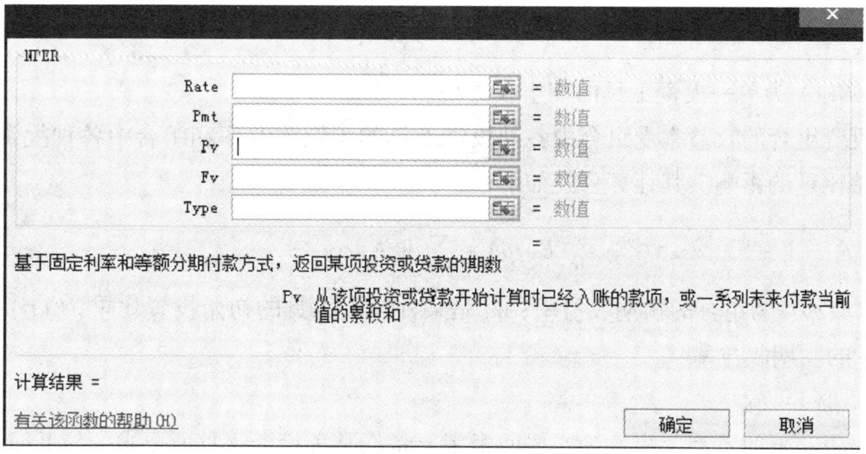

图 2-8　NPER 函数

NPER 函数的作用是基于固定利率及等额分期付款方式，计算某项投资的总期数。其主要参数有 5 个，含义与上文相同。

第四节 投资理论

一、投资收益测定

1. 持有期收益和持有期收益率

持有期收益（Holding Period Yield），是指投资者在投资持有期间获得的收益。持有期收益率是指，投资者在持有投资对象的一段时间内所获得的资产收益率，它等于这段时间内所获得的收益额与初始投资之间的比率。

用 P 表示资产的价格，下标表示交易的时间，即 P_0 表示当前资产的价格，P_1 表示下一个时期资产的价格，D 表示资产产生的收益（红利或利息），n 表示持有时间。那么买入资产的持有期收益率计算公式如下：

$$r=[D+(P_1-P_0)/n]/P_0$$

例如：投资者期初以 10 元每股买入 500 股某股票，期末以 9 元卖出，期间每股分红 3 元。则他的持有期收益率为 $HPR=(9-10+3)/10\times100\%=20\%$。

2. 预期收益率

预期收益率是指投资对象未来可能获得的各种收益率的平均值。任何投资活动都是面向未来的，而未来具有不确定性，因此投资收益也具有不确定性，也就是具有风险。为了便于比较，可以用预期收益（期望收益）来描述投资收益。

预期收益率的计算分为单一投资工具预期收益率和投资工具组合投资收益率两种情形。单一投资工具的期望收益率是各种可能情形下收益率的概率加权值。

$$E(r)=\sum_{s=1}^{n}p_s r_s \qquad \text{（式 2.8）}$$

其中：$E(r)$ 为单一投资工具的期望收益率。

投资组合的收益率受组合中各种投资工具的预期收益率和组合中各种投资工具的初始比重的影响。其计算公式如下：

$$E(rp)=\sum_{i=1}^{n}W_i E(ri) \qquad \text{（式 2.9）}$$

其中：$E(rp)$ 为组合的预期收益率；W_i 是某种投资工具的初始投资比重；$E(ri)$ 表示资产 i 的预期收益率。

3. 必要收益率

投资必要收益率，也称为必要回报率，是指某种投资工具所要求的最低回报率。必要收益率由投资的真实收益率、投资期间的通货膨胀率和投资的风险补偿三部分构成。通货膨胀和风险补偿的收益合称投资的风险报酬。

必要收益率 = 时间报酬+风险报酬

（1）投资的真实收益率，即货币纯时间价值。它是投资者放弃当前消费而进行投资而应得到的补偿，是假设在没有通货膨胀和其他投资风险的情况下，将来得到的货币的实际购买力要比当前投入的货币的实际购买力有所增加，真实收益率可以用某一确定的利率表示。

例如：某投资者现在愿意借出500元，期限1年，以换取将来超过500元的消费，他预期到期收到515元，则多出的15元的投资收益就代表500元的纯时间价值，即真实年收益率为3%。

（2）通货膨胀率。如果存在通货膨胀时，投资者必将考虑通货膨胀对货币实际购买力的影响，货币的使用应该得到通货膨胀的补偿，以保持真实收益率不变。

例如：假如上例中的投资者预期在投资期间通货膨胀率为5%，则他将要求得到8%的收益率，其中5%为通货膨胀率，3%为投资的真实收益率。

（3）投资的风险补偿。除通货膨胀外，投资收益通常还会受到其他各种不确定性因素的影响，由于大部分理性投资者都是风险厌恶型的，因此投资者将要求对承担该风险而获得收益上的补偿。

如上例中的投资者如果考虑到借款人的信用状况不佳，可能要求增加2%收益率进行风险补偿，那么投资者总的必要收益率则为10%，其中3%是货币的纯时间价值，5%是通货膨胀的补偿，2%是该资产的风险补偿，投资该资产的风险报酬率为7%。

二、投资的风险测定

风险是指未来收益的不确定性。风险有很多分类的方法，常用一种是按照性质划分，风险可分为系统性风险和非系统性风险两类。

系统性风险，即宏观风险，是指由于全局性的因素而对所有投资工具收益都产生作用的风险，如经济、政治、利率、通货膨胀等都是导致系统性风险的原因。这些因素以同样方式对所有投资工具的收益产生影响，由于是整体性的影响，因此系统性风险无法通过构造投资组合来消除或回避，所以又称为不可分散风险或不可回避风险。具体包括市场风险、利率风险、汇率风险、购买力风险和政策风险等。

非系统性风险，即微观风险，是指由于个别特殊情况造成的风险，它与整个市场没有直接关联，它是某一企业或某一个行业特有的部分风险。例如，公司的管理能力、劳工问题、消费者偏好变化等对某投资工具收益产生的影响。非系统风险对整个市场的价格变动不存在系统全面的联系，可以通过投资多样化来回避，所以又称为可分散风险或可回避风险。非系统风险具体包括财务风险、经营风险、信用风险和偶然事件风险等。

风险是资产收益的不确定性，通常用资产收益率的波动情况来衡量，常用指标有方差、标准差或变异系数，以及贝塔系数。

（1）标准差，指投资工具收益的不确定性（即风险）由一组数据与其平均值的偏离程度来衡量。标准差越大，这组数据 R_i 相对预期收益率 $E(R_i)$ 就越离散，或者说数据波动就越大，收益的不确定性也越大，资产的风险就越大。其计算公式：

$$标准差\ \sigma_i = \sqrt{\sum P_i \times [R_i - E(R_i)]^2} \qquad （式 2.10）$$

式中：P_i为 R_i发生的概率；R_i为投资收益率；$E(R_i)$ 为股票 i 的预期收益率。

（2）方差，是标准差的平方运算，反映各种条件下的收益率与预期收益率的平均差异。

$$方差 = \sum P_i \times [R_i - E(R_i)]^2 \qquad （式 2.11）$$

（3）变异系数，指获得单位的预期收益率须承担的风险水平。两个可供选择的投资工具，变异系数越小，其投资工具就越优。其计算公式如下：

$$变异系数\ CV = 标准差/预期收益率 = \sigma_i \div E(R_i) \qquad （式 2.12）$$

（4）贝塔系数（即 β 系数）。β 系数是一种评估证券系统性风险的工具，用以度量一种证券或一个投资证券组合相对总体市场的波动性。

$$\beta_i = \frac{\operatorname{cov}(r_i,\ r_M)}{\sigma_M^2} \qquad （式 2.12）$$

β_i 表示资产 i 与市场组合 M 一起变动时证券收益变动的相对程度。$\beta = 1$，表示该资产的风险收益率与市场组合平均风险收益率呈同比例变化，其风险情况与市场投资组合的风险情况一致；$\beta > 1$，说明该资产的风险收益率高于市场组合平均风险收益率，则该单项资产的风险大于整个市场投资组合的风险；$\beta < 1$，说明该资产的风险收益率小于市场组合平均风险收益率，则该单项资产的风险程度小于整个市场投资组合的风险。

三、资产组合理论

现代资产组合理论是由美国经济学家哈里·马柯维茨提出的，该理论描述了投资怎样通过资产组合，在最小风险水平下获得既定的期望收益率，或在风险水平既定的条件下获得最大期望收益率。其主要内容是进行资产配置和资本配置。

1. 资产组合原理

资产组合就是在市场上为数众多的证券中，选择若干证券进行组合投资，以求得单位风险水平上的收益最高，或单位收益水平上的风险最小，即建立一个风险最低、收益最佳的投资组合。资产组合的收益率和风险可用上一节讲到的期望收益率和方差来计量。

2. 资产组合的原则

进行资产组合时有两条基本原则。一是在既定风险水平下，预期收益率最高的投资组合；二是在既定收益率条件下，预期风险水平最低的投资组合。这就是均值-方差准则。

【趣味阅读】

风险与收益的小故事

独立设计师和工厂合作生产一款衣服，工厂负责生产，独立设计师负责销售。工厂来样加工成本30元，出厂价38元，只赚8元利润，而独立设计师到市场销售，衣服标价138元。若市场反馈良好，不考虑税收、物流成本的情况下，扣除付给工厂的38元，每卖一件衣服赚100元。但反过来，如果独立设计师设计的衣服不受市场欢迎，哪怕低于成本价38元甩卖，也无人问津。

设计师设计的衣服受市场影响，承担着比来样加工的工厂更大的风险，而扣除出厂价后多出的100元就是风险溢价。

反观来样加工的工厂，市场对工厂的影响很小，哪怕市场反馈不好，设计师仍需支付来样加工的订单款。如此，得不到该衣服的风险溢价理所当然。而工厂的风险只在于下次设计师还会不会找其合作。不过不合作也没关系，还有很多企业会找工厂合作设计衣服。

就如同员工拿着固定薪水，却无须承担企业资金链紧张，破产的危机一样。对于员工来说，老板不聘请他，或者失业就是最大的风险。而这个企业破产，他还能去下个企业上班。

你必须要承认你想要获得高收益，就必须要承担一定的风险这个事实，否则也须接受例子中生产服装的工厂拿着固定的较低的利润这个现实。

第五节　资产配置原理

一、资产配置的概念

资产配置，是指依据所要达到的理财目标，按照资产的风险最低与收益最佳的原则，将资金有效地分配在不同类型的资产上，建立一种增加收益和控制风险的资产投资组合。通过资本配置，我们可以降低投资组合的风险，保持稳健的投资收益率。

进行资产配置的依据主要有三个：

（1）不同资产的报酬率不同；

（2）不同资产的风险特性不同；

（3）不同资产的价格波动性不同。

二、资产配置的基本步骤

资产配置的目的是要获得最佳的投资组合，它需要通过完整的、缜密的流程来建立。进行资本配置时，通常有五个步骤：调查了解客户、生活设计与生活资产储备金、风险规划与保障资产储备、建立长期投资储备和建立多元化理财产品组合。

第一步：调查了解客户，是为客户进行资产配置的基础和前提。

内容：年龄、学历、家庭结构、职业职位、收入状况、理财目标、风险偏好、资产结构、性情爱好等。客户的风险属性主要包括客户的风险承受能力和风险偏好两方面因素。客户的风险承受能力是指客户在面对风险时，在财力和精神上的忍耐程度；而客户的风险偏好则指客户对待风险的态度，这两者之间存在密切的关系。一个优秀的个人理财规划师，应该首先考虑客户的风险承受能力，再在其风险偏好的基础上为客户确定合理的风险水平。

第二步：生活设计与生活资产储备，这是第一道防火墙，实现短期保障。

一方面要进行投资，另一方面要保障基本生活（储备金）。

（1）家庭储备金保障的内容通常涉及四个方面。一是家庭基本生活支出储备金，基本开支应预留6~12个月的基本生活费；二是意外支出或不时之需储备金，通常为5%~10%的家庭净资产；三是家庭短期债务储备金，保证3~6个月的信用卡透支、消费贷款月供；四是家庭短期必须支出，如买房买车、结婚生子、装修、旅游等。

（2）家庭储备金的准备方式包括银行活期存款、6个月的定期存款、货币市场基金等安全性、流动性好的产品。

第三步：风险规划与保障资产储备，这是第二道防火墙，实现中长期保障。

中长期面临的风险往往较为巨大，中长期保障的内容应包括失业、疾病、意外、养老等。中长期保障的方式有三种：一是家庭成员的社会保险，包括医疗、失业、工伤、生育、养老等基本社会保障保险。二是家庭成员的重大疾病保险、意外保险、养老等商业性保险。三是家庭购买车辆、房产等财产性保险。

第四步：建立长期投资储备。

长期储备的主要内容包括，合理规划消费与储蓄，利用客户的年度或月度结余资金，为子女进行教育投资、养老投资等积累资金。建立长期投资储备还可以通过购买定期定额定投基金或零存整取的存款来实现。

第五步：建立多样化的产品组合。

多样化的产品组合是指，将客户多年积累下来的闲置资金以及经过上述配置以后的剩余资金进行投资组合。通常，理财规划师可根据客户的财务特征、风险偏好和需求等情况来选择高、中、低风险的产品进行比例合理的投资。客户可选择的投资工具包括股票、债券、基金、黄金等。

【案例分析】

资产配置小案例

（1）背景资料。

客户：王小姐，单身。

年龄：28 岁。

工作：2001 年毕业，在上海外企部门管理。

学历：经济专业/本科。

储蓄：积累时间 5 年，现有活期存款 30 万元。

年收入：起始期 5 万元，目前 15 万元。

月支出：房租 2 000 元，生活费 2 000 元，其他开销 2 000 元。

（2）目标：贷款购房、买车、结婚、投资（收益率不需很高）、养老。

（3）理财建议：建立重大疾病、意外伤害保险保障，投入 1 万~1.5 万元/年。

（4）建立长期投资储备：定期定额投资平衡型基金 5 万元/年，预计年收益率不低于 10%，以建立养老投资基金。

（5）理财产品组合：股票指数基金 10 万元，债券型基金 10 万元，货币型基金 5 万元，固定收益类理财产品 5 万元。车房待有了结婚对象后再具体安排。

三、常见的资产配置组合模型

（1）金字塔型：资产的风险度由低到高、占比越来越小。这种组合的优点在于安全稳定。

①低风险、低收益资产（50%）：存款、债券、货币基金、房产。

②中风险、中收益资产（30%）：基金、理财产品、房产等。

③高风险、高收益资产（20%）：股票、外汇、权证等。

（2）哑铃型：两端大、中间弱。这种策略要求判断经济周期较为准确，它可以充分获得投资黄金期的好处。

①低风险、低收益资产（比例高）：存款、债券、货币基金、房产等。

②中风险、中收益资产（比例低）：基金、理财产品、房产等。

③高风险、高收益资产（比例高）：股票、外汇、权证等。

（3）纺锤形：中风险、中收益的资产占主体地位，高风险与低风险的资产占比较低。这种组合安全性高，适合成熟市场。

①低风险、低收益资产（比例低）：存款、债券、货币基金、房产等。

②中风险、中收益资产（比例高）：基金、理财产品、房产等。

③高风险、高收益资产（比例低）：股票、外汇、权证等。

（4）梭镖型：几乎所有的资产都放在高风险、高收益的投资市场，属于赌徒型的资产配置。其优点在于投资力度强，遇到投资黄金期能获得高收益，但是稳定性差、风险度高。

①低风险、低收益资产（比例低）：存款、债券、货币基金、房产等。

②中风险、中收益资产（比例低）：基金、理财产品、房产等。

③高风险、高收益资产（比例高）：股票、外汇、权证等。

四、投资策略与投资组合的选择

（一）市场有效性与投资策略的选择

1. 随机漫步（随机游走）学说

随机漫步理论认为，证券价格的波动是随机的，就像一个在广场上行走的人一样，价格的下一步将走向哪里，是没有规律的，是不可预测的。

随机漫步理论是有效市场假说的基础。这个理论认为在证券市场中，价格的走向受到多方面因素的影响。价格是对各种信息，包括政治、经济和人文等各方面信息做出反应的结果。在已有的信息下，股价表现为常规股价，如果出现新的信息，股价就会立刻做出上升或下跌的反应。每次价格的上升和下降与前一次价格变化没有关系，只与信息变动有关，股价只对新的信息做出上涨或下跌的反应。而由于新信息是不可预测的，所以股价同样是不可预测的。如果股价是可预测的，就表明市场中有未被人们捕捉到的信息存在，那么市场是不充分的。所以股价反映所有已知信息的现象被称为“有效市场假定”。

有效资本市场假设理论认为，在一个有效的资本市场中，有关某个投资品的全部信息都能够迅速、完整和准确地被某个关注它的投资者获得，进而这个投资者可以据此判断该投资品的价值以做出买卖决策。反过来说，任何时刻的投资品价格都已充分反映了投资者当时所能得到的一切相关信息，该价格全面反映了该投资品的内在价值。

【趣味阅读】

我国古代的有效市场思想

魏晋时期“竹林七贤”中的王戎，幼时即以聪慧出名。某日与玩伴同游，见路边一李树结满熟透的果实，众人一拥而上，唯独王戎顿足不前。同伴招呼他，王戎却回答，此树长于路边，来往行人众多，尚遗有果实累累，其味必酸。众人一尝，果如其言。

王戎若活在今日，必为有效市场的拥护者。

2. 有效市场

有效市场的概念，最初是由玦玛（Fama）在 1970 年提出的。玦玛认为，当证券价格能够充分地反映投资者可以获得的信息时，证券市场就是有效市场，即在有效市场中，无论随机选择何种证券，投资者都只能获得与投资风险相当的正常收益率。

珐玛根据投资者可以获得的信息种类，将有效市场分成了三个层次：弱式有效市场、半强式有效市场和强式有效市场。具体见图 2-9。

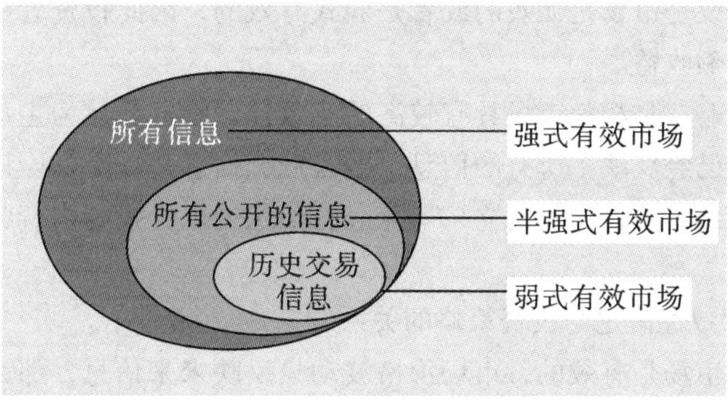

图 2-9 有效市场的类型

（1）弱式有效市场。

弱式有效市场，指股票价格反映了全部能从市场交易数据中得到的历史信息，包括历史股价、成交量等。该假定认为，如果市场是弱有效的，则市场价格的趋势分析（技术分析）是徒劳的，因为过去的市场价格资料都是公开的，随时可以得到。所以试图利用历史信息在市场上获得超额利润的机会是不存在的，所有的投资者在市场上具有同等的获利机会，他们无法赚取超额利润。

（2）半强式有效市场。

半强式有效市场，指股票价格充分反映了所有公开信息，包括历史上的价格信息和公司新公布的财务报表等，也就是新公布的和过去的信息都反映在市场价格中。该假定认为，如果半强式有效市场假设成立，所有公开可获得的信息都已经完全反映在当前的价格之中，所以投资者根据这些公开信息无法持续获取非正常收益。此时，依靠企业的财务报表等公开信息进行的基础分析法也是无效的，不能为投资者带来超额利润。

（3）强式有效市场。

强式有效市场，指股票价格充分反映了所有信息，包括公开信息和内幕信息。任何与股票价值相关的信息，都已经充分体现在价格之中。该假定认为，如果强式有效市场假设成立，那么上述所有的信息都已经完全反映在当前的价格之中，所以即便是掌握内幕信息的投资者也无法持续获取非正常收益。

3. 市场有效性假定对投资策略的意义

（1）投资策略的类型。

市场是否有效对投资策略有着重要的影响。根据市场的有效性，我们可以将投资策略分为主动型投资和被动型投资两类。

主动投资策略，是指对资产进行积极的配置，包括技术分析和基本面分析两种方法。技术分析是对股票历史信息，如股价和交易量等进行研究，希望找出其波动周期的运动规律以期形成预测模型。基本面分析是利用公司的公开信息，如盈利水平和红利前景、未来利率的预期及公司风险的评估来决定适当的股票价格。主动投资策略的隐含假设是市场是无效的或者是弱式有效的，因此投资者可以利用市场上的信息来获取超额收益。

被动投资策略，是相信市场具有较高的有效性，投资者认为主动管理基本上是白费精力，股价已经反映了所有的信息，再去挖掘信息是徒劳的。该策略不试图战胜市场，取得超额收益，而是建立一个充分分散化的证券投资组合，以期取得市场的平均收益。

（2）市场有效性假定与投资策略的关系。

①如果认为市场是有效的，市场价格波动只反映未来信息，那么市场表现为随机漫步，任何技术分析、基本面分析，甚至包括内幕信息都是徒劳的，投资者不可能通过分析手段获得超额收益。因此，如果相信市场是有效的，投资者将采取被动投资策略。投资者只能通过建立一个充分的分散化的组合，获取市场平均收益。

② 如果认为市场是完全无效的，此时市场价格不包含任何信息，投资者应该采取主动投资策略，即进行技术分析和基本面分析，此时的新信息都将带来超额收益。

③ 如果相信市场是半强有效的，投资者可以采取主动策略，通过获取内幕信息来获利。因为此时所有公开信息和历史信息都反映在价格中了，只有内幕信息可以使投资者获取超额收益。所以投资者的基本面分析和技术分析没有用，但可以想方设法获取内幕信息。

④ 如果相信市场是弱式有效的，投资者可以采取主动投资策略，通过基本面分析和内幕信息来获利。此时市场价格已经反映了所有历史信息，但可以通过基本面分析和内幕信息来获利。因此投资者的技术分析没有用，但可以进行基本面分析或者设法获取内幕信息。

总之，如果相信市场无效，投资者将采取主动投资策略；如果相信市场有效，投资者将采取被动投资策略。

（二）理财工具和投资组合的选择

1. 理财工具分类

（1）银行理财产品。产品的开发主体是银行，在充分调查客户需求的基础上，银行利用自己的投资专业知识，运用不同的基础资产开发出产品风险和收益特征符合客户需求的理财产品。一般而言，银行理财产品的收益、风险和流动性通过预期收益率、风险等级和委托期三个要素特征体现出来。

（2）银行代理理财产品。产品的开发主体是第三方，银行在自己的渠道代理销售。这些理财产品包括基金、保险、国债、信托以及一些黄金代理业务等。这些工具也具有不同的收益、风险和流动性特征。

（3）其他理财工具。其主要指既不是由银行开发也不是由银行代理销售的一些理财工具，如股票、期货、房地产等。这些理财工具也具有不同的收益、风险和流动性特征，其中一些理财工具要求有较高的专业知识。

2. 理财工具风险和收益特征

一般的理财产品涉及三个方面的特性：安全性、收益性、流动性。不同产品三性表现方式不同，投资者应根据自身的理财目标、风险偏好和财务状况进行资产配置。

（1）银行存款：安全性高、流动性好、收益性差。

（2）国债：最安全的投资工具，收益性略高于定期存款，但流动性较差。

（3）公司债券：收益性高于存款与国债，安全性低。

（4）股票：收益性高，安全性低，流动性好。

（5）基金：收益性和安全性介于股票与债券之间。

（6）银行理财产品：流动性差，安全性比基金、债券、股票高。

（7）外汇：收益中等，风险高，流动性高。

（8）房地产：流动性差，安全性高于证券，收益中等。

（9）金银：安全性高，收益中等，流动性差。

（10）期货期权与彩票：收益率最高，风险最高。

常见的个人资产的配置组合方式见表 2-5。

表 2-5 个人资产的配置组合

理财产品组合	特性	产品	用途
储蓄产品组合	低风险 高流动性 收益不高	存款 货币基金 政府债券	日常生活开支 短期债务支出 突发的意外支出
投资产品组合	中等风险 中等收益	基金 蓝筹股 银行理财产品 指数投资	子女教育金 养老金 购房准备金 赡养父母储备金
投机产品组合	高风险 高收益	金融衍生品 外汇 彩票 对冲基金	实现财务自由 不超过资产的 10%

本章小结

生命周期理论指出，个人是在相当长的时间内计划他的消费和储蓄行为的，在整个生命周期内实现消费的最佳配置。人们通常在工作期间储蓄，然后将这些储蓄用于他们退休期间的支出。人口的年龄结构是决定消费和储蓄的重要因素。

货币的时间价值，是指在不考虑风险和通货膨胀的情况下，货币经过一定时间的投资和再投资所产生的增值，也称为资金的时间价值。年金是指在一定时期内一系列等额收付的款项，通常记作 A。年金的特征是在一定的时期内，每次收付款的时间间隔相同，收付的金额相等，现金流的方向相同。年金按其每次收付发生的时点不同，可分为普通年金、预付年金、递延年金和永续年金。

风险就是指在特定的时间内、特定的客观情况下，某种收益或损失发生的不确定性。个人理财风险管理包含几种方式：风险规避、风险控制、风险转移、风险自留、风险分散。客户的风险属性主要包括客户的风险承受能力和风险偏好两方面因素。客户的风险承受能力是指客户在面对风险时，在财力和精神上的忍耐程度，而客户的风险偏好则指客户对待风险的态度。

有效资本市场假设理论认为，在一个有效的资本市场中，有关某个投资品的全部信息都能够迅速、完整和准确地被某个关注它的投资者获得，进而这个投资者可以据此判断该投资品的价值以做出买卖决策。根据市场的有效程度，应该合理选择投资策略和理财工具。

思考题

1. 简述生命周期理财理念的主要内容。

2. 结合当前的经济背景，谈谈生命周期理论在中国的实际应用状况以及对你有何启示。

3. 人的生命周期可以分为哪几个阶段？指出每个阶段的主要特征及需要关注的理财目标。

4. 投资的收益和风险怎么衡量？

5. 风险有几种类型？它们的特征是什么？

6. 个人资产配置的种类有哪些，各自有什么特点？

7. 市场有效性分为哪几种类型，每种类型下的理财策略有什么特征？

课后阅读

单身“月光族”如何在创业时买车

理财案例背景资料

单身小伙小王今年 23 岁，虽然参加工作不到半年，但业务做得还不错。每个月除了基本工资 2 000 元以外，有时还拿到 3 500 元的奖励。因为生活过得比较简单，每月的开支仅有房租、餐费、交通等方面 800 元左右。但他是个好客之人，经常款待朋友，最终让自己成为一个月光族。不过，小王的另一个身份是一学校附近小酒吧的老板，虽然是和同学合伙的，还负债 5 000 元，但每月也能给他带来数百元到数千元不等的收入。而且，小王还是个“有志之士”，因为家里将“赞助”住房，所以他计划在三年内给自己买辆小车，将自己的小酒吧扩大经营。这到底该如何实现呢？

财务分析：“月光族”经济基础较薄弱

小王属于典型的“月光族”，当前经济基础比较薄弱，抗风险能力较低；收入来源较为单一，但还算稳定，支出较高，影响资产净值的增加，重点应减少不合理的消费习惯，养成良好的记账习惯。此外，小王正处于个人职业生涯的初始创业阶段，在满足一般的社会生活需求的前提下，首先应考虑实现自我价值的提升，累积投资资金，再提高生活质量。

理财规划

1. 取消不合理消费，建立收支表

小王首要的问题是如何积攒个人金融资产。首先小王的不合理消费集中在应酬方面，因此理财师建议小王减少一些不必要的应酬，或采取 AA 制消费形式。还可以考虑将应酬活动多组织在自己的小酒吧内，不仅可以带动酒吧人气，还可以为酒吧增加一些收入。

同时，建立收支储蓄表，为每笔收入和支出登记，尽量做到“不月光”。还得学会合理使用信用卡，避免消费过度，造成还款压力。通过养成良好的理财习惯，小王最好能将自己的月平均支出降为 2 000 元左右。

2. 购债券基金实现买车

买车成为小王的首个理财目标。目前，经济型小车价位为 6 万~7 万元，上牌总共需 7 万~8 万元。调整收入支配方式后，小王每月可供理财的资金约 3 000 元，每月投入其中 2 000 元，假设投资回报率 5%~6%，3 年后积攒资金约 78 000 元，可实现购置小车的计划。建议理财配置为债券基金或偏股型基金定投组合，目前平均年化收益率 5.5%左右。

3. 用酒吧分红积攒扩业资金

按照当前酒吧盈利水平，小王将每月酒吧收入平均分配，假设平均每月可投资金 2 000~3 000 元，可供理财资金还结余 1 000 元左右，小王每月可投入的理财资金至少有 3 000~4 000 元，投资回报率约 6%，每月投入，3 年后积攒个人扩业资金约 12 万~15 万元。建议理财配置为股票型基金与偏股型基金定投组合，平均年化收益率 6%~7%。

资料来源：佚名. 创业初期月入 2 000 月光族如何理财三年内买车 [N]. 信息日报，2012-03-31.

第三章　理财规划的工作流程

理财规划是根据家庭情况和财务资源，为化解家庭风险，制订的实现各阶段人生目标的全面计划，以实现高品质的生活目标。家庭理财规划主要目标不可能并且也没有必要在同一时期实现，不同的人生阶段有不同的需要优先实现的理财目标。例如，在家庭形成期需要购房规划；家庭成长期则需要考虑子女高等教育规划；家庭成熟期则更多侧重于退休规划。这就是所谓的人生三大重任。

一般而言，理财规划基本程序（工作流程）包括以下七个方面：

（1）建立客户关系；

（2）收集和整理客户信息；

（3）了解和分析客户的风险承受能力；

（4）分析客户财务状况并确定客户理财目标；

（5）制订理财计划；

（6）实施理财计划；

（7）监控计划的实施，适时调整理财计划。

第一节　建立客户关系

理财规划的第一步是通过宣传、解释，去发掘和发展客户。在与客户建立联系时要说明以下问题：理财规划的概念及参加理财规划的必要性；理财规划提供的服务范围、收费标准、职业道德及对客户的要求；理财规划师和客户各自的权利和责任。

一、与客户交谈和沟通

建立客户关系成功与否直接决定了理财规划业务是否可以顺利开展，在建立客户关系的过程中，理财规划师的沟通技巧显得尤为重要。建立客户关系最重要的方式是，与潜在客户进行会谈和沟通。与客户会谈的目的是了解客户的基本情况、理财目标、投资偏好等，寻求建立客户关系的可能性。

一般而言，在进行理财规划时，理财规划师选择优先接触服务的对象有四类：有钱但没有时间去规划及管理资产的客户；目前虽非高资产族群，但积极规划未来；有极高的家庭责任感，对子女也有很高期望的群体；家庭面临较大变迁，需要特殊安排的群体。这四类客户是重要的潜在客户。在与客户建立关系时有几个方面的内容需要注意。

1. 理财规划师的态度

与客户进行交谈沟通时，理财规划师需要注意四点：①尊敬客户，体现对客户的重视；②真诚，发自内心地帮助客户；③理解和包容，让客户感到自己的需求和现状是被理财规划师所接受的；④自知，清晰地认清自己的观点和态度。

2. 如何开始交流

首先，双方需要一个合适的交流环境，明确交流的目的和流程，以及本次交流所需的时间。然后，理财规划师进行自我介绍和工作流程的介绍，清晰地表明自己的身份、观点和态度，强调与客户之间的合作关系。最后，理财规划师应该注意与客户讨论的方式，给出双方所期望的结果。

3. 主要交流手段和交流技巧

（1）语言。在与客户的交流沟通中，理财规划师应多采用解释、安慰、建议、提问、总结式语言。同时，理财规划师语言交流中需注意以下几个问题：用语的特定意思、语速和长度，避免主观臆断，保持话语亲切，不使用“保证”“肯定”“必然”等承诺性质的措辞，不使用直接或间接贬损其他机构或理财规划师的语言，避免使用命令语气。

（2）行为。由于在进行理财规划或咨询时，理财规划师更多的时候是与客户进行面谈，因此还应该注意在行为行动方面的大方得体。交谈时理财规划师注意自己身体的整体姿势，注意自己腿和胳膊的位置、面部表情、眼睛等；嗓音上注意音量和音调。

（3）交流技巧。交流时理财规划师应把握关注、倾听、反应三个技巧。关注：与客户保持适当的距离，采取一种开放的姿势，向客户倾斜，保持眼神的交流，放松地去交流。倾听：善于倾听，注意力集中，发现细节。反应：微笑或点头赞同，鼓励客户继续说下去，转述复述客户的思路，帮助客户理清思路，可以向客户谈自己的看法。

【倾听游戏】

仔细阅读下列有关故事的提问，并在“对”“不对”“不确定”中做出选择，画圈。请快速作答。

某商人刚关上店里的灯，一男子来到店堂并索要钱款，店主打开收银机，收银机内的东西被倒了出来而那个男子逃走了，一位警察很快接到报案。

	正确	错误	不确定
1. 店主将店堂内的灯关掉后，一男子到达。	T	F	?
2. 抢劫者是一男子。	T	F	?
3. 来的那个男子没有索要钱款。	T	F	?
4. 打开收银机的那个男子是店主。	T	F	?
5. 店主倒出收银机中的东西后逃离。	T	F	?
6. 故事中提到了收银机，但没说里面具体有多少钱。	T	F	?
7. 抢劫者向店主索要钱款。	T	F	?
8. 索要钱款的男子倒出收银机中的东西后，急忙离开。	T	F	?
9. 抢劫者打开了收银机。	T	F	?
10. 店堂灯关掉后，一个男子来了。	T	F	?
11. 抢劫者没有把钱随身带走。	T	F	?
12. 故事涉及三个人物：店主，一索要钱款的男人以及一个警察。	T	F	?

（4）着装。如果是公司统一的制服，要注意面料统一、色彩统一、款式统一、穿着统一。男士西装要穿着合体、优雅、符合规范。穿着应该遵循三色原则，即衬衣、领带、腰带、鞋袜一般不超过三种颜色。遵循三一定律：鞋子、腰带、公文包应为同一颜色。防止出现三大禁忌：袖口商标没有拆，穿夹克打领带，尼龙、白色袜子。女士裙服应符合规范，庄重大方，忌出现黑色皮裙，裙、鞋袜不搭配，袜子有破洞或光脚等情况。

（5）与客户直接接触时，做到待客有礼，遵循“三到”原则。眼到，目视对方，交流眼神，注意眼神部位；口到，语言无障碍，避免出现沟通脱节；意到，表情、神态自然，注意与交往对象互动，举止大方。

（6）名片收取。与客户首次交换名片时，要注意交互的顺序。一般而言，名片递交时应立身、走上前、双手或右手、正面面向对方，由近及远、由尊而卑的顺序递名片。名片接收时，应立身、面含微笑、目视对方，双手或右手接，默读一遍，使用谦恭敬语。

总之，与客户沟通交流时一定要有良好、积极、乐观、豁达的心态，每天不停地学习和进步，再总结和归零，加以升华和浓缩，灵活运用之。

【情景模拟】

模拟理财咨询

任务内容：以小组为单位，一人扮演理财经理，一人扮演客户，模拟理财经理与客户建立联系。根据给出的资料，抽签决定小组所扮演的客户角色。客户角色如下：25 岁刚参加工作的小年轻；27 岁裸婚的夫妇；30 岁刚结婚的年轻夫妇，有小孩；40 岁中年夫妻；60 岁的退休老大爷。

考虑各种可能的情形与客户完成交流，最后由指导教师对部分实训者或每个实训者的部分内容进行抽查，实训小组上台展示。

情景一：第一通电话

理财经理：您好，先生/女士。我这边是××资产理财中心，我姓×，我们公司主要是为客户配置固定收益理财产品。现在有一个短期的理财产品，年化收益率是7%，周期一年，不知道您之前有没有做过一些其他理财产品。

客户：____

理财经理：是这样的，我们公司这个月推出一款理财产品，它的年化收益率是7%。____。如果说您有兴趣的话，这两天可以到我们公司来看看，了解一下。我们公司在……您知道这个地方吗？离您那远吗？……

好的，我姓××，女士/先生您贵姓？我待会把我们公司地址和一些简单的信息发给您，您可以到我们公司来看一下……

这边我就不打扰您了。祝您工作愉快！

情景问题：

1. 客户：我没兴趣。

理财经理：____。

2. 客户：我忙，没时间。

理财经理：____。

3. 客户：要不你电话里面给我讲一讲吧。

理财经理：____。

4. 客户：我不投资，怕风险，没时间投资。

理财经理：____。

5. 客户：我自己存银行，炒股，买过基金。

理财经理：____。

6. 客户：有没有资料？你把资料寄给我。

理财经理：____。

7. 客户：我没钱。

理财经理：____。

8. 客户：我朋友买过理财产品，我也买过。

理财经理：____________________________________。

情景二：第二通电话

理财经理：您好，先生/女士！我是昨天给您打电话的，××资产理财中心的×××，您还记得吧？是这样的，我昨天给您发的短信收到了吗？感觉怎么样？建议您及时过来了解，您明天上午或下午几点可以到我们公司来看看，过来了解了解。

提示：产品一定要等来的时候再说。注意回归主题邀约客户来公司详谈。创造一个积极、良好的思想环境。可以通过比较热门的话题来引入。如：信托市场前景比较好，持续性赢利，上海本地的正规公司合作，包括还有这么多的优质理财产品，客户群体，责任、细致服务的团队合作，没有问题的。

二、确定客户关系

1. 签订理财规划服务合同

与客户建立了良好的合作关系后，就可以签订理财规划服务合同了。理财规划服务合同的签订程序为：

（1）准备好合同文本。理财规划师应准备好合同文本。理财规划服务合同应符合《中华人民共和国合同法》（以下简称《合同法》）关于合同的一般规定，应采取书面形式，多数是由理财规划师所在机构提供的格式合同。

（2）将合同交给客户，并提醒客户认真阅读合同条款，并对客户理解有误或不理解的条款向客户做出详细解释，尽量避免日后因对合同条款理解上的分歧而产生法律纠纷。

（3）审查客户身份，确认客户具有签订合同的行为能力。

（4）当面签订合同。如客户对合同内容无异议，同意签署合同，则要求客户当面在相应的位置签字。如合同为多页，则要求客户在每一页上都要签字。签字完毕后，将合同收回盖章，然后将其中一份交给客户保管。

签订合同应注意以下几个问题：①应以所在机构名义签订合同，而不是以个人名义；②合同条款若确实存在歧义，应提请所在机构的相关部门修改；③不得向客户进行收益保证或承诺，不得向客户提供任何虚假或误导性的信息；④合同原件保存在所在机构，理财规划师留存复印件。

2. 理财规划服务合同的形式和内容

理财规划服务合同应采用书面形式签署，签署人应以所在机构名义签署合同，不得以个人名义或他人名义签署合同。理财规划服务合同的主要内容包括九个方面：当事人条款、鉴于条款、委托事项条款、理财服务费用条款、陈述与保证条款、当事人权利与义务、违约责任、争议解决和特别声明条款。

（1）当事人条款。当事人包括客户和理财规划师所在机构，个人理财业务的客户一般分为个人、中小企业，理财规划师所在机构一般属于公司或合伙机构。

(2) 鉴于条款。鉴于条款又称“叙述性条款”，是由双方当事人就双方订约的目的、希望和意图所做的陈述性说明。它并不是合同的必备条款，设定“鉴于条款”的原因在于，表明双方签约目的，一旦发生纠纷时可以探究当事人真实意思的表示。但是如果“鉴于条款”与合同主文内容相抵触时，以主文内容为主。

(3) 委托事项条款。这是合同的核心内容，双方约定理财内容、理财目标等。

(4) 理财服务费用条款。条款约定理财服务费用的金额，包括支付方式、支付步骤和接收账户的问题。值得注意的是，在费用金额较小的情况下，可根据所在机构的规定收取现金，不必要求客户向指定的账户汇款。

(5) 陈述与保证条款。条款规定客户应承诺提供的信息真实，如因隐瞒真实情况、提供虚假或错误信息造成的损失，理财规划师及所在机构不承担任何责任；同时，理财规划师所在机构和本人承诺向客户提供的信息真实，如因误导客户或提供虚假信息造成客户的损失，理财规划师所在机构和理财规划师本人应承担赔偿责任。

(6) 当事人权利与义务。理财服务合同属于双务合同，即一方的权利就是另一方的义务。理财规划师所在机构的权利是收取费用，理财规划师所在机构的义务是提供理财服务、提供书面理财计划、跟踪和监督理财计划执行、严守客户秘密等。

(7) 违约责任。合同约定对不履行或不依据合同约定全面履行合同约定义务的一方给予的惩罚内容。

(8) 争议解决。这是当双方出现意思表达不一致时，对解决争议方式的约定。解决争议的方式有协商解决、诉讼和仲裁。通常当发生争议时，首先进行协商解决，无法协商解决的再选择上诉或者仲裁。要注意的是，诉讼和仲裁不能同时选择；仲裁实行“一裁终局”，对于仲裁结果不服的不得再上诉。

(9) 特别声明条款。由客户声明已经清楚阅读并全部理解合同条款，双方确认该合同不是格式合同。

【延伸阅读】

投资理财合同范本

甲方： 住址： 宅电： 手机：

身份证： 开户行： 账号：

乙方： 住址： 宅电： 手机：

身份证： 开户行： 账号：

一、定义

1. 甲方/客户：协议出资人，系乙方提供的理财服务并与之签订服务协议的对象，亦是甲方。

2. 乙方：协议理财服务提供者，受甲方授权在指定账户内从事对应投资理财操盘者。

3. 本金：指甲方授权乙方在指定账户内从事对应投资理财的原始资金总额。

4. 保底收益：协议中乙方承诺甲方最低保证收益，等同协议期银行存款定期年息两倍。

5. 信富：理财服务品种，指“信任而富贵”，甲方负风险全责，享利70%；乙方享利30%。

6. 保富：理财服务品种，指“保障而富裕”，甲/乙各负风险50%，享利50%。

7. 安富：理财服务品种，指“安全而富有”，乙方负风险全责，享利75%；甲方享利25%及保底收益（等同协议期银行存款定期年息两倍）。

8. 投资对象：股票、黄金、外汇。

二、协议期限

本协议自乙方收到甲方理财账户操作原始密码之日起正式生效，有效期限壹年。

协议期间不得半途中断理财而提款，如甲方真有急需可与乙方协商终止合作，但如有损失由甲方全部承担，乙方不负任何理财风险。如有利润产生，甲方必须按协议给予乙方报酬。

三、甲方的权利与义务

1. 协议签订后，应尽早向乙方提供理财操盘原始密码。

2. 在理财操盘期间不得改变操盘原始密码而自己操盘。

3. 理财月结算期，负责向乙方提供协议报酬并及时将金额转入乙方账户。

4. 按协议承担规定的风险，享受规定的利润分成。

5. 按协议享有理财过程中的风险损失知情权及协议规定的其他权利和义务。

四、乙方的权利与义务

1. 协议签订后，必须恪守诚实信用原则，殚精竭虑，专心打理，提供优质理财业绩。

2. 在理财期间必须按月结算，准时通知甲方查账及分享利润提成。

3. 依协议规定承担对应的理财风险及享有利润分成。

4. 享有理财期间操作保密权，甲方不得干涉阻挠。

5. 如有规定，必须将过程损失按10%、20%、30%递进及时告知甲方。

五、协议约定

1. 甲方委托乙方在2017年9月1日至2020年9月1日进行操盘理财，投资对象为股票、债券、黄金、外汇，理财服务品种安全丰富，原始资金（本金）50万。

2. 甲方享利25%及保底收益（等同协议期银行存款定期年息两倍）；乙方负风险全责，享利75%。

3. 本协议所有理财风险损失均指相对原始资金总额（本金）而言，所有风险承担皆以此计；协议期间甲方累积总利润分成加最终资金大于本金加保底收益后，乙方不再承担损失责任。

4. 合作双方必须遵守诚实信用原则，保证提供的信息真实可靠，否则承担由此造成的对方的损失。

六、违约责任及附则

1. 除不可抗力因素外，双方必须守约，违约者须赔偿对方损失，赔偿额为本金的 5%。

2. 本协议双方各执一份，未尽事宜可协商补充；协议适合国家法律，并依法处理双方争议。

甲方：　　　　　　　　　　　　　　乙方：

日期：　　年　月　日　　　　　　　日期：　　年　月　日

第二节　收集客户信息

一、客户财务信息的收集和整理

理财规划是建立在充分的个人财务信息搜集分析基础之上的，个人财务信息可通过面谈和问卷获取，理财规划师应先准备家庭信息采集表给客户填写，制作家庭（个人）财务报表，包括家庭资产负债表、家庭收入支出表（即现金流量表）。

家庭财务有效信息分为财务资源和债务信息，包括收入、支出、资产、负债、投资、保障情况、纳税情况，除此以外还有个人愿望和生活目标，即客户的消费计划、子女培养计划、退休计划等。

1. 客户的收支情况

客户的收入由经常性收入和非经常性收入共同构成。经常性收入是指，企业或个人在其连续的、经常性的业务活动中，因生产或交付了商品，或提供了劳务，或进行了其他活动，而获得的资产或清偿的债务（或两者兼而有之），包括工资收入（一般工资收入、津贴、奖金）、投资收益（实业投资、金融投资、不动产投资、艺术品投资等收益）、退休金收入等。非经常性收入是指，偶然性的不可持续的收入来源，如彩票中奖的奖金。出于谨慎的考虑，理财师不仅应对经常性收入部分进行预测，对于非经常性收入也要进行预测。

同理客户的支出也由两部分构成，经常性支出和非经常性支出。经常性支出是指，生活中按期支付的费用，如衣食住行发生的费用；非经常性支出是指，不定期出现的费用支出，如意外伤害产生的费用。客户年收入支出表如表 3-1 所示。

表 3-1　客户年收入支出表

姓名：		日期：	
一、收入			
		数量	占总收入的比例
工资和薪金（税后净收入）	姓名：		
	姓名：		
自雇收入（稿费及其他非薪金收入）			
奖金和佣金			
投资收入	利息		
	资本利得		
	分红		
	租金收入		
	其他收入		
其他收入			
总收入			
二、支出			
		数量	占总收入的比例
房产	租金/抵押贷款支付(包括保险和纳税)		
	修理、维护和装修		
日常生活开支	水电煤气等费用		
	通信费		
	交通费		
	日常生活用品		
	外出就餐		
	其他费用		
购买衣物开支	衣服鞋子及附件		
个人开支	化妆品、美容、美发（女）		
	个人支出（男）		
休闲和娱乐	度假		
	其他娱乐和休闲		
赡养支出	男方父母		
	女方父母		
商业保险费用	人身保险		
	财产保险		
	责任保险		
医疗费用	医疗费用		
其他支出项目			
总支出			
现金结余（或超支）（总收入-总支出）			

2. 资产负债情况

客户的资产可分为金融资产、实物资产和其他个人资产。金融资产主要指现金或现金等价物以及其他资产。实物资产包括动产和不动产，动产是指能够移动而不损害其经济用途和经济价值的实物，比如汽车、衣服、手机等；不动产主要指房屋和土地等不能移动的财产。

客户的负债分为个人负债和企业负债中具有连带责任的部分，按照时期来分可进一步分为短期负债和长期负债。个人（家庭）资产负债表如表 3-2 所示。

表 3-2　个人（家庭）资产负债表

姓名：			日期：
资　产			金　额
金融资产	现金与现金等价物	现金	
		活期存款	
		定期存款	
		其他类型银行存款	
		货币市场基金	
		人寿保险现金收入	
		其他现金资产	
	现金与现金等价物资产小计		
	其他金融资产	债券	
		股票及权证	
		基金	
		期货	
		外汇实盘买卖	
		人民币及外汇理财产品	
		保险理财产品	
		证券理财产品	
		信托理财产品	
		个人社保养老金余额	
	其他金融资产小计		
金融资产小计			
实物资产	自住房产		
	投资的房地产		
	机动车		
	家具和家用电器（折旧后价值）		
	黄金珠宝首饰收藏品类		
	其他资产		
实物资产小计			
资产总计			
负　债			金　额

表3-2(续)

短期负债	信用卡透支		
	个人借款		
	医疗欠费		
	分期付款消费贷款		
中长期负债	房贷余额		
	车贷余额		
	创业贷款余额		
	其他贷款		
负债总计			
净资产（总资产-总负债）			

3. 社会保障情况

个人社会保障分为政府保障和企业保障。政府举办的养老社会保险计划分为养老保险、失业保险、基本医疗保险、工伤保险、生育保险、社会救济、社会福利计划等。

企业的补充养老保险计划主要指企业年金。企业年金是指企业及其职工在依法参加基本养老保险的基础上，依据国家政策和本企业经济状况，经过必要的民主决策程序建立的享受国家税优支持的养老保障计划。

4. 风险管理信息

首先要根据客户目前的保险保障情况，判断哪些属于可保风险，可保风险是保险人可接受承保的风险，即符合保险人承保条件的风险，是风险的一种形式。可保风险应具备下列条件：①可保风险是纯粹风险；②风险的发生必须具有偶然性；③风险的发生是意外的；④风险必须是大量标的均有遭受损失的可能性；⑤风险的损失必须是可以用货币计量的。不满足上述条件的是不可保风险。其次是针对不同的风险类别进行相应的理财规划。

理财规划涉及的保险主要有三类：人身保险、财产保险、责任保险。这三类保险在第二篇的保险规划里进行详细介绍，这里就不再赘述了。

5. 遗产管理信息

客户的遗产信息内容要关注几个方面：客户是否拟定了遗嘱，遗嘱的形式和内容是否合法，客户是否拟使用遗嘱信托方式管理财产，客户目前对遗产的分配安排有无疑问或要求。

二、客户非财务信息的收集和整理

非财务信息是指除财务信息以外与理财规划有关的信息，包括客户的社会地位、年龄、投资偏好、健康状况、风险承受能力和价值观等。非财务信息可以帮助理财师进一步了解客户，对个人理财方案的选择和制订有直接影响。

1. 客户个人基本非财务信息

基本非财务信息需要收集客户的姓名和性别、职业和职称、工作安全程度、出生日期和出生地点、健康状况、子女信息、婚姻状况、客户联系方式等。具体如表 3-3 所示。

表 3-3　客户个人基本非财务信息调查表

项目	本人	配偶	其他成员
姓名			
性别			
出生日期			
出生地点			
参加工作时间			
职业			
职称			
工作单位			
工作安全程度			
退休日期			
婚姻状况			
健康状况			
家族病史			
家庭住址			
单位地址			
家庭电话			
单位电话			
移动电话			
电子邮件			

2. 客户心理和性格特征分析

（1）客户地域差异。在收集理财信息时要注意客户的地域差异。一般而言，北方人比较重视“开源”，看重目前生活品质；南方人的理财观念强，生活要求精益求精。

（2）客户个性偏好分析模型。通常根据个性偏好特征可以把人们分成四类。一是理想主义者，是直觉和情感的组合，“理想主义者”型的人感兴趣的是事物的意义、关系和可能性，并基于其个人的价值观念做出决定。这是一类关心个人成长和理解他人与自我的人。二是现实主义者，现实主义既是一种世界观，也是一种包含了各种现实主义者的理论和观点，借以产生、发展的一套假定的研究范式。现实主义者把历史看成循环的而不是进步的，他们对于人类是否有能力克服反复出现的冲突，建立持久的合作与和平深表怀疑。三是实用主义者，一切以有用和没用作为行为评价标准的人。实用主义把实证主义功利化，强调“生活”“行动”和“效果”，它把“经验”和“实在”归结为“行动的效果”，把“知识”归结为“行动的工具”，把“真理”归结为“有用”“效用”或“行动的成功”。四是行动主义者，这是有野心的、有明确目标的一类人，他们乐于承担风险，面对问题时积极采取行动。具体如表 3-4 所示。

表 3-4　客户个性偏好特征

现实主义者	理想主义者	行动主义者	实用主义者
实事求是	个性化	有野心	灵活
仔细	友善	愿意竞争	综合
客观	大方	主动	无限制
有节制	信任他人	积极行动	多样化
独立	积极上进	有目标	合作
理性	敏感	自信	因地制宜
理性化分析问题	情绪化	自傲	明智
准确	相信直觉	行动迅速	试探
精细	仁慈	有决心	可通融
有条理	善于接受新事物	精力充沛	适用性强
理论性	热情	愿意承担风险	友善
系统性	专注	强硬的	喜欢社交
善于反省	谦虚	果断	谦虚
拘谨	想象力丰富	有回应	有见地
保守	有教养	热切	创造性
明智	愿意帮忙	充满热情	谦让
彻底	有同情心	有组织能力	开放
有序	合作	有进取心	温顺
节约	忠心	有控制能力	可调整
谨慎	开放	勇敢	有洞察力
讲究方法	愿意协助		权衡利弊
注重细节、耐心	乐观、善良		

（3）客户心理分析模型。按照荣氏模型分为四种心理类型，分别为直觉型、思想型、内在感应型和外在感应型。具体特征如表 3-5 所示。

表 3-5　四类心理特征简略特征描述

类型	典型行为	办公室环境特点	衣着特点
直觉型	高尚但冷漠，客观 常常改变主意或离题 想象力丰富，思路新颖	布置办公室发挥丰富的想象力，选择一些新型的家具	难以预测，常常变换衣着式样，并按自己的理念和想象力选择十分新潮或十分过时的穿着
思想型	工作认真、有序，办事准确，有效率但形象黯淡 说话语调缺乏变化 谨慎分析、权衡数据	喜欢在一个整洁不受干扰的环境下工作，办公室家具赏心悦目但较传统	保守、正义，服饰搭配协调但缺乏新意
内在感应型	热情友善，有时过于热情 有时处理问题不区分工作和私人事务 喜欢交谈，决定之前希望能够征求每个人的意见	办公室摆设个性化，不喜欢正式的家具，家居化的办公氛围，喜欢暖色、古色、大而有生气的植物和纪念品	着装十分个性化，随时选择，常常出人意料，喜欢色彩鲜艳、非正式的衣服，有许多感性的服装
外在感应型	态度有时粗鲁且多变化，说话直接，目的明确，习惯打断别人的话题和控制谈话内容，办公室杂乱无章，无耐性，独自决定事情，不喜欢考虑他人意见	不时会制造一些难以控制的混乱，办公桌大而乱，工作忙，难以保持整洁，处于执行任务的紧张状态下	休闲而简单的服装，设计受到人们的欢迎，希望穿着整洁而不夸张

（4）客户风险偏好。客户的风险偏好是指客户对待风险的态度和风险承受能力。风险态度是客户对待风险的偏好程度，有风险厌恶型、风险偏好型和风险中立型三类。理财规划师应经测试而了解客户的世界观、人生观、价值观、期望值，分析客户的风险承受能力，从而确定客户的风险承受水平。客户的风险承受水平一般可分为保守型、中庸型和进取型，在此基础可细分为五类。具体如表 3-6 所示。

表 3-6　客户风险偏好类型与资产组合选择

类型	资产组合	增值潜力
保守型	成长性资产：30%以下 定息资产：70%以上	资产增值的可能性很小
轻度保守型	成长性资产：30%～50% 定息资产：50%～70%	资产有一定的增值潜力
中立型	成长性资产：50%～70% 定息资产：30%～50%	资产有一定的增值潜力，资产价值亦有一定的波动
轻度进取型	成长性资产：70%～80% 定息资产：20%～30%	资产有较大的增值潜力，但资产价值波动较大
进取型	成长性资产：80%～100% 定息资产：0%～20%	资产增值潜力很大，资产价值的波动很大

三、了解客户的期望理财目标

理财目标是指，客户通过理财规划所要实现的目标或满足的期望，客户在寻求理财规划师帮助的同时，通常心目中有自己设想的期望理财目标。当然，一个合理的理财目标，绝不是客户一厢情愿的结果，是理财规划师根据客户的财务状况，综合客户的投资偏好、风险偏好和其他信息形成的。可以说，理财规划师帮助客户形成合理的理财目标，是制订合适的理财方案的关键步骤之一。

1. 客户的类型

（1）蚂蚁族：先牺牲后享受。

蚂蚁族也可称为偏退休型，此类人群的特点是储蓄率高，最重要的目标就是退休规划，先牺牲后享受。蚂蚁每天都在为自己的生存而努力工作，这类人群就像是蚂蚁一样，处事小心翼翼，总把工作放在第一的位置上，终日劳作而不在乎眼前的享受。他们的性格是吃苦在前、享受在后。该人群的理财态度往往是量入为出，买东西精打细算，不向人借钱也不用银行信用贷款，有储蓄的习惯，愿意投资理财，是先牺牲后享受型，眼光长远。

投资建议：可选择多种不同类型的理财产品进行组合，在进行产品组合时，要根据个人实际风险承受力，适当地分配各类型产品的投资比例，以达到分散风险的效果。保险方面可选择养老保险或投资型保险。也可投资实物黄金，黄金与其他投资产品相比，具有价值变动微小、流动性好的优点，是对付通货膨胀的有效手段，其另一个重要功能就是规避汇率风险。

（2）蟋蟀族：先享受后牺牲。

蟋蟀族也可称为偏当前享受型，此类人群的特点是储蓄率低，最重要的目标就是当前消费，先享受后牺牲。此类人群代表的是时下喜欢消费的人群，比较注重眼前的享受，当前消费的效用大于对未来的期待。他们的理财态度是缺乏理财概念，透支未来，是冲动型的消费者，喜欢进行贷款或用信用卡提前消费。

投资建议：削减30%月开支，进行强制性储蓄，如若控制力不强，可采取基金定投方式进行强迫储蓄，让月光族变成“月攒族”，在保险方面可选择基本需求的养老金。

（3）慈鸟族：一切为子女。

慈鸟族也可称为偏子女型，此类人群的特点是子女教育支出占一生总所得10%以上，牺牲当前与未来的消费，自己不用，留给子女当遗产。此类型人群理财态度是优先安排子女教育规划，子女高等教育金支付期与退休准备期高度重叠，如果不提早规划子女教育，可能会因为供子女上大学而牺牲退休生活质量，子女高等教育的学费增长率无法预估，所以需要从宽规划。将孩子未来的前途放在首位，为孩子提供最好的教育和生活条件，重视家庭成员的生活质量。

投资建议：可投资债券、低风险基金、教育储蓄等，长期持有，收益至少可达到5%以上。保险方面可考虑子女教育年金。

（4）蜗牛族：背壳不嫌苦。

蜗牛族也可称为偏购房族，此类人群的特点是购房本息支出在收入30%以上，牺牲当前与未来的享受，换得拥有自己的房子，为壳辛苦为壳忙。此类人群的理财态度是买房花费成为最大的开支，月供成为家庭最大月支出，有赚钱的机会不排斥钱生钱，关注家庭理财。

投资建议：优先安排购房规划，密切关注贷款利率政策信息，利用国家房屋贷款利率优惠政策减少利息支出。采用一年支取一次公积金提前还贷，可大大减少财务压力。可投资中短期优质基金或者银行理财产品。保险方面可投资短期储蓄险或者房贷险。

2. 客户理财需求与目标的确定

客户现行的财务状况是实现其财务目标的基础，理财规划师在提出具体理财方案之前，必须客观地分析客户的现行财务状况。金融理财师在提出具体的理财规划方案之前必须对客户的财务状况有全面和深入的了解。对客户财务状况的分析包括对客户资产负债表、现金流量表及财务比率的分析。在资产负债表和现金流量表的基础上，以比率的形式反映客户现行财务状况。

在财务分析基础上，金融理财师还要根据前面掌握的客户的信息、理财目标，预测客户未来的现金流量表。通过资产负债表、收入支出表和现金流量预算表，计算针对个人财务状况的考核比率。对家庭财务指标比率进行分析，可以随时了解自己的财务状况，发现自己的财务问题，及时采取合适的理财措施。主要家庭财务比率的计算与参考标准如下所示。

（1）结余比率，是指年结余与年税后收入的比率值，一般30%比较正常。

（2）投资与净资产比率，一般标准值为50%。

（3）清偿比率，是指净资产与总资产的比率值，一般大于50%比较稳妥。

（4）负债比率，是指负债与总资产的比率值，这个值小于50%比较稳妥。

（5）即付比率，是指流动资产与负债总额的比率值，一般大于70%比较稳妥。

（6）负债收入比率，是指负债除以税后收入的比率值，这个值不应该超过40%。

（7）流动性比率，是指流动性资产与月支出的比率值，通常大于3比较安全。

理财规划师在进行财务诊断时，首先针对客户各具体的理财目标，进行需求分析，计算所需资金或者时间；然后，协调各针对性的理财目标，进行总体的、全面的需求分析，计算所需资金或者时间，判断理财目标是否可以实现，从而确定理财目标。理财目标应符合以下原则：目标要符合个人实际，切实可行；目标先后有序便于动态调整。

表 3-7　投资需求和期望理财目标分析表

	期望达到、保持或需要的数量或比率	重要性（特别重要、重要、一般）
现金准备	人民币（　）万元	
综合投资需求	年收益率（　）%	
债券投资需求	年收益率（　）%	
保险投资需求	年收益率（　）%	
基金投资需求	年收益率（　）%	
股票投资需求	年收益率（　）%	
支出目标（1）	人民币（　　　　）万元	
支出目标（2）	人民币（　　　　）万元	

第三节　制订理财方案

理财规划师的进一步工作是制订切实可行的理财方案，使客户从目前的财务状况出发实现修正后的目标。理财方案应因人而异，即针对特定客户的财务需要、收入能力、风险承受能力、个性和目标来设计。理财方案应该是明确的，具体到由谁做、何时做、做什么、需要运用哪些资源等；理财方案还必须是合理可行、客户可以接受的。通常，理财方案的报告应采取书面形式，在文字说明的基础上应插入一些曲线图、图表及其他直观的辅助工具，以使客户易于理解和接受。

在将各种策略整合成一系列的初步建议后，理财规划师需要将这些建议变成正式的书面理财方案呈递给客户。为了保证理财方案的规范性，书面理财方案需要有一系列的基本要素，不论理财规划师最终的书面方案采用何种格式，都要确保客户能够理解其提出的理财方案并征询意见。如客户阅读之后对理财方案表示不满意并提出修改要求，理财规划师应采取妥善方法应对这种修改要求。

理财规划师在进行理财规划时，要综合考虑每一具体项目的规划，运用掌握的专业知识，结合客户的实际情况，最后形成整体理财方案。理财规划师要确保已经掌握客户的所有相关信息，弄清客户的理财目标和要求，保证客户当前的财务安全。

一、确定客户理财目标

理财规划的总体目标有两个：财务安全和财务自由。具体目标是为实现总体而细分的目标，可分为：保持必要的资产流动性；合理的消费支出；实现教育期望；完备的风险投资；积累财富；合理的纳税安排；安享晚年；有效的财产分配与传承等。

理财目标要具有可度量性和时间性，即理财目标结果可以用货币精确计算，而且要有实现目标的最后期限。同时，理财目标应该建立在客户收入和生活状况的基础上，脱离实际去追求遥不可及的理财目标可能会危及整个理财活动，甚至危及客户的基本生活或正常生产经营活动。金融理财师确定客户理财目标的步骤有三个。

1. 列举客户所有的目标

通过与客户最近的交流，金融理财师把客户所能想到的愿望和目标全部写下来，包括短期目标和长期目标。金融理财师要诱导客户说出自己的真实想法，同时也要考虑其他因素，争取穷尽客户所有的目标。不论客户的目标能否实现，是否合理，先记录下来然后再挑选。

2. 选择并确立基本理财目标

在客户众多的理财目标中，金融理财师要挑选出能够量化和实现的理财目标，然后把选择出来的理财目标转化为要在一定时间内实现的、具体数量的资金量，按时间长短、优先级别进行排序，确定基本理财目标。

基本理财目标就是生活中支出比较重大的、持续时间较长的目标，如养老、购房、买车、子女教育等。金融理财师要根据客户的财务状况对其目标进行排序、整理，使确立的理财目标符合客户的要求，而不能一味地向客户推销理财产品。

3. 细化目标

细化目标就是为理财目标制订一个详细的计划。有些目标不可能一步实现，这样可以把基本理财目标分为若干个二级目标，甚至更细的目标，从而使理财目标更具有方向感。

理财目标按时间长短分为短期理财目标、中期理财目标和长期理财目标。短期理财目标是5年左右，中期理财目标是6~10年，长期理财目标为10年以上。按照理财目标的重要性分为必须实现的目标和期望实现的目标。

二、制订具体规划方案

制订理财计划即制作一份全面的理财建议书，其结构与内容应包括九个方面的内容：

（1）封面。

（2）致客户函。

（3）客户基本信息。

（4）客户基本财务状况及分析。

（5）客户的理财目标及风险偏好分析。

（6）客户特殊财务问题（大额消费或借贷、遗产传承）。

（7）客户基本理财规划（购房规划、保险规划、子女教育规划、养老规划）。

（8）规划总结。

（9）反馈与监控（反馈的时间、监控的内容、调整规划的条件）。

一份合适的理财建议书应具有以下特点：结构合理、语言亲切、通俗易懂；财务诊断正确、理财目标清晰、理财逻辑严谨；假设条件合理、需求分析思路和计算正确；所选方案能实现优化配置资源和收益均衡的目的；产品推荐符合客户需求，诚实提示风险；理财建议书既有代表性，又有针对性。

具体的理财规划类型主要有以下几类：

（1）现金规划。现金规划是对家庭或者个人日常的、日复一日的现金及现金等价物进行管理的一项活动。这里的现金是指广义的现金，流动性比较强的现金、大额存单或储蓄存款等都可作为现金。

（2）消费支出规划。影响家庭财富增长的重要原则是“开源节流”，在收入一定的情况下，做好消费规划对家庭财务状况具有重要的影响。消费支出规划主要包括住房消费规划、汽车消费规划、子女教育规划、信用卡与个人信贷消费规划等。

（3）风险管理与保险规划。风险是人或事物遭受损失或损害的可能性，即损失的不确定性。人的一生当中，常常会面临一些意想不到的风险。

（4）教育规划。教育规划是指为了满足子女的教育资金的需求，而对客户的教育投资进行的合理规划。

（5）投资规划。投资是指为了获取预期的未来的不确定收益，而将现期一定的经济来源转化为资本或资产的经济行为。投资规划就是对客户的金融投资进行合理规划，通过对投资方向和时间的恰当选取分散风险，从而保障投资目标的实现。

（6）税收筹划。税收筹划又称节税，是指纳税人在法律允许的范围内，通过对经营、投资、理财等经济活动的事先筹划和安排，充分利用税法提供的优惠和差别待遇，以减轻税负，达到整体税后利润最大化。

（7）退休养老规划。退休养老规划就是为了保证客户在将来有一个自立、尊严、高品质的退休生活，而从现在开始积极实施的理财方案。

（8）财产分配和传承规划。帮助客户设计遗产传承方式，以及在必要的时候帮助客户管理遗产，并将遗产顺利地传承到受益人的手中。

三、交付理财规划方案

理财规划方案的交付分为首次交付和理财规划方案的修改。理财规划方案的首次交付需要制作文件文本并交付方案文本。理财规划方案的修改是指根据其他专业人士的意见改进理财方案，或根据客户意见修改理财方案，或者因理解差异修改方案。

当理财方案经过必要的修改最终交付客户后，客户相信自己已经完全理解了整套方案，并且对方案内容表示满意，此时理财规划师可以要求客户签署客户声明。一般来说，客户声明应包括：已经完整阅读该方案、信息真实准确没有重大遗漏、理财规划师已经就重要问题进行了必要解释、接受该方案。

【相关阅读】案例分析

李先生今年38岁，在金融部门任职，月收入10 000元；其妻子36岁，公务员，月收入3 000元。他们有一个五岁的孩子，孩子平均每月花费800元。双方父母独立生活，均有退休金，但家庭需付双方父母生活费每月500元，共计1 000元。家庭每月的基本生活开销为5 000元，朋友往来以及玩乐等每月花费1 000元。此外，每年年终，李先生还会有一笔年终收入2万元。丈夫每年住房公积金余额为3万元，妻子住房公积金为1.8万元。年底家庭开支主要为拜访双方亲戚及外出旅游，约需1万元。另外，家庭有3万元定期存款（还有3年到期）和2 000元活期储蓄。李先生一家居住在一套四室两厅房子，市值100万元，已付全款。另购两室一厅房子一套，未交房，市值50万元，已付全款。夫妻二人都参加了社会养老、医疗、失业保险，但未购买任何商业保险。

请对李先生的家庭财务状况进行理财分析并为其家庭设计理财规划综合方案。

一、客户财务状况分析

1. 客户资产负债表

表3-8　资产负债表

日期：2005-12-31	姓名：李先生家庭		
资产	金额/元	负债	金额/元
现金		住房贷款	0
活期存款	2 000	其他负债	0
现金与现金等价物小计	32 000	负债总计	0
其他金融资产	48 000		
个人资产	1 500 000	净资产	1 500 000
资产总计	1 580 000	负债与净资产总计	1 580 000

2. 客户现金流量表

表3-9　现金流量表

姓名：李先生家庭					
收入	金额/元	百分比/%	支出	金额/元	百分比/%
工资+奖金	224 000	100	按揭贷款	0	0
投资收入	0	0	日常支出	60 000	58
收入总计（+）	224 000	100	其他支出	43 600	42
支出总计（-）	103 600	46	支出总计	103 600	100
结余	120 400	54			

3. 客户财务状况的比率分析

(1) 客户财务比率表。

表 3-10　客户财务比率表

结余比率	54%
投资与净资产比率	0
清偿比率	1
负债比率	0
即付比率	0
负债收入比率	0
流动性比率	3.7

(2) 客户财务比率分析。

从以上的比率分析中，我们可以看出：结余比率为54%，高于参考值30%，说明客户有较强的储蓄和投资能力。该客户没有投资，投资与净资产比率为0，一般情况下投资与净资产的比率在50%左右，这位客户需要进行适当的投资。该客户没有负债，清偿比率为1，一方面说明客户的资产负债情况非常安全，同时也说明客户还可以更好地利用杠杆效应以提高资产的整体收益率。负债收入比率为0，低于参考值0.4，说明客户的短期偿债能力可以得到保证。即付比率为0，客户随时变现资产偿还债务的能力很强，但过高的数值显示该客户过于注重流动资产，财务结构仍不尽合理。流动性比率为3.7，略高于参考值3，说明李先生家庭资产流动性较高。

4. 客户财务状况预测

客户现在处于事业的黄金阶段，预期可能收入会有稳定的增长，可以进行适当的投资，增加投资收益。同时，现有的支出也会增加，随着年龄的增长，保险医疗的费用会有所增加，孩子的教育经费也会有所增加。另外，购车后，每年会有一笔较大的开销。目前没有负债，日后应该也不会产生负债。

5. 客户财务状况总体评价

总体看来，客户偿债能力较强，结余比例较高，财务状况较好。其缺陷在于没有进行投资，没有购买保险。该客户的资产投资和消费结构可进一步提高。

二、确定客户理财目标

(1) 现金规划：保持家庭资产适当的流动性。

(2) 保险规划：增加适当的保险投入进行风险管理。(短期)

(3) 消费支出规划——购车：近期内购买一辆总价在10万元的车。(短期)

(4) 子女教育规划：孩子，每年需要10万元各种支出，大约6年（本科加硕士研究生），共需60万元。(长期)

(5) 李先生夫妇的退休养老规划。(长期)

(6) 投资规划：进行金融产品的投资，增加额外收益。

（7）房产规划：将第二套房出租或者转卖。

三、制订理财规划方案

（1）现金规划。

客户现有资产配置中，只有2 000元的活期存款，金额较少，建议活期存款金额增至该家庭3~4个月的月支出金额即20 000元，以备应急时提前取定期存款造成定期存款利率的损失。

（2）保险规划。

建议客户每年购买不超过33 600万元的保险费用（家庭可支配收入的15%），具体如下：

A. 寿险：保额为40万元，预计年保费支出20 000元。

B. 意外保障保险：保额为10万元，预计年保费支出2 000元。

（3）消费支出规划——购车。

以客户目前的经济状况来看，建议客户在1年内买车，可以从存款中支取20 000元，另外80 000元从半年的收入结余中支取。购车后，预计每年的汽车花费为15 000元。

（4）子女教育规划。

儿子接受高等教育共需要100 000元的资金，从未来的投资收益中支付。

（5）退休养老规划。

未来10年，每年支付20 000元购买人寿保险。

四、理财方案的预期效果分析

（1）现金流量预测。

表3-11 客户现金流量预测表

收入	金额/元	支出	金额/元
工资+奖金	224 000	按揭还贷	0
投资收入	36 120	日常支出	60 000
收入总计（+）	260 120	其他支出	43 600
支出总计（-）	103 600	支出总计	103 600
结余	156 520		

（2）资产负债情况预测。

表3-12 客户资产负债表

姓名：李先生家庭			
资产	金额/元	负债	金额/元
现金		住房贷款	0
活期存款	20 000	其他负债	0

表3-12(续)

资产	金额/元	负债	金额/元
现金与现金等价物小计	52 000	负债总计	0
金融资产	60 200		
房产	1 500 000	净资产	1 712 200
车产	100 000		
资产总计	1 712 200	负债与净资产总计	1 712 200

(3) 财务状况变动的综合评价。

通过以上规划的执行，客户的理财目标基本可以得到实现，财务安全得到保障的同时，整体资产的收益率在客户的风险承受范围内也比较理想。如果客户财务状况稳定，客户可于一年后对本理财规划建议进行调整。

第四节　实施并调整理财计划方案

一份书面的理财计划本身是没有意义的，只有通过执行理财计划才能让客户的财务目标变成现实。执行方案，即实施理财计划的具体措施，包括时间、具体步骤，根据理财需求确定匹配的资金来源，按计划使用资金，推荐金融产品，用好盘活资金。理财规划师按照客户提出的要求制订理财方案，并得到客户认可后，接下来便是实施理财方案。理财方案的实施是整个理财规划中最具实质性的一个环节，执行的好坏决定着整个理财方案的效果。

理财方案的具体执行人可以是理财规划师或是客户指定的其他专业人士或是客户本人。究竟选择何人作为理财方案的执行者，关键是要看理财服务合同中的相关规定。通常情况下，客户会选择理财规划师作为理财方案的执行人。为明确理财规划师与客户之间的权利与义务，防止不必要的法律争端，理财规划师应取得客户关于执行理财方案的书面授权。

一、实施理财规划

(1) 取得客户授权。取得客户授权是理财规划师开始实施理财方案的第一步。为明确理财规划师与客户之间的权利与义务，防止不必要的法律争端，理财规划师应取得客户关于执行理财方案的书面授权。客户授权应包括两方面的内容，一是代理授权，二是信息披露授权。

(2) 客户声明。客户在签署授权书后，应出具一份关于方案实施的声明。这是针对理财规划师做出的声明，强调客户同意由理财规划师去执行方案，并且理财规划师没有承诺实施效果。声明的主要内容有：①关于理财规划师资质的声明；②关于客户许可的声明；③关于实施效果的说明；④其他双方认为应当声明的事项。

（3）具体实施。实施理财规划时需要考虑三个因素：时间因素，应分清楚轻重缓急、前后次序；人员因素，建立分工合理、知识结构合理的实施团队；资金因素，考虑资金时效和资金是否充足的问题。

（4）文件存档管理。文件可以以书面形式保存，也可以以电子文档形式保存，特别重要的文件应该多保存一份，以防丢失。

（5）理财计划实施中的争端处理。处理、解决与客户之间的矛盾争端应遵循尊重客户、客观公正的原则，遵循所在机构或行业中已有的争端处理程序。

【相关阅读】

合同争议处理程序包括协商、调解、仲裁与诉讼四种，此处重点讲述后三种。

合同争议调解是劳动合同争议发生之后，当事人双方自愿以书面或口头形式向调解委员会申请调解，调解委员会接到调解申请后，以国家的劳动法律法规为准绳，以民主协商的方式，使双方当事人达成协议，从而使劳动合同争议得以解决。

合同争议仲裁是劳动争议仲裁机构对当事人请求解决的合同争议，依法居中公断的准司法行为，包括对合同争议依法审理并进行调解、裁决的一系列活动。在我国的合同争议处理体制中，它作为诉讼前的法定必经程序，是处理合同争议的一种主要方式。也就是说，劳动合同争议发生后，如果当事人不愿选择协商和调解，或者虽然选择了但最终没有成功，争议仍然存在，这时争议当事人已经别无选择，要解决争议就必须走合同争议仲裁这条路。只有经过仲裁之后，对仲裁结果不服才可提起诉讼，不能直接提起诉讼。

合同争议诉讼是人民法院依法对劳动争议案件进行审理和判决的司法活动，包括合同争议案件的起诉、受理、调查取证、审判和执行等一系列诉讼程序。它是司法最终解决争议原则在争议处理中的具体体现，是争议当事人不服仲裁裁决寻求司法救助，从而保护其合法权益的法律制度。

资料来源：颜运秋，等. 劳动合同争议处理程序：协商·调解·仲裁·诉讼［M］. 北京：法律出版社，2007.

二、持续提供理财服务

理财规划是一个长期的服务过程。在理财规划方案实施后，需要监控计划的实施，对实施财务规划的过程进行监控，利用财务状况表进行评估并调整规划，在环境变化时调整财务目标，适时调整理财计划。

1. 定期对理财方案进行评估

金融理财师应该定期检查并监督理财方案的执行情况，并根据执行情况与现实情况进行适当的修正和调整。计划开始实施时，应当对计划的实施过程进行监控，任何宏观和微观环境的变化都会对理财方案的执行结果造成积极或消极的影响，理财师和客户之间必须保持联系通畅，理财规划师每半年至少与客户会面一次，对计划的实际实施情况进行检查，环境多变时更需要频繁的面晤，以就实施结果及时与客户进行沟通。对理财的执行和实施情况进行有效的监控和评估，必要时还可以对制订的理财方案适当调整。

定期评估适用于对理财规划方案进行日常监控和评估，评估频率取决于客户的资本规模、客户个人财务状况变化幅度、客户的投资风格等。

评估分为六步：①回顾客户的目标和要求；②评估当前方案的效果；③研究环境的变化；④考虑是否修改原方案；⑤向客户解释新方案；⑥实施新方案。

2. 不定期的信息服务和方案调整

理财规划不是神机妙算，不可能一劳永逸地解决当前和未来的所有问题，而是要随着时间的推移和环境的变化不断进行动态调整和修正，从而确保理财目标的顺利实现。理财规划注重的是长期的策略性安排，而不应是短期内随意改变方向或放弃原来制订的方案。当发生以下情况时，应当提供不定期的信息服务：

（1）宏观经济的重要参数发生变化。

（2）金融市场发生重大变化。

（3）客户自身情况的突然变动。

本章小结

理财过程包括以下六个步骤：①理财师与客户建立联系；②收集客户数据，明确客户的理财需求和目标；③分析评估客户的资信财务状况；④整合理财策略并向客户提出全面的理财计划或方案；⑤执行个人理财计划或方案；⑥监控个人理财计划或方案的执行并酌情予以相应调整。

理财规划师与客户之间的信任关系基于：①满足客户理财需求的基础；②个人服务的基础；③提高公司产品或服务信誉的基础。为此，理财师需要具备专业形象、办事能力等。以上事项是开展理财业务的基本条件。

客户的个人信息分为财务信息和非财务信息。前者是指客户当前的收支状况、财务安排及发展趋势等，是理财规划师制订个人理财方案的基础和依据。后者则是指客户的社会地位、年龄、投资偏好和风险承受能力等其他相关信息，它能帮助理财规划师进一步了解客户，对个人理财方案的选择和制订有着直接影响。

个人理财方案是指针对个人在人生发展的不同时期，依据其收入、支出状况的变化，制订个人财务规划的具体方案，以帮助客户实现人生各个阶段的目标和理想。在整个理财方案中，不仅要考虑财富的积累，还要考虑财富的安全保障。

个人理财方案的内容主要包括：理财方案声明、摘要、对客户当前状况和财务目标的陈述、理财假设、理财策略、各项费用及佣金、理财预测、理财具体建议、理财建议的总结、执行理财方案之前的准备事项、执行理财方案的授权、附加信息的披露、免责声明等。

思考题

1. 简述个人理财的流程和步骤。
2. 简述理财规划师如何与客户建立起相互信任的关系。
3. 简述如何制订理财方案的实施计划。
4. 简述制订理财规划时应收集哪些客户的信息。
5. 理财规划方案有哪些主要内容？
6. 简述影响个人理财规划的因素。

课后阅读

收集客户信息，编制财务报表

赵先生今年40岁，在一家公司担任高级管理人员，每月税后收入10 000元。其妻孙女士为某高校教师，每月税后收入在8 000元左右。赵先生的父母早已离世，他们唯一的孩子今年12岁，正在读小学六年级。

赵先生一家原先居住的房屋现值110万元，目前租给了一对外籍白领夫妇，每月可获租金收入6 000元。现在他们居住在2003年贷款购置的第二套房中，市值90万元，目前贷款余额尚有15万元，预计两年即可还清。除了两处房产外，他们还有30万元的国债，每年可获利息收入约10 000元。他们还购买了20万元的信托产品，每年的收益在10 000元左右。另有各类银行存款约40万元（不考虑利息收入）。

他们的支出情况如下：每月按揭还款额为6 000元，全家每个月的日常支出约为5 000元。此外，赵先生一家每年还要发生10 000元左右的旅游支出。听过一次理财讲座后，赵先生觉得有必要对财产进行一番规划。赵先生主要考虑了以下几个方面的问题：

（1）赵先生夫妇原先对保险了解不多，除参加基本社会保险外没有购买任商业保险。听完讲座后赵先生觉得有必要加强风险管理，赵先生决定首先请专家为全家设计一个保险规划。

（2）他们计划在孩子高中毕业后（18岁，从2011年当年开始）送往国外读书（本硕连读共六年）。预计届时在国外就读每年所需费用为12万元，并且学费将每年上涨3%，赵先生又希望专家能为他制定一个子女教育规划。（要求投资收益率为6%）

(3) 由于经常出差在外，出于万一的考虑，赵先生决定提前拟定一份遗嘱对财产分配进行安排，这同样需要专家的意见。

信息收集时间为 2005 年 1 月，资料截止时间为 2004 年 12 月 31 日。

资料来源：2005 年国家理财规划师考试试卷。

案例思考：

1. 请为赵先生编制家庭资产负债表。
2. 请为赵先生编制家庭现金流量表。
3. 请分析赵先生的财务状况，并进行财务诊断。
4. 请为赵先生进行理财规划方案的设计。

第四章　财务与预算分析

开篇引言

煮蛋的学问

有两家餐厅都卖煮鸡蛋，两家餐厅的蛋都一样受欢迎，价钱也一样，但第一家餐厅赚的钱却比第二家餐厅多，旁人大惑不解。成本控制专家对第一家餐厅和第二家餐厅煮蛋的过程进行比较，终于找到了答案。

第一家餐厅的煮蛋方式：用一个长宽高各 4 厘米的特制容器，放进鸡蛋，加水（估计只能加 50 毫升左右），盖上盖子，打火，1 分钟左右水开，再过 3 分钟关火，利用余热煮 3 分钟。

第二家餐厅的煮蛋方式：打开液化器，放上锅，添进一瓢凉水（大约 250 毫升），放进鸡蛋，盖锅盖，3 分钟左右水开，再煮大约 10 分钟，关火。

专家计算的结果显示，前者起码节约五分之四的水、三分之二以上的煤气和将近一半的时间，所以第一家餐厅在水和煤气上就比第二家餐厅节省了将近 70%的成本，并且第一家餐厅利用节省的时间提供了更快捷的服务。

资料来源：世界经理人互动社区［EB/OL］. http://www.ceconlinebbs.com/.

财务管理活动是指，记录和保存个人财务记录和文件，分析评价个人财务状况，并计划未来的财务活动。财务分析是指对个人或家庭的财务状况和现金收支进行评价，通过财务分析来预测个人或家庭的未来收支趋势，从而有助于个人或家庭做出合适的理财规划。财务分析的依据是财务分析据以进行的基础，包括资产负债表和现金收支表。本章将从资产负债表和现金收支表的数量和结构进行财务分析和预算分析，而个人财务记录是编制这两张表的基础。

第一节　个人财务记录

一、个人财务记录的概念及作用

个人财务记录，是指通过记录已经发生的财务行为，或收集已经发生的财务票据，为财务分析和管理提供第一手理财资料。

有序的理财记录体系可以为以下活动奠定基础：处理日常商业活动；规划并衡量理财进度；掌握日常收支状况和资产负债状况，养成良好的消费习惯；保留理财信息，为理财活动提供依据；科学地进行未来财务决策。

二、个人理财记录的类型

1. 原始财务记录

一是原始理财信息文件，用于记录个人理财信息的文件，如身份证、银行卡；二是原始理财活动文件，用于记录理财行为过程的文件，如购物发票、完税证明、银行对账单等，如图 4-1 所示。对于原始财务记录，我们应分门别类按时间顺序排列，并将其编制目录存放于文件夹内。

查看业务资料

中国工商银行济南市分行对账单

账号:　　　单位名称:北方正林有限公司　　　第　页

日期	交易	凭证号	借方	贷方	余额
承上页					100 000
3.2	取得贷款	#4500		100 000	
3.3	提取现金	#4504	2 000		
3.5	支付采购款	#4506	3 510		
3.6	支付采购款	#4507	40 800		
3.10	支付广告费	#4509	2 000		
3.15	收销货款	#4512		32 500	
3.18	存款利息	#4513		1 930	
3.20	支付电费	#4515	1 000		
3.26	提取现金	#4517	38 000		
3.30	支付专利款	#4518	50 800		96 320

图 4-1　银行对账单

2. 非原始财务记录

非原始财务记录是指理财活动中的二手记录，主要指本人记账的文本，如理财人记录的账本、流水账本等。具体如图 4-2 所示。

××年××季度　　　　　　单位：元

	上期实际数	本期预计数	本期实际数	本期预决算差额
收入				
1.工资性收入	6 300	6 300	7 100	800
2.财产经营收入	700	700	700	0
3.不固定收入	0	0	8 000	8 000
4.债务收入	0	0	0	0
5.其他收入	0	0	0	0
收入合计	**7 000**	**7 000**	**15 800**	**8 800**
支出				
1.饮食支出	3 000	3 000	3 200	200
2.衣服鞋帽支出	200	300	0	300
3.日用品支出	500	500	500	0
4.交通费	100	100	0	100
5.文化娱乐支出	300	300	100	200
6.医疗保健支出	0	0	200	200
7.教育支出	300	300	300	0
8.人际交往支出	400	200	300	100
9.各种用具支出	100	100	0	100
10.住房支出	0	0	0	0
11.投资支出	12 500	1 500	1 600	100
12.所得税	800	800	800	0
13.其他支出	200	200	100	100
支出合计	**18 400**	**7 300**	**7 100**	**200**
预算盈余	**11 400**	**300**	**8 700**	**8 600**

图 4-2　家庭账本

记账的方式不止一种，我们可以根据自身的财务情况和收支情况选择准确、快捷的记账方式。目前常用的记账方式主要有四种：手工记账、网上记账、手机记账和电脑理财软件。

（1）手工记账。手工记账本的形式如表 4-1 所示。

表 4-1　手工记账本

年龄：35~45 岁	城市：重庆	学历：硕士	职业：银行柜员
9 月日常收支统计表			
日期	收入项目		金额/元
1 日	额外津贴		450
7 日	投资收益		50
18 日	投资收益		10 000
收入小计			10 500

表4-1(续)

日期	支出项目及金额/元	金额/元
1 日	看病检查费 109、药费等 115	224
2 日	游乐园及购物 210、手机费 50	260
3 日	2017 年取暖费 2 905	2 905
4 日	小孩学费 800、书本费 300 试卷及考试费 65、生活费 600	1 765
6 日	买床单，改做新书房的窗帘 180	180
7 日	电话费 62、上网费 95	157
10 日	买西洋参、运输费 160	160
11 日	维修手机 50	50
17 日	邮寄快递 14	14
18 日	买沐浴露和电池 10	10
19 日	买食品和饮料 85	85
21 日	还车贷、银行卡划卡支出 3 000，购买衣柜 11 300	14 300
23 日	代朋友买玉米种子 992	992
支出小计		21 102

（2）网上记账。目前有一些记账网站可提供类似的记账服务，只要输入支出收入记录，记账网站可自动为用户生成相应的财务收支图表，辅助进行财务分析。如聚宝网、中国记账网、中国账客网、钱宝宝、蘑菇网、Mymoney 等记账网站。具体如图 4-3 所示。

图 4-3 记账网站自动生成财务分析表

【阅读资料】

袁小姐每月的收入有 4 000 元，但她基本属于“月光族”，每月收入花个精光。两个月前，袁小姐接触到了一个流行的记账网站，成为一名“账客”。袁小姐说：记了账才知道，自己有很多不理性的消费，比如一次某商场搞促销，花了 1 000 多元买了一套化妆品，回来后发现根本不适合自己的皮肤，用了两次就扔了。

开始记账后，袁小姐在消费时不再大手大脚了，现在也存下了一些钱。与袁小姐相比，网友冬冬可是个老账客了。冬冬说，自己从大学就开始记账，那时候开始独立生活，当时就用一个本子记，到现在已经十好几年了。

随着记账网站的开通，冬冬将账本转移到了网上。从 1 块钱的公交车费，到上千元的家用电器，冬冬把每一笔开销都清楚地记下来。这种方式让他养成了很好的理财习惯。记者了解到，像袁小姐和冬冬这样的年轻“账客”，如今还真不少。某网站负责人称，我们刚开始的时候只有几十个用户，都是我们身边的朋友，现在已经有 15 万在线用户了。

资料来源：央视网. http://www.cctv.com/program/dysj/20071213/106220.shtml.

（3）手机记账。手机记账是指通过手机中的记账应用软件进行记账，由于手机可以随身携带，因此用手机记账比较方便快捷，但是手机记账需要定期对数据进行备份和导出，数据处理能力有限。

（4）电脑理财软件记账。理财软件记账是指通过专业的理财软件进行记账。理财软件可以将记账、数据分析和财务分析一体化完成，功能完整，具备很强的专业性。具体如图 4-4 所示。

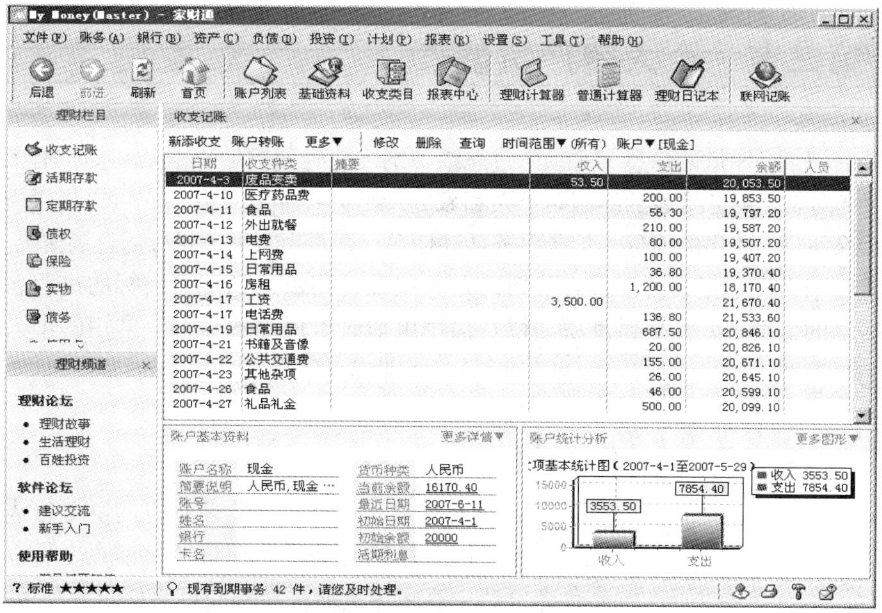

图 4-4　电脑理财软件记账

三、建立个人财务记录

建立个人或家庭的财务记录，需要从财务记录中挑出重要的个人财务文件，充分利用现代信息技术找到合适的系统或方法，然后进行存放、制作清单并妥善保管。具体如表 4-2 所示。

表 4-2　家庭档案

1. 个人和职业纪录	2. 资金管理记录
3. 纳税记录	4. 理财服务记录
5. 信用记录	6. 购买记录
7. 房产记录	8. 保险记录
9. 投资记录	10. 遗产和退休记录

存放保管信息资料时，应该分类保管。对于重要文件或财产应存放保险箱，如出生证、结婚证、死亡证明、身份证、领养证、监管文件，存款单、储蓄账户密码、往来金融机构清单，抵押贷款证明、所有权证书、保险单及公司联系方式、昂贵商品的序列号、商品的照片和录像，信用合同、信用卡号码、发行商电话号码列表，股票和债券权证、收藏品、遗嘱等。

与此同时，在个人计算机中，也应该对部分重要的理财记录进行保存备份。如最新及既往预算、已开支票及其他银行开支、报税单、投资账户及业绩表现、遗嘱、遗产计划等。

第二节　个人资产负债表

理财记录是零散的信息，必须经过总结归纳才能为我们的理财活动提供有效的信息。财务分析和财务报表的编制对个人和家庭理财同样非常重要，它可以提供现在的财务状况和收入支出的信息，记录财务活动信息，衡量个人财务目标的进展情况。

建立个人理财报表可以报告最新的财务状况，测量达到理财目标的进程，保留理财活动的信息，并且提供准备纳税及信用申请时可使用的数据。常用的个人理财报表主要有两类：个人资产负债表和个人现金收支表。

一、个人资产负债表概念

资产负债表，是指报告某一时点个人或家庭的资产和负债状况的财务报表，又称净资产表。资产负债表体现了个人的财务结构和状况。在资产负债表上可以清晰地看到，个人有多少资产，是什么资产；有多少负债，是哪些负债；净资产是多少，其构成情况怎么样。资产负债表可以反映资产及其分布状况，表明所承担的债务及其偿还时间，反映净资产及其形成原因，以及未来财务发展状况趋势。

资产负债表并不揭示你的资产和负债是如何形成的，只是告诉你目前的结果，所以资产负债表显示的是静态数据，资产负债是存量数据。它描述了在发布那一时点上个人的财务状况，正如同我们拿一台相机对着正在高速行进的车辆按下快门，只不过这里的"车辆"是资金流，我们得到一幅静态的画面，它只描述了当时的状况。因此可以看出，资产负债信息具有时效性。

二、资产负债表的类型

资产负债表的编制分为账户式和报告式两类。账户式资产负债表又称为水平式，其资产项目按照资产的流动性大小列示于报表的左方，分为流动资产和非流动资产两大项目，并根据流动由大到小的原则将各项目顺序排列。负债和所有者权益项目列示于报表的右方，一般按求偿权先后顺序排列，报表左右双方总计金额应该相等。账户式资产负债表的优点是资产、负债和所有者权益的恒等关系一目了然，如表 4-3 所示。《企业会计准则第 30 号——财务报表列报》规定，我国的资产负债表应采用账户式编制。

表 4-3　账户式资产负债表

	行次	金额/元	负债及所有者权益	行次	金额/元
流动资产			流动负债		
长期投资			长期负债		
固定资产			负债总计		
无形资产			实收资本		
递延资产			资本公积		
其他资产			盈余公积		
			未分配利润		
			所有者权益合计		
资产总计			负债及所有者权益合计		

报告式资产负债表又称垂直式资产负债表，其资产、负债、股东权益项目自上而下排列，所有资产类项目按一定顺序列示于报表上部，其次列示负债，最后列示股东权益。其优点是便于编制和比较不同时期的资产负债信息。具体如表 4-4 所示。

表 4-4　报告式资产负债表

	资产	金额/元
流动资产		
长期投资		
固定资产		

表4-4(续)

	资产	金额/元
无形资产		
递延资产		
其他资产		
资产总计		
	负债	
流动负债		
长期负债		
负债总计		
	所有者权益	
实收资本		
资本公积		
盈余公积		
未分配利润		
所有者权益合计		

三、编制资产负债表

1. 列出有价物品，确定资产总额

第一次编制资产负债表时，需要清点所有自用资产并评估每一项的价值，成本与市价应分别记录，并计算账面损益。以市价计量的资产及净值可反映个人真实财富，自用资产可提折旧以反映价值随使用而降低，无法回收的债权应计提呆账坏账。

2. 确定负债总额

负债按照偿还的先后次序和时间长短可分为长期负债、中期负债和短期负债。资产负债编制价值基础如表4-5所示。

表4-5　资产负债编制价值基础

资产	金额/元	负债	金额/元
现金	月底盘点余额	信用卡	签单对账单
存款	月底盘点余额	车贷	账单月底本金余额
股票	股票数量×月底股价	房贷	账单月底本金余额
基金	份数×月底净值	小额负债	月底本金余额
债券	市价或面额	私人借款	借据
汽车	二手车行情	预收款	订金收据
保单	现金价值		
应收款	债券凭证		
预付款	订金支付收据		
房地产	买价或最近估价		

3. 计算净资产

净资产是用总资产减去总负债所剩余的部分。常见的负债包括房贷、车贷、信用卡未还的金额等。净资产的重要性在于，可以让每个家庭在了解自己拥有多少可支配的财产以后再实施投资理财计划。家庭净资产的规模是个人理财的出发点，净资产规模是实现购房、教育、退休、旅游等计划的基础。所以每个人都要像定期对汽车或身体的检查一样，定期（如每半年）了解自己家庭的净资产及其增长情况，这是对个人成功理财的有力保证。

资产（你的所有）-负债余额（你的债务）= 净资产（你的财富）

4. 编制资产负债表案例①

郭女士 28 岁，某银行信贷科的副科长，虽然相对比较稳定，但是竞争也日益激烈。她的先生小王任职于北京一家大型国企，尽管各方面的福利都很不错，但要想薪水再有些变化，非常困难。

郭女士夫妇都为独生子女，郭女士每年的税后收入大约为 8 万元（基本工资和奖金），王先生每年的税后收入为 10 万元。双方的父母都已退休，且单位有较好的退休福利，均不需要郭女士夫妇有过多的照顾。

二人现在住的新房属于王先生单位的福利房，去年年中购买时房款总额为 35 万元，一次付清 25 万元，其余 10 万元通过住房公积金贷款，贷款年限为 5 年，采用的是等额本息还款方式，每月还款额为 1 860 元。夫妇俩有五年期定期存款 10 万元，还有半年到期，活期存款 5 万元。另外夫妇俩还拥有 10 万元王先生公司的股票，三年内不能转让。商业保险方面，由于夫妇俩所在单位福利较好，所以自己均未买任何保险。夫妇俩计划两年内购买一辆小轿车，价格在 15 万元左右。

家庭每月的开支主要包括：房屋贷款 1 860 元，车费 2 000 元，其他费用大概 3 000 元。空闲时间他们经常会出去参加一些娱乐活动，一年费用大概在 1 万元，预期 1 年内没有什么大的开支。郭女士家庭资产负债表如表 4-6 所示。

表 4-6　郭女士家庭资产负债表

客户：郭女士和王先生家庭	日期：　2017-06-14		
资产	金额/元	负债与净资产	金额/元
金融资产		负债	
现金与现金等价物		信用卡透支	
活期存款	50 000	住房贷款	100 000
定期存款	100 000	负债合计	100 000
现金与现金等价物小计	150 000		
其他金融资产			

① 资料来源：董华香. 银行职员多“资”多“财”的生活之道［J］. 卓越理财，2006（7）：56-57.

表4-6(续)

资产	金额/元	负债与净资产	金额/元
股票	100 000		
保险理财产品			
其他金融资产小计	100 000		
金融资产小计	250 000	净资产	500 000
实物资产			
自住房	350 000		
实物资产小计	350 000		
资产总计	600 000	负债与净资产总计	600 000

四、分析资产负债表

（一）财务比率分析法

分析资产负债表主要采用财务比率分析法。比率分析法是把会计报表中的一个或多个项目与其他项目进行对比，求得报表分析所需要的比率指标值，从而揭示报表项目之间内在逻辑关系的一种分析方法。

资产、负债与净资产的基本关系：

净资产 = 资产 - 总负债

资产 = 净资产 + 负债

负债 = 资产 - 净资产

1. 资产负债率=负债/资产×100%

该比率衡量个人的长期综合偿债能力。若该比率=1，说明资产等于负债，此时净资产为0；若该比率<1，说明资产大于负债，此时净资产为正，可以考虑进行投资；若该比率>1，说明资产小于负债，此时净资产为负，资不抵债，存在财务危机，必须想办法改善财务状况。

2. 偿付比率=净资产/总资产

该比率衡量综合偿债能力高低。理论上，偿付比率的范围在0至1之间，通常应高于0.5较好。该比率太低，意味着个人生活主要依靠借贷维持；该比率太高，如接近1，则说明客户没有充分利用信用额度，没有利用负债的杠杆作用，资产利用率低。

3. 投资与净资产比例=投资资产（生息资产）/净资产×100%

该比率反映通过投资以增加财富、实现目标的能力。该比率越高说明投资增值能力越强，反之则越弱。通常认为该比率应保持在50%以上，才能保证资产有合适的增长率，一般年轻客户由于净资产存量较低，该比率通常在20%左右比较合适。

4. 理财成就率=目前的净资产/（目前的年储蓄×已工作年数）

该比率反映一定时期内的个人理财成绩，比率值越大说明个人理财越成功，其标准值为 1。例如 A 过去工作 5 年，当前储蓄 5 万元，现有净资产 20 万元，那么他的理财成就率为 20/（5×5）= 0.8<1，说明理财成绩欠佳。

5. 财务自由度=投资性收入/日常消费支出=（净资产×投资报酬率）/年支出

财务自由度是家庭理财中一项很重要的指标，如果一个人靠购买股票基金的收益完全可以应付家庭日常支出，工资可以基本不动，那这个人的财务自由度就高，即使以后失业了也不会对家庭生活带来太大影响；而如果一个人除了工资之外几乎没有任何理财收入，那只能完全依赖工作吃饭了。当前净值越多，投资报酬率越高，当年支出越低，则财务自由度越大。理想的目标值是在退休之际，财务自由度等于 1，即非工资性收入能够完全覆盖经常性支出。

假设 S=年储蓄，N=总工作年数，R=投资回报率，C=年支出，Y=年所得，S/Y=储蓄率。那么财务自由度 F 等于：

$$F=S\times N\times R/C \quad （式 4.1）$$

$$Y-C=S \quad （式 4.2）$$

例如：计算财务自由度。假设 20 岁开始工作，那么财务自由度计算如表 4-7 所示。

表 4-7　财务自由度计算

	N	S	R	C	SNR/C	SNR
年龄/岁	已工作年数/年	目前年储蓄/万元	报酬率	目前年支出/万元	财务自由度	可用生活费/万元
40	20	3	5%	7	42.86%	3.0
50	30	3	5%	7	64.29%	4.5
60	40	3	5%	7	85.71%	6.0
66.7	46.7	3	5%	7	100%	7.0

6. 其他比率

流动比率= 流动资产/流动负债，反映短期的综合偿债能力，正常值在 100%以上。

资产成长率=资产变动额/期初总资产=（年储蓄+年投资收益）/期初总资产。资产成长率越高，表明一定时期内资产经营规模扩张的速度越快。但在分析时，需要关注资产规模扩张的质和量的关系，以及资产的后续发展能力，避免盲目扩张。

预备金倍数=流动性资产/月支出总额，该比率用于确定家庭的应急基金，大约在 3 比较合适（3~6 是合理水平）。

家庭财务比率分析如表 4-8 所示。

表 4-8　家庭财务比率分析

家庭财务指标	定义	实际指标值	参考范围值	诊断结果
流动比率	流动资产/流动负债	7%	1~2	偏低，补充应急资金
负债比率	总负债/总资产	1.1%	20%~60%	偏低，可适度利用财务杠杆

表4-8(续)

家庭财务指标	定义	实际指标值	参考范围值	诊断结果
财务自由度	年理财收入/年支出	0%	20%~100%	过低,需提高资金运用效率
保费负担率	年保费/年收入	9.1%	5%~15%	在合理范围之内,可适度增加保险保障
平均报酬率	年理财收入/生息资产	0%	3%~10%	过低,需提高资金运用效率
净值成长率	净储蓄/(净值-净储蓄)	8.1%	5%~20%	正常
净储蓄率	净储蓄/总收入	48.2%	20%~60%	偏高,理财空间较大
自由储蓄率	自由储蓄/总收入	44.67%	10%~40%	很高,理财空间较大
预备金倍数	流动资产/月支出	17.5	3~6	过高,建议减少流动资产

(二) 结构分析

1. 资产负债的结构分析

在家庭理财中，资产方面可分为三类：流动性资产、投资性资产和自用性资产。流动资产具有较强的流动性，应作为备用金；投资资产进行投资追求收益；自用资产主要用来追求效用，进行消费。家庭资产的分配应该尽量提高投资资产比重。

在债务方面，也可分为三类：消费性负债、投资性负债和自用性负债。消费负债是为了消费而承担的债务，这一类应尽量避免；投资负债获利后应按期偿还；自用资产的负债在发生时需要考虑负担能力是否足够。三者的关系为：

流动性资产 - 消费性负债 = 流动性净值

投资性资产 - 投资性负债 = 投资性净值

自用性资产 - 自用性负债 = 自用性净值

2. 净资产的结构分析

在分析了资产和负债之后，需要关注净值的变动。资产负债的变动会随之影响净资产的变动，净资产结构分析就是分析净资产的变动是由资产负债具体哪个部分的变动引起的。

按市值计价的净值变动 = 储蓄 + 投资资产价值变动 - 自用资产价值变动

第三节　个人现金收支表

一、现金收支表概念

现金收支表，又称家庭收支储蓄表，是指某段时间内现金收入和支付的财务报表。家庭收支储蓄表是一段时期的流量记录，通常按月结算。如果把现金看作日常财务活动的“血液”，那么现金流量表就好比“验血报告”。个人日常理财的好坏，从这份报告中可以有个初步判断。因为从资产负债表中，只能掌握财务状况的静态情况，而现金流量表则可以反映现金流动的动态情况。

它以现金收支基础为原则进行记账，尤其注意信用卡并不是在发生时记录而是在还款时才记支出。变现资产的现金流入包含本金与资本利得，只有资本利得记收入，本金为资产项目的调整。房贷本息摊还仅利息计支出，本金为负债减少。

二、编制现金收支表

1. 记录收入

收入可以分为工资收入、投资收入和偶然性收入。按照税务分类规划可分为：工资薪金所得、个人工商户的经营所得、经营企业所得、劳务报酬所得、薪酬所得和特许权使用费所得。

2. 记录现金流出

支出按照不同的标准有不同的分类方式。按照支出是否固定可以分为固定支出和可变支出；按照项目不同可分为衣食住行娱乐类；按照支付工具不同可分为刷卡转账现金类；按照主体不同可依家庭成员统计支出，除此以外还可按照对象不同来统计支出。

3. 确定净现金流量

根据现金收入和现金支出可计算出净现金流量，净现金流量为正数表示盈余，为负数则表示赤字。

既定时间段收到的总现金－既定时间段的现金流出 = 现金余额或负债

收入 − 支出 = 储蓄 = 期初期末以成本计价的净资产差异额

期末现金 = 期初现金+本期储蓄额+资产负债调整的现金净流入额

本期储蓄额 = 本期现金增减额+资产增减额−负债增减额

家庭收支储蓄表是一段时期的流量记录，通常按月编制。在编制时要注意，保险费中产险保费多无储蓄性质，因此属于费用科目。基本医疗保险、寿险中的定期寿险、失业险、意外险、健康险等以保障为主的保险，其保费属于费用性质，应列为支出项目；终身寿险、养老险、教育年金、退休年金中有保单现值可累积的部分是储蓄性质，应列为资产科目。家庭收支储蓄简表如表 4-9 所示。

表 4-9　家庭收支储蓄简表

收入	支出
薪资收入	家庭生活支出
佣金收入	房租支出
房租收入	贷款利息支出
利息收入	保费支出
变现资产资本利得	其他支出
其他收入	储蓄

从个人工资薪金中扣款拨入个人基本养老金账户和个人公积金账户，是一种限定用途的强迫储蓄，因此应该列入储蓄的运用项目而不是支出项目。

4. 编制现金收支表案例

沿用上列，编制郭女士的家庭现金收支表如表 4-10 所示。

表 4-10 郭女士家庭现金收支表

客户：郭女士和王先生家庭　日期：2016-6-14 至 2017-6-14					
年收入	金额/元	百分比	年支出	金额/元	百分比
工资和薪金			房屋按揭还贷	22 320	24%
王先生	100 000	56%	日常生活支出	60 000	65%
郭女士	80 000	44%	商业保险费用		
投资收入			休闲和娱乐	10 000	11%
			其他		
			其他支出		
收入总计	180 000	100%	支出总计	92 320	100%
年结余	87 680				

三、分析家庭收支表

（一）比率分析法

（1）收支比率=支出/收入×100%。支出大于收入，说明应控制支出，以使收支平衡；收入大于支出，说明可以再进行投资。

（2）负债收入比例=负债/税前收入。衡量财务状况良好与否，负债收入比例在 0.4 以下时，财务状况属于良好状态；负债收入比例在 0.36 时，财务状况最合适。

（3）流动性比例=流动性资产/每月支出。通常认为，该比例理想值为 3，即流动性资产可以满足其三个月的开支，则该客户的资产结构流动性较好。但收入稳定的人，该比率可以适当降低，以增加资产的收益能力。

（4）保费负担率=年保费/年收入。反映购买各类商业保险而获得的保障能力，合理值在 5%~15%。

（5）消费率= 消费支出 C/总收入 Y，边际消费率 $B=(C-A)/Y$，A 为基本消费额，边际消费额通常在 30%~60%。

（6）财务负担率=现财务支出 F/总收入 Y。该比率控制在 30%以下，其中利息支出 20%、保费支出 10%，比较理想。

（7）自由储蓄额 = 总储蓄额-已安排还款或投资。自由储蓄额是指可以自由决定如何使用的储蓄，一般用来实现一些短期目标。其中：总储蓄额=总收入-消费支出-理财支出；已经安排的本金还款或投资，是指当月拨入个人住房公积金账户和个人基本养老金账户的金额，房贷应定期摊还的本金额，应缴纳储蓄性保险金额，应缴纳基金定投金额等。

自由储蓄率=自由储蓄额／总收入，自由储蓄率以10%~40%为目标。

储蓄率-自由储蓄率=还本投资率

（8）安全边际率=（当前收入-收支平衡点收入）／当前收入。安全边际率用于测算当收入减少或者固定费用增加时有多大的缓冲空间。

（9）收支平衡点的收入=固定支出负担/工作收入净结余比率。固定支出负担，包括固定生活费用支出、房贷本息支出等（固定成本）；工作收入净结余指工作收入扣除所得税、五险一金和其他必要费用后的数额（毛利润）。收支平衡点收入分析类似于企业的损益平衡点分析，可以确保家庭的各项固定支出，这是家庭应有的最低收入。

例如：老李的工资薪金8 000元，所得税扣缴800元，社保扣缴200元，每月通勤油费、停车费或交通费800元，伙食费300元，服装费月分摊300元，则工作净结余为5 600元，净结余比率为70%（5 600/8 000）。

如果固定生活开销每月3 000元，房贷本息支出为每月2 000元，合计5 000元，则5 000/70%=7 143元为收支平衡点时应有的收入。（8 000-7 143）/8 000×100%=10.7%称为安全边际率，用来衡量收入减少或固定费用增加时的缓冲空间。

假如以一生的收支平衡点来算，每月固定开销中应包括应有储蓄部分，若以定期定投基金来强迫储蓄，实际上是固定支出的一部分。如果每月定期定额扣款500元，则固定支出增为5 500元，则5 500/70%=7 857（元），说明缓冲空间不大。

（二）结构分析

家庭收入可分为工资收入和理财收入，工资收入是源头活水，但是退休后就只有理财收入了，因此在工作期间应逐年提高理财收入的比重。

同样的，家庭支出也可分为生活支出和理财支出，生活支出应进行预算控制，贷款归还及保费缴纳应在退休前完成，保证退休后只有生活支出。支出和收入之间的关系为：

工作收入-生活支出=工作储蓄

理财收入-理财支出=理财储蓄

（三）储蓄分析

根据家庭的收入和支出，可编制家庭收支储蓄表，并在此基础上进行进一步的分析。具体如表4-11所示。

表4-11　家庭收支储蓄表

主要科目	可进一步划分的项目
工资薪金收入 A	本人、配偶、奖金、稿费、劳务报酬等
经营净收入 B	个体户经营所得、经营企业利润分配
财产性收入 C	房租收入、利息收入、股票红利、资本利得等

表4-11(续)

主要科目	可进一步划分的项目
转移性收入 D	救济、受赠资产、理赔金、赡养费、中奖、红包收入等
其他收入 E	路上捡钱
收入合计 F	$F=A+B+C+D+E$
所得税支出 G	当月扣缴税额、个体户申报核定税额
其他税费支出 H	房产税、契税、印花税、牌照费用
食品 I	菜钱、水果、米油盐、饮料、用餐、烟酒
衣着 J	置装、洗衣、理发、美容、化妆品、衣饰
家庭设备及服务 K	家电、日用品、清洁服务费
医疗保健 L	门诊费、住院费、保健费、药品费、医疗器材
交通通信 M	加油费、出租车费、车票、停车费、电话网络手机费
教育文化娱乐服务 N	旅游费、书报费、学杂费、补习费、保姆费
居住 O	房租、水电煤、物业管理费
杂项商品和服务 P	其他消费支出
消费支出小计 Q	$Q=I+J+K+L+M+N+O+P$
主要科目	可进一步划分的项目
利息支出 R	车贷、房贷、民间借款、信用卡利息
产险保费 S	房屋火险、汽车险、责任险
寿险保费 T	医疗险、失业险、寿险、意外险
转移性支出 U	赡养费、抚养费、捐赠、红包支出
其他支出 V	路上掉钱、行贿
支出合计 W	$W=G+H+Q+R+S+T+U+V$
当期收支储蓄 X	$X=F-W$
本期现金变化额 Y	=期末期初现金和活期存款差额
本期投资变化额 Z	=期末期初投资置产余额
本期负债变化额 a	=期末期初负债本金余额
当期净资产储蓄额 b	$=Y+Z-a$
两储蓄法差异 c	$=b-X$

通过储蓄分析，我们可以找到增加家庭储蓄的着力点。一般可以从开源计划、节税规划、支出预算控管、减债减息计划、保险组合重组、摊还本金或提前还款、让财富成长等方面进行考虑。

同样的，家庭收支会影响储蓄的方向。低收入、高支出型家庭，应量入为出、避免消费借贷；低收入、低支出型家庭应加班兼职、开创收入；高收入、低支出型家庭应有效运用储蓄、提高投资收益；高收入、高支出型家庭应计划支出、提高储蓄率。

【案例分析】

家庭年收支储蓄表分析案例

根据小华、小明和小新三人的收支情况，编制了各自的家庭储蓄表，如表 4-12 所示，通过家庭储蓄收支表对三人进行财务分析。

表 4-12 家庭年收支储蓄分析

收支储蓄科目	小华	小明	小新
工作收入/元	100 000	50 000	100 000
理财收入/元	0	0	30 000
消费支出/元	60 000	60 000	60 000
利息支出/元	14 000	5 000	12 000
保障型保费支出/元	3 000	1 000	5 000
储蓄额/元	23 000	-16 000	53 000
本金定期还款/元	4 000	0	12 000
住房公积金缴费额/元	8 000	4 000	8 000
个人基本养老金缴费额/元	6 000	3 000	6 000
自由储蓄额或透支额/元	5 000	-23 000	27 000
本金提前还款/元	0	0	27 000
短期理财目标运用/元	5 000	-23 000	0
支出比率	77%	132%	59%
消费率	60%	120%	46%
财务负担率	17%	12%	13%
储蓄率	23%	-32%	41%
还本投资率	18%	14%	20%
自由储蓄率或透支率	5%	-46%	21%

案例分析结论：

1. 小华的自由储蓄额为 5 000 元，可用来实现短期目标：国内旅游。

2. 小明入不敷出，当月必须在家消费借贷金额。

3. 小新有投资型资产 300 000 元，假设报酬率 10%，理财收入达 30 000 元，可用来支付投资贷款利息 12 000 元及本金定期还款 12 000 元，还有剩余用来缴纳保费。

资料来源：根据《家庭财务报表的编制与分析》整理。

四、家庭资产负债表与收支储蓄表的关系

资产负债表和现金收支表都是描述个人或家庭财务状况的信息表，为个人或家

庭做出合理的理财规划提供信息。这两张表并不是相互独立的，它们既有联系又有区别，在进行财务分析时，必须对两张表结合分析。

当现金流入大于现金流出时，资产负债表上体现为净资产提高；当现金流入小于现金流出时，资产负债表上体现为净资产减少。若以成本计价，则当月月底的净值余额与上月月底的净值差异应等于当月储蓄额。储蓄可以用来累积存款、投资置产、偿还负债本金等，进而影响资产净值。

两张表的关系可以用图 4-5 表示。

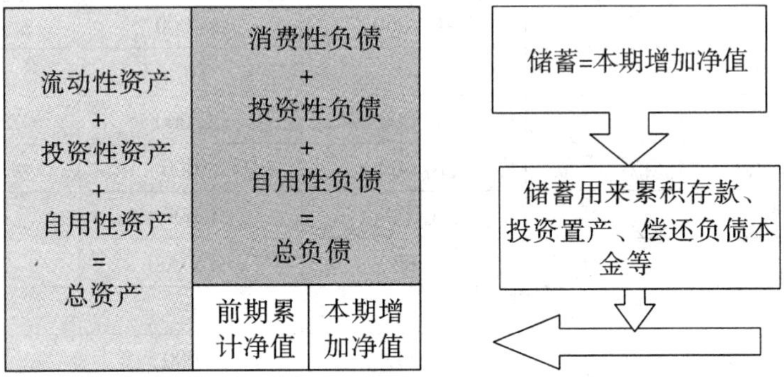

图 4-5　资产负债表与现金收支表的关系

第四节　财务预算规划

记账只是起步，其目的是更好地做预算。由于家庭收入基本固定，因此家庭预算主要就是做好支出预算。支出预算又分为可控制预算和不可控制预算，诸如房租、公用事业费用、房贷利息等都是不可控制预算。每月的家用、交际、交通等费用则是可控的，要对这些支出好好筹划，合理、合算地花钱，使每月可用于投资的节余稳定在同一水平，这样才能更快捷高效地实现理财目标。

一、个人预算规划的含义

预算是指根据个人生活和财务目标，制订投资理财的计划，将财务安排用预算形式表达出来。个人财务预算就是个人为达到开支、消费、投资的目标而进行的统筹安排。通过制订良好的计划并实施，可以达到最有效的利用财务资源的效果。

个人预算与财务状况有什么关系呢？做一个简单的比喻，资产负债表可以展示你的最新财务状况，即你的近况如何；现金流量表可以告诉你过去一个月你的收入和消费；那么预算就是对各种消费和储蓄活动进行规划，以达到理财目标。

个人预算可以帮助家庭控制收支平衡，约束个人进行理智消费，为理财目标的实施提供计划，养成明智的财务管理习惯，并为经济紧急事件做好准备。

二、编制个人预算的步骤

1. 评价最新财务状况

衡量自己的最新财务状况变动情况，明确个人需求、价值和生活环境。

2. 规划理财方向

确定理财目标，建立预算分配方案。预算分为收入预算和支出预算两类，收入预算是预测收入，规划紧急资金和储蓄；支出预算包括固定开支预算和可变开支预算。

（1）收入预算。收入预算按照收入的来源和特性可分为工薪收入、经营净收入、财产性收入和转移性收入。工薪收入来源稳定，有劳动法保障，一般而言依靠每年调薪有所增长，收入中断风险小；经营净收入大小视经济景气而定，收入来源较不稳定，工商个体户有机会转型成私营企业，但是面临较大的收入中断风险，可能经营不善以至于亏损甚至倒闭；财产性收入，利息收入与租金收入的稳定性较高，股票资本利得的成长性较高，但是可能面临房屋闲置或股票无股息发放的风险；转移性收入，视政府财政情况与子女负担能力而定，一旦政府缩减社会福利或子女无力奉养，便会中断收入。1990—2005 年城镇地区居民收入来源如表 4-13 所示。家庭收入预算表如表 4-14 所示。

表 4-13　1990—2005 年城镇地区居民收入来源

项目	1990 年	1995 年	2000 年	2002 年	2004 年	2005 年
人均年收入/元	1 516.2	4 279.0	6 295.9	8 177.4	10 128.5	11 322
工薪收入	75.83%	79.23%	71.17%	70.19%	70.61%	68.9%
经营净收入	1.48%	1.70%	3.91%	4.06%	4.88%	6%
财产性收入	1.03%	2.11%	2.04%	1.25%	1.59%	1.7%
转移性收入	21.66%	16.96%	22.88%	24.50%	22.91%	23.4%

表 4-14　家庭收入预算　　单位：元

家庭	10 月份	家庭收入储蓄表			差异分析	
大类	科目	夫	妻	小计	预算	差异
工作收入	薪资	10 000	8 000	18 000	18 000	0
	加班费	0	0	0	0	0
	佣金	0	0	0	0	0
	奖金	0	0	0	0	0
	执行业务	0	0	0	0	0
	稿费	0	0	0	0	0
	小计	10 000	8 000	18 000	18 000	0

表4-14(续)

家庭	10月份	家庭收入储蓄表			差异分析	
理财收入	利息收入	300	200	500	600	-100
	租金收入	0	0	0	0	0
	营业所得	0	0	0	0	0
	资本利得	0	0	0	0	0
	小计	300	200	500	600	-100
转移性收入		0	0	0	0	0
税前收入合计		10 300	8 200	18 500	18 600	-100
所得税扣缴额		1 000	800	1 800	1 800	0
税后收入合计		9 300	7 400	1 670	16 800	-100

（2）支出预算。支出预算是与收入预算相对的。确定支出预算首先需要设置财务目标并将其货币化，财务目标可以是购车购房计划、旅游计划、退休计划、教育金计划等，然后根据期望报酬率、离达到目标的年数、届时所需资金额来计算每月需存储金额，每月收入与每月需存储金额的差即为每月支出预算。家庭支出预算如表4-15所示。

表4-15　家庭支出预算　　　　单位：元

月预算	菜钱外食	衣着美容	房租日用	交通通信	教育娱乐	合计
自己	500	200	3 000	600	300	4 600
配偶	500	200	500	200	300	1 700
子女一	300	100	0	100	500	1 000
子女二	300	100	0	100	500	1 000
父亲	300	100	0	100	300	800
母亲	300	100	0	100	300	800
预算合计	2 200	800	3 500	1 200	2 200	9 900
当月实际	2 500	900	3 800	1 300	3 000	11 500
差异数	-300	-100	-300	-100	-800	-1 600

3. 实施预算

选择预算体系，记录消费金额，监督消费、储蓄和投资类型。

4. 评估你的预算方案

审查理财进程，修改理财目标，增加预算分配方案。家庭预算表编制步骤如图4-6所示。

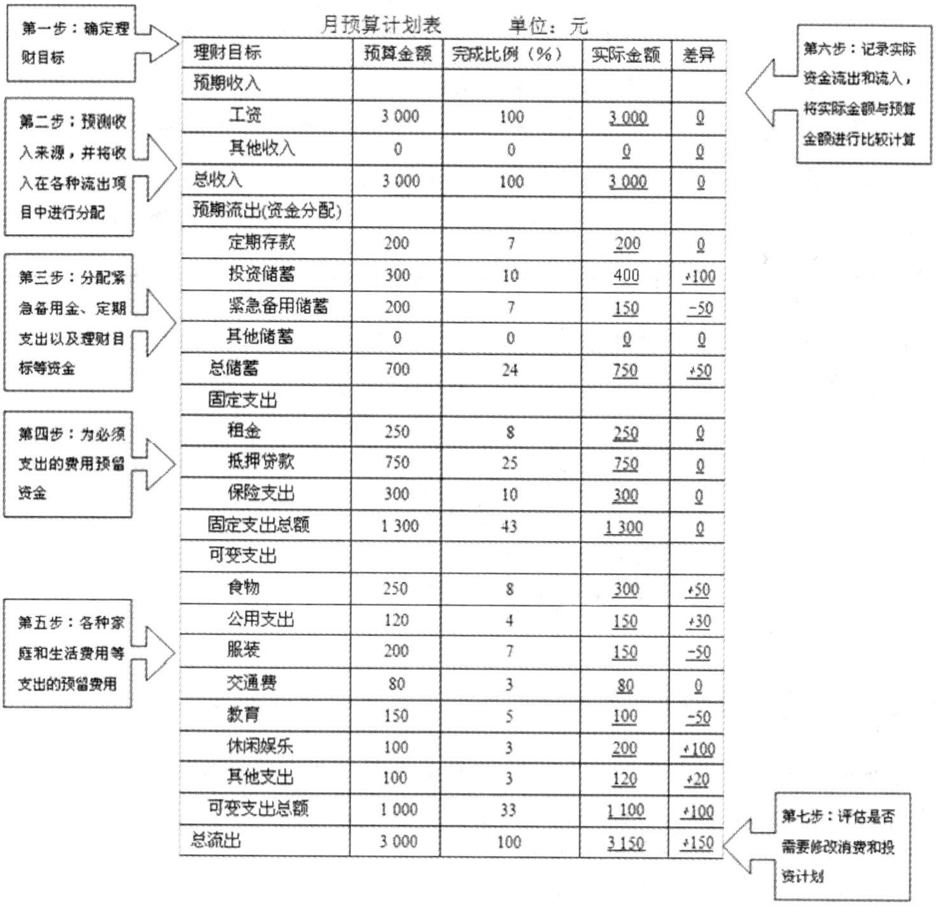

月预算计划表　　单位：元

理财目标	预算金额	完成比例（%）	实际金额	差异
预期收入				
工资	3 000	100	3 000	0
其他收入	0	0	0	0
总收入	3 000	100	3 000	0
预期流出(资金分配)				
定期存款	200	7	200	0
投资储蓄	300	10	400	+100
紧急备用储蓄	200	7	150	−50
其他储蓄	0	0	0	0
总储蓄	700	24	750	+50
固定支出				
租金	250	8	250	0
抵押贷款	750	25	750	0
保险支出	300	10	300	0
固定支出总额	1 300	43	1 300	0
可变支出				
食物	250	8	300	+50
公用支出	120	4	150	+30
服装	200	7	150	−50
交通费	80	3	80	0
教育	150	5	100	−50
休闲娱乐	100	3	200	+100
其他支出	100	3	120	+20
可变支出总额	1 000	33	1 100	+100
总流出	3 000	100	3 150	+150

图 4-6　家庭预算表编制步骤

本章小结

财务与预算分析，是个人或家庭进行理财规划的重要基础。为了实现已经制定的理财目标，首先要明确自己目前所处的位置，也就是说要掌握家庭现有的财务状况，对家庭的现金流量、收支情况进行风险，从而选择不同的投资工具，进行合适的资产组合配置。

在财务与预算分析中，个人财务报表的编制是核心，它是指通过对家庭经济活动中的资金或资金运动，或是由此体现的家庭会计要素及要素的增减变动情况进行核算而编制的财务报表。个人财务报表是对个人拥有资产和负债进行的总结。它提供了关于收入、支出、或有负债、资产所有权和价值、所欠负债的信息以及相关的说明和保证。

家庭财务报表大致包括如下内容：①家庭经营、投资、消费等行为的记账核算；

②家庭资产、负债、权益、收入、费用、利润等会计要素的计量、记录、确认与报告的核算；③家庭组建、子女抚养教育、社会交往乃至家庭离异解体等专项费用计算；④家务劳动的费用与成本核算。家庭资产包括实物资产和金融资产，实物资产就其使用期长短及同费用的相关性而言，可分为固定资产、低值易耗品、物料用品、应收预付款四大类。

思考题

1. 保持理财记录和文件的有序存放有什么好处？
2. 你对建立一个理财记录系统会提出什么建议？
3. 你保留理财记录和文件的时间长度受到哪些因素的影响？
4. 个人财务报表的主要目的是什么？
5. 个人资产负债表如何揭示你的财务状况？
6. 如何利用资产负债表进行理财规划？
7. 现金流量表提供了什么信息？

课后阅读

请根据下面材料编制张先生家庭的资产负债表和收支储蓄表，其中资产负债表要编制出××年8月底和9月底的资产负债表，收入储蓄表的时间段为××年9月。并检验资产负债表和收支储蓄表的钩稽关系。

35岁的张先生是双薪家庭，夫妻两人月薪合计10 000元。8月底，张先生家庭资产有存款50 000元；股票投资成本100 000元。9月初为筹首付款以110 000元出售，赚了10 000元；买入自用房地产市价500 000元，负债有房贷350 000元。往后每月支出除生活费5 000元外，还有3 000元须缴房贷本息，其中本金1 000元，利息2 000元。

下表是张家活期存款账户在9月的记录。

张先生家庭的活期存款账户记录（9月） 单位：元

日期	摘要	账户登记	支出	存入	结存
9月1日		期初结余			50 000
9月1日	工资薪金所得	服务公司转入		10 000	60 000
9月1日	股票利得	证券公司转入		110 000	170 000
9月1日	购房首付款支出	转出到房地产公司	150 000		20 000
9月1日	9月生活费支出	取现	5 000		15 000
9月30日	房贷本息支出	转账	3 000		12 000

第五章　投资者分析

开篇引言

青蛙效应

19 世纪末，美国康奈尔大学的科学家突发奇想，将一个活生生的青蛙投入已经煮沸的开水锅中，这突如其来的高温刺激，青蛙承受不了，奋力从开水中跳了出来，得以逃生。然而，科学家再度把青蛙先放入装着温水的容器中，然后慢慢加热，结果就不一样了。青蛙开始时因为水温舒适而在水中悠然自得。当水温逐渐升高到无法忍受的高温时，青蛙已经心有余而力不足，没有求生的奋斗欲望，不知不觉被煮死在热水中。

“青蛙效应”在股市的大熊市中表现得最为明显：6 124 点一路跌下来，大多数股民 5 500 点没人肯清仓，大家理解为牛市的正常回调，仍期盼着 8 000 点、10 000 点；等跌到 4 000 点时，又开导自己说 5 000 点都没走，4 000 点凭什么走？大家不是都说牛市没有改变嘛。等到 3 000 点，大家终于承认股市是走熊了，不过这时候还指望有政策底？破 3 000 点的政策底时，大家这才开始恐慌了，股评都说会跌到 2 500 点以下。但高位套牢的股民已经没有回天之力了。到这里发现自己被“温水煮了青蛙”，股价被市场杀去了一大半。

可以看出，投资者并不总是理性的，在任何时候发现温度不对，都应第一时间跳出去！这是做投资的本能。

投资理财活动是不同主体之间基于委托代理关系，在具有虚拟性质的金融市场上进行的复杂的金融交易，它与投资理财主体的心理、金融产品和金融市场的特别性质有关。投资者风险偏好与可接受理财起点、投资动机与期望投资期限、接受理财产品信息的途径及投资产品优势吸引力都成为理财规划关注的重要因素。如果说财务预算分析是理财的客观因素，那么投资者行为分析就是理财的主观影响因素。本章主要介绍投资者行为的影响因素。

第一节　行为金融学

客户对银行提供的金融产品——理财产品主要是以一种投资品的眼光来看待，因此我们首先就要考察客户作为一个投资者的投资心理特征。银行掌握了客户的投资心理特征，就可以据此创新出各种适合客户特定需要的理财产品，或者为客户制订合适的理财计划。

一、行为金融学概述

行为金融理论是在20世纪80年代兴起的一种新的研究范式。它突破了传统的理性主义分析框架，以人类现实的经济行为而不是抽象的理性人假设为研究的基点；它注重考察人类行为中的非理性因素，以心理学原理为基础设计经济学实验来探讨人类投资行为的心理证据。

2002年，心理学家卡尼曼和经济学家史密斯因投资心理学领域的研究而荣获诺贝尔经济学奖，这是第一次把诺贝尔经济学奖颁给了心理学领域的研究成果。

行为金融学的两大理论基石是有限理性和套利限制。有限理性（bounded ration）是指投资者并非绝对理性的，由于存在信息处理偏差、决策偏差和社会心理偏差的影响，人们在进行投资决策时很多喜好都是非理性的，导致非必须消费和没有效率的投资。套利限制（limited arbitrage）是指当一种资产偏离基本价值时，套利纠正这种错误定价的策略可能非常有风险或者成本太高，使之失去了吸引力。行为金融学的理论体系就是在这两个假设下形成的，它与标准金融学构成了两个截然不同的体系。行为金融学与标准金融学的差异如表5-1所示。

表5-1　行为金融学与标准金融学的差异

	标准金融学	行为金融学
理论基础	理性人和无限套利假设	正常人和有限套利假定，投资者实际决策模式（应变性、偏好多样化、追求满意方案等）
分析方法与涉及学科	经济学、金融学、数学、统计学的方法	综合运用经济学、金融学、数学、统计学、实验经济学、心理学、生物学、社会学等方法
研究视角	将复杂的金融现象抽象为数学模型	尽可能考虑投资者的实际行为和心理基础，据此抽象为数学模型

二、行为金融学与投资者行为偏差

行为金融学最大的特征是在金融学中吸收了许多心理学研究成果，它在解释金融市场现象时利用了与投资者信念、偏好以及决策相关的认知心理学、情感心理学和社会心理学的研究成果，对投资者的投资行为和市场价格的变动进行解释。

1. 认知心理学（cognitive psychology）

认知心理学是与投资者行为研究最相关的心理学领域，它认为投资行为是一个信息处理过程，各种经济变量形成了投资者的信息源，投资者在计量风险和收益的投资决策过程受到诸多心理因素的影响。如果对信息的理解发生偏离，有可能导致投资者认知偏差的产生。

比如，掷5次硬币，人们经常错误地认为出现“正—反—正—反—正”是有规律的，而认为“正—正—反—反—正”是不常出现的，得出出现前者的机会比后者的机会高的结论，但事实上，两者出现的机会都是相等的。这就是在信息处理的时候存在代表性偏差。

在金融市场上投资者通常简单地用类比的方法去判断，如果甲类事件相似于乙类事件，则甲就属于乙，与乙同类。股票市场上的“龙头股现象”就是使用“代表性”进行判断的结果。典型的例子是一个板块的“龙头股”的上升或下跌，经常带动板块内的其他股票的上升或下跌。

2. 情感心理学

情感心理学是研究各种情感心理现象的科学。情感心理学属于普通心理学范畴，这门学科与生活实践紧密联系，包括了人的心理活动的极为重要的方面。

（1）过度自信。通常，投资者趋向于认为别人的投资决策都是非理性的，而自己的决定是理性的，自己的决定是在优势的信息基础上进行操作的。人们往往过于相信自己的判断能力，高估自己成功的机会，把成功归功于自己的能力，而低估运气和机会在其中的作用，这种认知偏差称为过度自信，它属于信息输出阶段的认知偏差。

【趣味测试】

自信心测试

普通投资者通过网络可获得不亚于专业人士的海量信息，但由于他们普遍没有受过专业的处理信息的训练，加之人脑往往有把复杂信息简化分析的倾向，所以他们据此得出的结果往往是不恰当的，随着解读信息的不断增加，他们往往不自觉地步入过于自信的心理误区。

通过对20道题的选择，测试自信心的水平，答案选择“是”与“否”。

1. 认为自己是个寻常人吗？（　　）

2. 经常希望自己长得像某某人吗？（　　）

3. 时常羡慕别人的成就吗？（　　）

4. 你为了不使他人难过，而宁愿放弃自己喜欢做的事吗？（　　）

5. 你会为了讨好他人而打扮吗？（　　）

6. 是否经常勉强自己做自己不愿做的事吗？（　　）

7. 任由他人来支配你的生活吗？（　　）

8. 你认为你的优点比缺点多吗？（　　）

9. 你经常对别人说抱歉吗？（　　）

10. 在无意的情况下，伤害了别人的心，你会难过吗？（　　）

11. 你希望自己具备更多的天赋和才能吗？（　　）

12. 你会经常听取别人的意见吗？（　　）

13. 在聚会上，你经常等别人先跟你打招呼吗？（　　）

14. 你每天照镜子超过3次吗？（　　）

15. 你有很强的个性吗？（　　）

16. 你是个优秀的领导者吗？（　　）

17. 你的记性很好吗？（　　）

18. 你对异性有吸引力吗？（　　）

19. 你懂得理财吗？（　　）

20. 买衣服前你听取别人的意见吗？（　　）

自信心测验题答案：1-7、9-13、20题答“是”计0分，答“否”计1分；8、14-19“是”计1分，答“否”计0分。

测验结果评价：

13分以上：很有信心，敢说敢做，知道自己的优缺点。但如果得分接近20分，有可能过于自信，甚至自大和浮夸。

6~12分：较有信心，但有时候信心不足。

6分以下：没有太多的信心，过于谦虚，容易形成自我压抑。

资料来源：北京燕园博思心理咨询中心．www.pkuboss.com.

在金融市场中，投资者的判断广泛受到框定依赖的影响。例如，不同的新闻单位发布了内容相同的两条消息：

① 今天股市小幅下跌0.1个百分点；

② 今日股市继续下跌，跌幅达0.1个百分点。

这两条消息实质内容是一样的，但它们带给人们的印象迥然不同，前者给人更多的是一个中性的印象，而后者则无疑会让人对后市感到悲观失望。因而，听取了不同消息的两个投资者也许就会做出完全不同的决策。当然，如果投资者是非常理性和清醒的，当他对这两则消息进行了仔细分析的话，这两则消息框架上的差异就无法对他的决策造成影响，因为投资行为应该是面向未来的，过去的历史信息不应该构成影响；然而，在金融市场中，市场形势瞬息万变，投资者无时无刻不处于高度紧张状态，很难保持完全平和的心态，也就很容易被框架影响。

（2）保守主义。它是指人们的思想大都存在一种惰性，改变个人的原有信念总是非常难的，新的证据对原有信念的修正往往不足，特别是当新的数据并非来源于一个显而易见的模型，人们就不会对它给予足够的重视。保守主义常表现为人们过于重视了先验概率，而忽视了条件概率。

爱德华兹（Edwards）做过一个实验：有两只瓶子，一只装有 3 个蓝球 7 个红球，另一只则装有 7 个蓝球 3 个红球。从其中一只瓶子中随机抽取 12 个球（抽出的球放回瓶子），结果抽取了 8 个红球和 4 个蓝球。那么从第一只瓶子中抽取的概率为多少？

正确的答案是 0.97。大多数人认为概率值在 0.7 左右，显然他们过度重视了基本比率 0.5。

（3）模糊厌恶。这是指对主观的或含糊的不确定性的厌恶程度要超过对客观不确定性的厌恶。也就是说，投资者总是厌恶通过自己的能力做出决策，而更偏好直接做出赌博式的选择，或者说投资者在市场中总是宁愿接受客观风险的影响而不愿接受自己决策而带来的风险。

埃尔斯伯格（Ellsberg，1961）做了一个经典的实验。假定有两只瓶子 1 和 2。2 号瓶共装有 100 个球，50 个红球 50 个蓝球。1 号瓶也装有 100 个球，其中有红球也有蓝球，但是，受实验者不知道二者的比例。然后，要求受实验者在以下两个风险事件中选择其一，这两个风险事件每一个都包括 100 美元的可能报酬。这取决于从相应的瓶子中随机抽取的球的颜色。

a_1：从 1 号瓶抽取一个球，红球得 100 美元，蓝球得 0 美元

a_2：从 2 号瓶抽取一个球，红球得 100 美元，蓝球得 0 美元。

接着，要求受实验者在以下两个风险事件中做出选择：

b_1：从 1 号瓶抽取一个球，蓝球得 100 美元，红球 0 美元

b_2：从 2 号瓶抽取一个球，蓝球得 100 美元，红球 0 美元。

大家普遍的选择是，对 a_2 偏好多于 a_1，而 b_2 的选择多于 b_1。这些选择与客观概率无关：选择 a_2 暗示着 1 号瓶中红球的主观概率小于 50%，而选择 b_2 则暗示着相反的情形。

（4）后悔厌恶。心理学研究表明，人在犯错误后都会感到后悔，并且后悔带来的痛苦可能比由于错误引起的损失还要大，因此为了避免后悔，人们常常做出一些非理性行为，即投资决策的目标可能是最小化未来的后悔而不是最大化将来的收益。由于害怕引起后悔，投资者会有强烈的从众心理，购买受到大家一致追捧的股票，因为即使股价下跌，当考虑到大家都同样遭受损失时，或许会减轻投资者的后悔反应。

例如，新买入车子的人在购买完成后又选择性地避免阅读他们没有选择的车型广告，而关注他们购买的车子广告，这表明人们会担心看到更好的车型而产生后悔。在共同基金市场上，资金流入业绩好的共同基金的速度比资金流出业绩差的共同基金的速度要快得多，也就是说发生损失的基金持有人不愿意通过赎回他们持有的基金来面对投资失败的事实。后悔厌恶价值函数如图 5-1 所示。

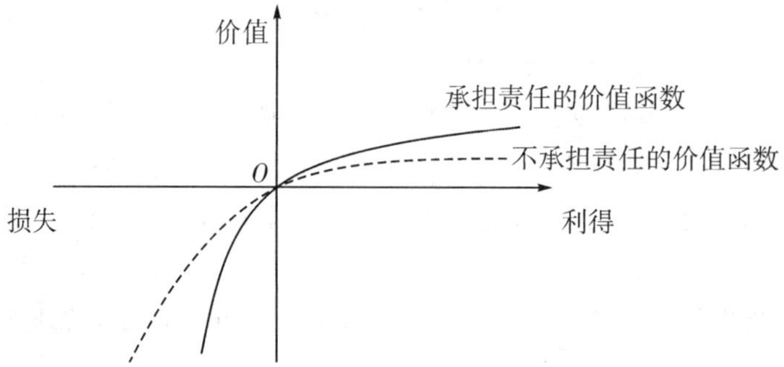

图 5-1　后悔厌恶价值函数

（5）损失厌恶。进一步的研究发现，人们并非厌恶风险，他们厌恶的是损失，损失总比收益带来更突出、更强烈的感受。损失厌恶是指人们面对同样数量的收益和损失时，损失使他们产生更大的情绪影响。他们发现同量的损失带来的负效应为同量收益的正效用的 2.5 倍。

实验 1：A：25%机会赢得 3 000 元，75%机会赢得 0 元

B：20%机会赢得 4 000 元，80%机会赢得 0 元

实验 2：A：80%机会赢得 4 000 元，0%机会赢得 0 元

B：100%机会赢得 3 000 元

实验 3：A：80%机会亏损 4 000 元，20%机会亏损 0 元

B：100%机会亏损 3 000 元

实验 1 中，A 的预期效用 = 3 000×0.25+0×0.75 = 750，

B 的预期效用 4 000×0.2 = 800，B 的预期效用>A 的预期效用；

实验 2 中，A 的预期效用 = 4 000×0.8+0×0.2 = 3 200，

B 的预期效用 = 3 000×1 = 3 000，A 的预期效用>B 的预期效用；

实验 3 中，A 的预期效用 = −4 000×0.8+0×0.2 = −3 200，

B 的预期效用 = −3 000×1 = −3 000，B 的预期效用>A 的预期效用。

实验结果：实验 1 中，65%的人选择 B；实验 2 中，80%的人选择 B，表明厌恶风险；实验 3 中，92%的人选择了 A，表明偏好风险。实验 1 的结果符合传统的追求预期效用最大化的理论，实验 2 和实验 3 的结果与传统的追求预期效用最大化的理论不符。由于人们放弃他所拥有一个物品所感受的痛苦，要大于得到一个原本不属于他的物品所带来的喜悦，因而在定价方面，同一种物品在这种情况下的卖价高于买价，这种现象称为“禀赋效应”（endowment effect）。

卡内曼和特维斯基（Kahneman 和 Tversky）在此基础上提出了前景理论，指出损失厌恶反映了人们的风险偏好并不是一致的，当涉及的是收益时人们表现为风险厌恶；当涉及的是损失时，人们则表现为风险寻求。也就是说，人们在面临获得时往往是小心翼翼，不愿冒风险；而在面对失去时会很不甘心，容易冒险；人们对损失和获得的敏感程度是不同的，损失时的痛苦感要大大超过获得时的快乐感。这些投资者特征可以用价值函数来表达。损失厌恶与价值函数如图 5-2 所示。

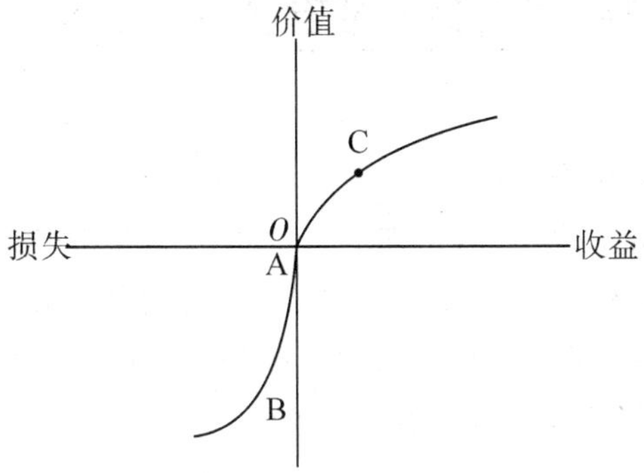

图 5-2　损失厌恶与价值函数（value function）

3. 社会心理学（social psychology）

作为群体中的一员，人们容易受到群体情感的感染，倾向于采取与群体行为相近的行为，甚至在一定程度上放弃自己的偏好与习惯，并忽略自身可获得的信息，而对于个体来说这些行为往往是不可思议的。例如集体失语、集体非理性、羊群效应等。

“羊群效应”（herd effect），是指在金融市场中投资者在信息不确定的情况下，行为受到其他投资者的影响，模仿他人决策，或者过多依赖于舆论，而不考虑私人信息的行为。大量证据显示，投资者的羊群效应既不利于个人的投资收益，也不利于金融市场的稳定。对投资者而言，羊群效应的投资者在市场中获得的收益率较低；而对整个金融市场而言，羊群效应所导致的群体一致性行为会导致股票价格对价值的偏离，形成一种正反馈机制。

【阅读资料】

苹果的味道

课堂上，哲学家苏格拉底拿出一个苹果，站在讲台前说：请大家闻闻空气中的味道。

一位学生举手回答：我闻到了，是苹果的香味！苏格拉底走下讲台，举着苹果慢慢地从每个学生面前走过，并叮嘱道：大家再仔细地闻一闻，空气中有没有苹果的香味？这时已有半数学生举起了手。

苏格拉底回到了讲台上，又重复了刚才的问题。这一次，除了一名学生没有举手外，其他的全都举起了手。苏格拉底走到了这名学生面前问：难道你真的什么气味也没有闻到吗？那个学生肯定地说：我真的什么也没有闻到！

这时，苏格拉底向学生宣布：他是对的，因为这是一个假苹果。这个学生就是后来大名鼎鼎的哲学家柏拉图。

第二节　理财活动中的投资心理学

一、投资中的过度自信心理

问题1：自今天起的一个月内，你对上证指数的点位的最佳估计是什么？下一步，选取一个高点，使你有99%的把握确信上证指数在今天起的一个月内会低于该高点。现在，再选取一个低点，使你有99%的把握确信上证指数在今天起的一个月内会高于该低点。如果你按照问题的指示做了，上证指数将比你估计的高点更高的概率应为1%，低于你估计的低点的概率也应为1%。现在，你已经为自己确定了上证指数在今天起的一个月内的点位98%的主观概率置信区间。

假设你已经根据大量不相关的建议做出判断，等待所有结果的明朗化。对于每一种建议都有三种可能性：

（1）实际结果可能高于你估计的高点（高点意外，high surprise）；

（2）结果可能低于你估计的低点（低点意外，low surprise）；

（3）结果可能在你的置信区间内。

如果你的判断没有产生特别的偏差，并且你对自己知识的局限有着良好的判断，那么你应该预期遇到大约1%的高点意外和1%的低点意外。在98%的情况下，实际点位应该落在你的置信区间内。设置了满足这种要求的置信区间的个人，可以被认为在他们对概率的判断中进行了很好的校准（well-calibrated）。

遗憾的是，极少人能够适当地校准。大量的研究证明，在主观概率置信区间内存在严重的系统性偏差；太多的意外表明置信区间设置得太过紧密。很多研究中一种典型的结果是意外率达到15%~20%。这种被称为过度自信的现象是普遍而顽固的。现已发现有两个专业群体能够理智地校准，即星相学家及障碍赛跑选手。这两个专业领域中的人学会了适当地校准，因为他们的职业有三个特点：他们每天面对同样的问题，他们做出明确的或然预言，他们得到有关结果的迅速而准确的反馈。对于专家或非专家来说，当这些条件不满足时，过度自信就是可以预料的结果。

【阅读资料】

波音747有多重？

向1 000多位商界人士提出这样的问题：请估计一架普通的、空载的波音747

飞机的重量，给出你的最小估计值和最大估计值。尽量让正确答案落在你给出的两个数据之间。

波音747飞机的重量是399 000磅（约181 146千克）。

实验结果是，大多数人没能给出包含正确答案的估计范围。

他们的回答完全可以把范围放得很大，以便把正确答案包含在里面。但极少有人这样做。那些商界人士为了不显示出自己知之甚少，于是自信地把答案限定在一个比较小的范围内，于是就出现了错误的估计。这种表现出来的骄傲自大而不可靠的心理就是过度自信。

过度自信心理的对策建议：

首先，记录自己过度自信的实例，并在理财投资中不断提醒自己，引起警惕。其次，在对客户做陈述时注意自己性格上过度自信的倾向，夸张的陈述会有助于吸引客户，但是如果你无法兑现诺言，反而会使自己麻烦不断，在进行理财时应该让客户充分了解与投资决策有关的不确定性。最后，不要让客户用他们的过度自信来影响你，如果你让他们影响到自己，你就会对业绩提出不切实际的过高要求，这将导致你与客户的关系很快破裂。

二、理财中的卖出效应

问题2：投资者A大量持有某只股票，他最初的买进价是每股100美元。投资者B大量持有同一只股票，她的买进价是每股200美元。该股昨天的市价是每股160美元，而今天跌到了每股150美元。A和B两个投资者，谁的感觉更糟糕？

大多数人会同意，B比A感觉更糟。产生这种直觉的原因是，投资者A可能会将股价下跌的坏消息视为收益的减少，而B会将同样的消息视为损失的扩大。因为价值函数对于损失比收益更陡峭，每股价格10美元的差异，对B比对A更重要。

这一心理学事实的一项重要结果被称为卖出效应（disposition effect），它是投资者心理账户处置不妥的一种表现。具体是指，在股票市场上投资者往往对亏损股票存在较强的惜售心理，即愿意继续持有亏损股票，不愿意实现损失，呈现风险偏好的特征；而在盈利面前，投资者则趋向规避风险，愿意较早卖出股票以锁定利润。特沃斯基和卡内曼（1981）提出的心理账户理论，也对这一现象进行了解释。他们指出，在决策过程中，人们通过三种心理账户对他们所面对的选择的得失进行评价：最小账户、局部账户和综合账户。这里投资者A和B都是将买入的价格一起包括进来计算损益，采用的是局部账户；如果只看昨天到今天的价格变化则两者的感觉应该相同，这就是最小账户。

由于投资者不情愿认识到自己的亏损，因此在投资中常常会变换心理账户去计算损益。例如一个投资者，她现在需要现金，因而必须卖出自己持有的两种股票中的一种；其中，一只股票涨了而另一支跌了。奥登（Odean，1998）研究了一万个投资者的交易记录，结果显示投资者更加可能卖出下跌的那只股票。

卖出效应心理的对策建议：

（1）亏损风险对大多数投资者来说都是风险的一个重要方面，但是亏损是个相对的概念，投资者应该确定参考点，并由此计算赢利或亏损。投资者在进行投资决策时应遵循一定的心理账户运算规则：两笔盈利应分开，两笔损失应合并，大得小失应合并，小得大失应分开。

（2）因为卖出效应是一种影响力很大的偏差，所以理财规划师应向客户提供真实案例，最好“让赢利充分增长”并“止住亏损”。在做出买进决策之前，讨论将来卖出的条件。

（3）在培训的过程中，尤其注意切勿在不经意间强化对偶发事件过度反应的倾向。

【阅读资料】

问题1：假设你要看电影，买了一张10元的票。当你到电影院时发现电影票丢了。你愿意再付10元买一张票吗？

200名测试中54%的不愿意。

问题2：假设你要看电影，一张票10元。当你到电影院时发现丢了一张10元的钞票。你愿意坚持付10元买一张票吗？

83名测试中88%的愿意。

解释：丢掉的现金没有被列入看电影的成本账户中，丢掉现金仅仅使得人没有原来富有。

三、乐观主义和代表性偏差

1. 乐观主义

问题3：你认为自己的驾车水平如何？把自己和公路上遇到的司机比较一下，你的水平是在平均之上，平均水平，还是在平均之下？如果某个熟人买进一支后来表现不好的股票，你认为他是做错了还是运气不好？

回答中，有65%~80%的人认为自己的驾驶技术高于平均水平。但我们当中只有一半的人有这个能力。由于乐观主义倾向的存在，大多数人的信念都存在着偏差。乐观主义者夸大了他们自己的才能：这就是超过80%的司机相信他们的驾车技术高于平均水平的原因。他们中的多数人肯定是错误的。

乐观主义者还会低估他们无力控制的坏结果出现的可能性。举例来说，大多数大学生相信，与同学相比，自己不大可能在50岁之前得癌症或者得心脏病。乐观主义者还容易产生一种控制错觉（illusion of control），即他们会夸大他们控制自己命运的程度，并容易低估机会或不可控因素在事件发展过程及其结果上的作用，对自己在机会和技能的真实控制能力产生认知偏差，错误地将机会的游戏理解为技巧的游戏。

2. 代表性偏差

问题 4：掷一枚硬币，下列结果中哪一种更可能发生？

在这个问题中，掷一枚硬币产生这两个结果可能性是一样的。然而，问题的两个结果中只有一个看起来是随机的，另一个则看起来是规则的。

大多数人错误地相信，第二个结果比第一个更可能发生，而这仅仅是因为第二个结果更具有代表性。更为重要的是，很多人会过快地感知到事件的随机结果中偶然的规则。奥登（Odean，1998）报告了一种引人注目的模式，他对个人投资者通过某家经纪行进行的成百上千的交易活动进行了分析。他发现，当个人投资者卖出一只股票并马上买进另一只股票时，在第一年他们卖出的股票表现，平均（不考虑交易费用）要比他们买进的股票的表现好出 3.4 个百分点。这种高成本的过度交易可以用两种偏差来解释：人们对不存在之物的感知模式，以及他们在对不确定的事件做出判断时太过于自信。

理财对策建议：

（1）抑制你在给客户提建议的行为中过度乐观的自然冲动。比如，多考虑可能出错的事情和后果。因为你更容易记住自己的成功，因此可以保存一个过去你所做的不成功的事件清单。

（2）向你的客户传达现实的成功机会。

（3）在向客户提供历史数据时，要抑制住自己倾向于提供正面数据的诱惑。

（4）问问你自己，你有没有真实的理由相信自己比市场懂得还多。在进行交易之前，列出不是基于随机因素的原因，并在做出主动的决策前，考虑交易是基于随机因素的可能性。

四、心理概率

问题 5：你有机会赚取 2 万美元，但是不知道确切的概率。考虑以下三种结果：

A. 概率为 0 或 1%。

B. 概率为 41%或 42%。

C. 概率为 99%或 100%。

A、B、C 这三种不同的情况，对于制定决策是否具有相等的重要性？你能否根据它们对偏好的影响对它们排序？

理性选择理论告诉我们，不确定的期望应该用可能结果的效用的权重来评价，每种结果按照发生的概率确定其权重。以概率确定权重意味着，具有 1%概率的可能结果，其权重应十倍于具有 0.1%概率的结果。反过来可以得到，某一事件的概率 1 个百分点的增量，应该对结果的权重具有同样的影响，无论最初的概率是 0%，

41%还是99%。

直觉上来看，风险与机会并不服从这项准则。心理学证据表明，从不可能事件到可能事件，或者从可能事件到确定性事件的变化所产生的作用，大于从可能性事件到可能性事件的同等变化而产生的作用。也就是说，将某一期望事件的概率从0提高至1%，或者从99%提高至100%，比起将概率从41%提高至42%，人们愿意支付更多的代价。

因此，多数人会发现，有1%的机会赢得1 000美元，比价值10美元的礼物更吸引人。而且，如果有99%的机会赢得1 000美元，多数人为了消除丢掉奖金的可能性，愿意支付比10美元高得多的代价。这种不对称的概率就解释了为什么权重使得人们既喜欢购买彩票，又喜欢购买保险单。

问题6：假设你比今天的你多出20 000美元的财富，而且你要在两个选项中做出选择：

A. 获得5 000美元；

B. 50%的机会赢得10 000美元，50%的机会什么都赢不到。

问题7：现在假设你比今天的你多出30 000美元的财富，而且你必须在下列两个选项中做出选择：

A. 输掉5 000美元；

B. 50%的机会输掉10 000美元，50%的机会什么都不输。

如果你与大多数人一样，那么：①你可能几乎不在意有关比你自己多出一笔确定数额财富的初始陈述；②你可能感觉这两个问题非常不同，而且你可能选择问题7中的风险事件及问题6中的确定事件。

这种考虑这两个问题的方式，尽管感觉上是完全自然的，但是却违背了理性决策的一项重要原则。一个绝对理性的决策者将视这两个决策问题为完全相同的，因为它们用财富状况的公式表示是等价的。在这两个问题中，你在比今天的你多出25 000美元财富或者接受一个风险事件之间有一个选择。对于这一风险事件，你最终可能多出20 000美元或者多出30 000美元的财富，其概率是相等的。

从这几个事例我们可以得出几项重要的结论。首先，同一个问题可以从不同的视角去理解，如一笔资金可以广义理解为财富，也可以狭义理解为损益，不同视角通常会导致不同的决策结果。其次，人们在进行决策时往往更为偏重变化，如投资损益，而容易忽略静态存量的作用，如财富总量。

理财的对策建议：

在给客户提供有选择的行动方针时，要用最为广义的方式来表达。确保所选择的表达方式与客户有关（比如财富）。对于主要目的是退休后生活的客户，应考虑将财富水平转换为在退休期间能够被预期的年金收入额。

五、现金等价值

问题 8：你认为多少确定的收益值才与下面的风险期望相匹配。50%机会赢得 1 000 美元，50%的机会什么都赢不到？或者说你愿意支付多少门票价格参与这个游戏？

某一风险期望的现金等价（cash-equivalent）是指为达到期望的效用水平，所需要保证的财产水平。容易看出，上述问题的期望收益为 500 美元，但是大多数人会为上面问题中的风险事件设置少于 400 美元的现金等价。

现在假设可能赢得的数额为 5 000 美元，那么你愿意支付多少价格参与呢？如果可能赢得的数额为 20 000 美元呢？你可能会发现，你的现金等价金额几乎与奖金的数额同比例增长。现金等价与风险期望几乎以同样的倍数增长，这个观察结果被称为风险态度的近似对称性。但是在投资理财中，假设所有的投资者都是风险厌恶的，也就是说人们对于风险的增加，要求补偿的收益应该是边际递增的，而不应该是同比例增加。正如我们稍后将了解到的，风险态度的近似对称性是理财决策中某些重要错误的一个根源。

在理财顾问中也存在着风险对称性。卡内曼和泰勒（Kahneman 和 Thaler）在一项培训中，向某家专业机构的一群理财顾问提出了针对一个富裕家庭全面理财建议的方案。有一半顾问被告知，该家庭拥有 3 000 万美元资产，并且每年开支 20 万美元。另一半顾问考虑了除资产（600 万美元）和开支（12 万美元）以外，所有细节都相同的一个方案。理财顾问们建议的应投入证券的资产比例在两种方案中几乎是一样的：对于较富裕的家庭为 66%，对于富裕程度稍差的家庭为 65%。但是当这些顾问被要求同时考虑这两种方案，并决定他们是否会对两种方案推荐同样的证券投资比例时，绝大多数人则认为他们会建议较富裕的家庭更多地持有证券资产。

类似的，在一个实验中，贝纳特兹和泰勒（Benartzi 和 Thaler）给投资者阅览一份股票和公债的年度收益报告，然后询问他们决定对各项投入多少资产，实验结果发现他们分配给股票的平均资产值为 40%；但是在另一个实验中，再向投资者出示一份股票和公债的收益报告，不过这次的收益周期改为 30 年。结果发现，投资者分配给股票的比例平均达到 90%。这个实验证明，人们会因为回报率表现的时间范围不同而有不同的反应。据此，贝纳特兹和泰勒（Benartzi 和 Thaler）建议人们不应该过于频繁的清点他们的资产，着眼点应该是长期收益，而不应该受到短期投资波动的影响。

理财顾问和投资者应事先就一系列操作程序达成一致，以防投资者因为凭感觉或者对突发事件下意识的反应，一时冲动对投资组合做出调整。如果投资者确实出现冲动情况，并且基于短线的考虑对投资组合做出重大调整，而且交易结果并不理想，理财顾问应在投资者下一次再出现强烈的冲动时，委婉地向客户指出这样做的后果。

【理财建议】

投资理财中需要注意的24个心理现象

1. 为什么我们会为了节省10美元驱车到11千米以外的地方买一件30美元的衬衫，而不会在买一台300美元的电视机时为了节省10美元也这样做？

2. 为什么那些对内幕交易深恶痛绝的人在听到内部消息后也会立即跟风？

3. 当我们觉得持有股票头寸过高时，消除风险的最快捷办法就是将股票立即全部卖出，但我们为什么总是要一点一点地卖呢？

4. 当股市大幅下挫的时候，总有专家说投资者在恐慌抛售，可他们怎么从不对买股的人分析一下呢？

5. 如果一个初创的公司前途无量，那它的创始人为什么还急于通过首次公开募股出售股权呢？

6. 那些理财一塌糊涂的人为什么总拿自己某一次的成功投资到处吹嘘？

7. 如果说股票是一种长期投资，那怎么每天总有那么多买盘和卖盘？

8. 为什么那些最好的公司往往对投资者来说却是最坏的投资？

9. 如果说投资是为了今后20年或30年的生活，那为什么股市一天不好我们的心情都会很糟？

10. 当我们在买股票的时候，为什么总那么自信，觉得自己对这只股票的看法要比那些正卖出这只股票的人高明？

11. 为什么人们在商场促销时会疯狂购物，而股价下跌时却忙着卖股？

12. 为什么股市预言家在其预言准确的时候会得到好评，但预言不准时就指责别人愚蠢？

13. 为什么共同基金在做广告时总说能在短期内获得最佳回报，但同时却总提醒股东这是长期投资？

14. 邻居一会儿换新车，一会儿度豪华假期，既然你知道攒钱是积累财富的关键，为什么还会觉得邻居是个有钱人呢？

15. 我们以前进行了某笔投资，如果今天再给一次选择机会我们绝对不会再次买进，但我们为什么还坚守着这笔投资不放？

16. 为什么那些声称投资回报很难跑赢大盘的人总不满足于只购买追踪大盘的指数基金？

17. 为什么明知道卖出亏本的股票、留着赚钱的股票有利于避税，我们还总是卖出盈利的股票，死守着亏钱的股票？

18. 从长期看，基金管理公司和券商可以通过让投资者发达来使自己更兴旺，可既然如此，它们为什么还要去欺骗投资者呢？

19. 为什么那些极其谨慎、只会把钱投资于存单的人也会去购买中奖概率几乎为零的彩票？

20. 为什么人们在一笔投资取得不错回报后还会继续追逐这项投资，尽管现在的高回报可能意味着今后的回报率会降低？

21. 为什么我们总是认为新橱柜是一项投资，但卧室的衣柜只是消费品呢？

22. 为什么人们会因为忘记去商店时带优惠券而沮丧，但在竞价买房时将报价抬高 10 000 美元连眼皮都不眨一下？

23. 如果销售员坚信其音响产品质量上乘，那为什么还向我们推销延期质量担保？

24. 为什么人们会不惜大量时间筹划一周长的假日，却不愿意抽一点时间思考一下自己 20 年的退休生活如何过？

第三节　家庭投资理财的风险及其规避

一、风险的类型

凡是投资都有风险，只是风险的大小不同而已，家庭投资亦如此。风险是指由于各种不确定性因素的作用，从而对投资过程产生不利影响的可能性。一旦不利的影响或不利的结果产生将会对投资者造成损失。

风险可分为系统风险和非系统风险。系统风险主要由政治、经济形势的变化引起，如国家政策的大调整、经济周期的变化等；非系统风险主要由企业或单个资产自身因素导致。系统性风险是由共同因素所引致的，这些因素会对所有证券的收益产生影响，不能通过分散化投资来避免这些风险，例如假定有一意外通告，宣布政府准备减持上市公司中的国家股，这样股票价格就会急剧下跌。

非系统性风险是由独特因素引致的，这些因素只对单个证券的收益产生影响，是可以通过分散化投资来避免这些风险的，例如长虹公司大规模地扩大了电视机的产量，后来发现电视机市场出现了过度竞争，市场需求量大大低于预期的数字，因此，长虹公司的收入及其股票价格受到不利的影响，而其他公司的收入和股票价格却不受此影响。系统性风险与非系统性风险的关系如图 5-3 所示。

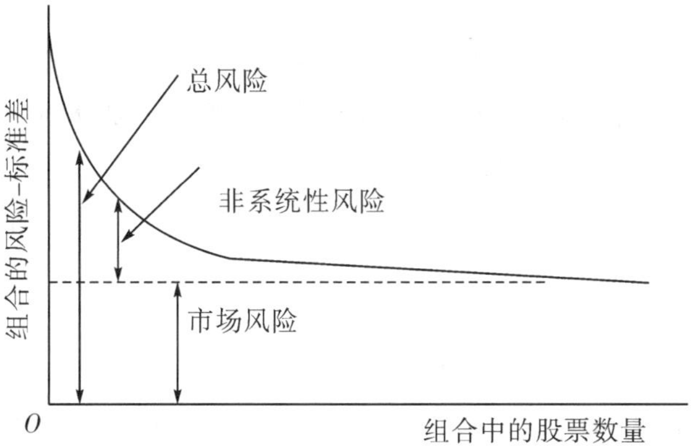

图 5-3　系统性风险与非系统性风险的关系

家庭理财投资面临的风险主要有：政策风险，指因国家经济金融政策的出台实施或调整变化而给投资者带来的风险；法律风险，指因违反国家法律法规进行金融投资而形成的风险；市场风险，指因市场变化而造成的风险；机构风险，指因金融机构经营管理不善而给投资者带来的风险；诈骗风险，指家庭在投资过程中被人诈骗而形成的风险；操作风险，指家庭进行金融投资的过程中因操作不当而形成的风险。

二、理财风险的防控

面对理财中存在的风险，家庭应做好相应的风险防控措施。

1. 建好家庭金融档案

在家庭金融活动频繁的今天，众多的金融信息已经很难仅凭人的大脑就全部记忆清楚，由此导致了一系列问题：有的银行存单和其他有价证券被盗或丢失后，却因提供不出有关资料，无法到有关金融机构去挂失；有些股民股票买进卖出都不记账，有关上市公司多次送股后，竟搞不清账上究竟有多少股票，以至错失了高价位抛出并赢得更多利润的良机；有的将家庭财产或人身意外伤害等保险凭据乱放，一旦真的出了事，却因找不到保险凭单而难以获得保险公司理赔等。

建立家庭金融档案主要可从以下三个方面入手：首先，明确入档内容。①各类银行存款和记账式有价证券存单姓名、账号、所存金额和存款日期及取款密码；②股票买卖情况记录；③各类保险凭据；④个人间相互借款凭据；⑤各种金融信息资料，如银行分档存款利率、国库券发行和兑付信息、股市行情信息等；⑥家庭投资理财方法和增值技艺的资料。

其次，掌握入档方法。家庭投资额不多的，可专门用一个小本子记载即可；如投资较多，则应建立正规账册，区别类型，分别将家庭金融内容逐一记入，并将每次金融活动内容一笔笔记清；家庭有电脑的，则可将个人家庭金融档案存入电脑，以便随时检索。

最后，把握重点问题：入档要及时，不能随便乱放导致金融资料散失；内容要全面，应入档的各种金融内容，都要完整齐备；存档要保密，对存单（身份证、个人印章、取款密码等有关家庭金融安全的重要档案资料，要分别存档，电脑建档还应设置密码）；资料要纳新，定期清理老资料，存入新资料，使档案任何时候都有投资参照价值；应用要经常，坚持常翻阅，常研究，从而提高理财本领，提高投资效益，同时，防止存款到期忘记支取，避免家庭投资利益损失。

2. 打造个人信用

所谓个人信用，即个人向金融机构借贷投资或消费时，所具有的守信还贷纪录。它是公民在经济活动中不可或缺的通行证。目前，居民建立个人金融信用，可采取两种办法：其一，利用银行金融创新机遇证明个人信用。近年来，商业银行纷纷推出信用卡、贷记卡，持卡者守信还贷，就能建立起个人信用。其二，借助中介服务机构建立个人信用。如上海资信有限公司就为银行和个人提供个人信用联合征信服务。它通过对个人信用信息的采集、咨询、评估及管理，建立个人信用档案数据中心，为市民申办信用消费提供配套的个人信用报告。在进行家庭借贷投资或消费时，应借助这样的中介服务，建立个人信用，取得向多家银行借贷的通行证。

3. 家庭投资者要及时查明实际遇到风险的种类、原因，并及时采取补救措施

由外部原因引起的风险，如存折丢失、密码被盗等造成的风险，应及时与银行联系挂失；由金融诈骗引起的风险，应及时采取多种方式、多种手段进行催收，直至诉诸法律，以最大限度减少损失。由国家宏观经济政策的变化造成的风险，应及时调整修改投资计划和投资方案，如利率下调，就调整储蓄结构；如资本市场不景气，就调整股票、期货、基金、债券结构。

4. 计算“生活风险忍受度”，量力而投

所谓“生活风险忍受度”是指如果家庭主要收入者发生严重事故，家庭生活所能维持的时间长度。因而对家庭主要收入者要在可能的情况下加大人身保险投保力度，尤其是家里有经济上不能自立的家庭成员，要为其做好一段时间的计划，以免在主要收入者发生意外时他们无法正常生活；此外，在正常生活过程中也要预留能维持3个月左右的生活开支，然后再选择投资，以备急需之用；同时，不能降低生活质量而过度投资。

总而言之，家庭投资理财是一项系统工程，需要用一生的时间和精力来周密规划、精心打理；要科学合理地掌握理财原则，扩大投资渠道，运用各种理财工具，科学组合、分散风险，走出理财误区，最大限度地发挥资金的使用效益。总之，家庭投资理财的健康发展，一方面需要加强家庭理财的科学规划，建立适合自身的理财方式；另一方面也需要金融机构开发出更多更好的理财产品，创造良好的投资环境，优化使用家庭的投资资金，提高其投资的收益率，这样才有可能最大限度地优化家庭持有的资金，从而实现家庭财产使用效益的最大化，才能真正使家庭投资理财成为中国经济增长的重要支撑点，推动我国经济又好又快地发展。

本章小结

行为金融学与现代经典金融学本质上并没有很大的差异，它们的主要目的都是试图在一个统一的框架下，利用尽可能少的工具构建统一的理论，解决金融市场中的所有问题。两者的主要差别有两个，一是行为金融学的理论基础不同，它是以投资者有限理性、随机交易和市场存在套利限制为基础，尽可能考虑投资者的实际行为和心理行为进行研究；二是行为金融学利用的研究工具不同，主要包括与投资者行为相关的心理学理论，即与投资者信念、偏好以及决策相关的情感心理学、认知

心理学和社会心理学的研究成果。因此，心理学的研究成果就成为行为金融学研究必不可少的基础。目前，行为金融学所依据的心理学成果主要还是一般地行为研究成果，专门针对投资决策的研究不足。

本章主要通过对行为金融学及其对理财活动的影响进行介绍，从主观层面对理财规划的影响因素进行分析。理财规划是个人或家庭利用自己的闲余资金进行组合投资从而实现自己理财目标的一项经济活动，它与理财者的主观风险偏好、主观行为偏差以及市场上投资者的构成、市场环境等息息相关。因此了解清楚各种行为偏差产生的原因、种类以及对理财规划活动的影响是制定出完善、有效的理财规划方案的重要环节之一。

思考题

1. 行为金融学与传统金融学的区别？
2. 投资者行为分析的主要内容是什么？
3. 试运用心理账户理论分析证券投资中的一些现象。
4. 投资理财中涉及哪些投资心理现象？
5. 为什么说套利是有限制的？
6. 过度自信的投资者经常会表现出哪些行为偏差？
7. 框定依赖偏差对理性决策有哪些挑战？
8. 在投资理财中该如何进行投资行为的评估？

课后阅读

富人和穷人的十二大经典差异

1. 自我认知

穷人：很少想到如何去赚钱和如何才能赚到钱，认为自己一辈子就该这样，不相信会有什么改变。

富人：骨子里就深信自己生下来不是要做穷人，而是要做富人，他有强烈的赚钱意识，这已是他血液里的东西，他会想尽一切办法使自己致富。

2. 休闲

穷人：在家看电视，为肥皂剧的剧情感动得痛哭流涕，还要仿照电视里的时尚打扮自己。

富人：在外跑市场，即使打高尔夫球也不忘带着项目合同。

3. 交际圈子

穷人：喜欢走穷亲戚，穷人的圈子大多是穷人，也排斥与富人交往，久而久之，心态成了穷人的心态，思维成了穷人的思维，做出来的事也就是穷人的模式。

大家每天谈论着打折商品，交流着节约技巧，虽然有利于训练生存能力，但你的眼界也就渐渐囿于这样的琐事，而将雄心壮志消磨掉了。

富人：最喜欢结交对自己有帮助，能提升自己各种能力的朋友。不纯粹放任自己仅以个人喜好交朋友。

4. 学习

穷人：学手艺。

富人：学管理。

5. 时间

穷人：一个享受充裕时间的人不可能挣大钱，要想悠闲轻松就会失去更多挣钱的机会。穷人的时间是不值钱的，有时甚至多余，不知道怎么打发，怎么混起来才不烦。如果你可以因为买一千克白菜多花了一毛钱而气恼不已，却不为虚度一天而心痛，这就是典型的穷人思维。

富人：一个人无论以何种方式挣钱，也无论钱挣得是多是少，都必须经过时间的积淀。富人的玩也是一种工作方式，是有目的的。富人的闲，闲在身体，修身养性，以利再战，脑袋一刻也没有闲着；穷人的闲，闲在思想，他手脚都在忙，忙着去麻将桌上多摸几把。

6. 归属感

穷人：是颗螺丝钉。穷人因为自身的卑微，缺少安全感，就迫切地希望自己从属并依赖于一个团体。于是他们以这个团体的标准作为自己的标准，让自己的一切合乎规范，为团体的利益而工作，奔波，甚至迁徙。对于穷人来说，在一个著名的企业里稳定地工作几十年，由实习生一直干到高级主管，那简直是美妙得不能再美妙的理想了。

富人：那些团体的领导者通常都是富人，他们总是一方面向穷人灌输：团结就是力量，如果你不从属于自己这个团体，你就什么都不是，一文不名。但另一方面，他们却从来没有停止过招兵买马，培养新人，以便随时可以把你替换。

7. 投资及对待财富

穷人：经典观点就是少用就等于多赚。比如开一家面馆，收益率是100%，投入2万元，一年就净赚2万元，对穷人来说很不错了。穷人即使有钱，也舍不得拿出来，即使终于下定决心投资，也不愿冒风险，最终还是走不出那一步。穷人最津津乐道的就是鸡生蛋，蛋生鸡，一本万利……但是建筑在一只母鸡身上的希望，毕竟是那样脆弱。

富人：富人的出发点是万本万利。同样的开面馆，富人们会想，一家面馆承载的资本只有2万元，如果有1亿元，岂不是要开5 000家面馆？要一个一个管理好，大老板得操多少心，累白多少根头发呀？还不如投资宾馆，一个宾馆就足以消化全部的资本，哪怕收益率只有20%，一年下来也有2 000万元利润啊！

8. 激情

穷人：没有激情。他总是按部就班，很难出大错，也绝不会做最好。没有激情就无法兴奋，就不可能全心全意投入工作，大部分的穷人不能说没有激情，但他的激情总是消耗在太具体的事情上；上司表扬了，他会激动；商店打折了，他会激动；电视里破镜重圆了，他的眼泪一串一串往下流，穷人有的只是一种情绪。

富人："燕雀安知鸿鹄之志?""王侯将相，宁有种乎?"有这样的激情，穷人终将不是穷人！激情是一种天性，是生命力的象征，有了激情，才有了灵感的火花，才有了鲜明的个性，才有了人际关系中的强烈感染力，也才有了解决问题的魅力和方法。

9. 自信

穷人：穷人的自信要通过武装到牙齿，要通过一身高级名牌的穿戴和豪华的配饰才能给他们带来更多的自信，穷人的自信往往不是发自内心和自然天成的。

富人：李嘉诚在谈到他的经营秘诀时说："其实也没什么特别的，光景好时，决不过分乐观；光景不好时，也不过度悲观"。这其实就是一种富人特有的自信。自信才能不被外力所左右，自信才可能有正确的决定。

10. 习惯

穷人：有个故事，一个富人送给穷人一头牛。穷人满怀希望开始奋斗。可牛要吃草，人要吃饭，日子很难。穷人于是把牛卖了，买了几只羊，吃了一只，剩下的用来生小羊。可小羊迟迟没有生下来，日子又艰难了。穷人又把羊卖了，买成鸡。想让鸡生蛋赚钱为生，但是日子并没有改变，最后穷人把鸡也杀了，穷人的理想彻底崩溃了。这就是穷人的习惯。

富人：据一个投资专家说，富人成功秘诀就是：没钱时，不管多困难，也不要动用投资和积蓄，压力使你找到赚钱的新方法，帮你还清账单。这是个好习惯。性格形成习惯，习惯决定成功。

11. 上网

穷人：上网聊天。穷人聊天，一是穷人时间多，二是穷人的嘴天生就不能闲着。富人讲究荣辱不惊，温柔敦厚，那叫涵养，有涵养才能树大根深。

穷人就顾不了那么多，成天受着别人的白眼，浑身沾满了鸡毛蒜皮，多少窝囊气啊，说说都不行？聊天有理！

富人：上网找投资机会。富人上网，更多的是利用网络的低成本高效率，寻找更多的投资机会和项目，把便利运用到自己的生意中来。

12. 消费花钱

穷人：买名牌是为了体验满足感，喜欢试验刚出来的流行时尚产品，相信贵的必然是好的。

富人：买名牌是为了节省挑选细节的时间，与消费品的售价相比，他们更在乎产品的质量，比如会买15元的纯棉T恤，也不会买昂贵的莱卡制品。

资料来源：杜云生. 富人和穷人的十二大经典差异［J］. 领导文革，2012（8）：107-110.

第六章　撰写理财规划方案

撰写理财规划报告是理财规划的最后一步，也是最重要的一步。理财规划报告是理财规划师的最终成果和理财思想的体现，也是客户实施理财规划的依据。一份优秀的理财规划报告应该满足三个要求：

（1）可读性强，容易被客户阅读和理解。理财规划建议书的语言表达要亲切友好、结构要合理可读、思路要严谨清晰、图表要简洁易懂，使客户容易阅读和理解。

（2）合乎客户理财要求和目标。金融理财师和客户进行充分沟通，了解客户生活目标和财务目标后，理财规划报告中理财目标的表达要有时间和实际金额，明确而有序，要围绕客户的理财目标来展开。客户的理财目标，必须运用理财规划的基本理论和技术方法来进行科学的需求分析。这样，才能保证理财规划方案的有效执行，以此实现客户的理财目标。

（3）要具有可行性。一份好的理财规划建议书并非纸上谈兵，而应该是以客户需求为导向，理财方案要清晰具体、有操作性，易于监控和执行。

第一节　理财规划报告书的构成

一、封面与目录

理财规划报告的封面应包含抬头、提案受益人、规划师和提案书作者。一般理财规划报告书的封面有固定的模板，如果没有则要注意格式规范。目录需要展示理财规划方案的内容概括，每一部分内容应标注相应页码。

二、前言

前言部分应明确理财规划的目的，说明理财规划书的资料来源，理财规划师和客户各自的义务，以及制作者签名和日期等内容。一般有固定用语：本提案书的所有论点和观点均为作者作为理财顾问的客观判断，这些表述不对您的行动构成任何约束力和强制性；上述提案书内容都是根据既有的现实资料和您提供的数据制作，如发生经济形势等各方面条件的变化等，结果可能甚至发生相反的变化，特此声明；本案的有关客户秘密，我们严守保密义务，有关本件以外的任何使用均属违反约定行为并承担法律责任等。

前言范例：

尊敬的唐先生：

您好。

××××有限公司，是中国领先的专业财富增值管理机构，专业从事理财规划、财经咨询、金融培训的服务性企业。拥有国内金融理财领域的众多资深专业人士和国内一流的金融理财专家与团队。我们非常感谢您的信任与支持，很荣幸能为您的家庭设计一套完整的理财方案，希望我们的服务能让您满意，我们可以长期保持良好的合作关系

（一）理财规划建议书的由来

本理财规划建议书是在您向我们提供的个人和家庭信息资料基础上，根据通常可接受的财务假设和合理的估计，综合考虑您家庭的资产负债状况、收入支出情况、理财目标而为您量身制订的，目的是帮助您明确财务需求和理财目标，为您提供合理的家庭财务安排，以实现您个人和家庭的各种理财规划目标。对于分析过程中所提及的金融产品不做收益保证，仅作为建议供您参考。

（二）本建议书所使用的资料来源

（1）你提供给我们的财务状况、家庭情况、生活环境以及对未来计划的相关资料文件。

（2）国家的有关法律、最近公布的相关统计理财数据和国家相关的投资政策。

（3）目前市场所处的经济环境和对未来经济形势的预测。

（三）本公司的义务

根据理财规划师工作要求及职业道德要求本公司具有如下义务：

（1）本公司为您指定的具体承办理财规划实务的理财规划师具有相应的胜任能力，已经通过理财规划师职业资格考试，取得执业证书，并具有一定的工作经验。

（2）归纳与整理客户提供的信息，能够分析客户的基本状况，掌握客户的理财目标和需求，能够针对客户的需要独立设计可行性方案。

（3）公司指定的理财规划师将勤勉尽责地处理客户委托的事务，保证对在业务

过程中悉知的客户隐私或商业秘密不向任何人或机构披露。

（4）定期与客户联系，报告理财产品的收益情况，向客户介绍新的金融服务、理财产品及金融市场动向，维护良好的信任关系。

（四）客户方义务

（1）按照合同约定及时缴纳理财服务费。

（2）向理财规划师提供与理财规划的制定相关的一切信息，提供的信息内容必须真实准确。

（3）如在理财规划的制定与执行过程中，客户的家庭或财务状况发生重大变化，有义务及时理财规划师及其公司以便于调整方案。

（4）客户需为理财规划师执行理财规划提供必要的便利。

三、重要提示和金融假设

这部分需要声明理财规划方案中利益相关的重要事项，并对理财规划中的估算和市场情况进行假设，说明整个理财规划方案制作的基础。

范例：

重要提示：

（1）本理财规划建议书是在您提供的资料基础上，并基于通常可接受的假设，合理的估计，综合考虑您的资产负债情况、理财目标、现金收支以及理财对策制定的，推算出的结果可能与您真实情况存在一定的误差，您提供信息的完整性、真实性将有利于我们为您更好地制订家庭理财计划，提供更好的家庭理财服务。

（2）所有的理财市场均会发生变化，方案计划的收益率建立在预测基础之上，不是保证收益率，建议定期保持沟通共同审视理财效果。

（3）我们提供的理财建议中的理财产品，均以尽了最大努力尽职审查，所有审查均建立在相关公司提供的资料上，资料发生错误，我们将对此不负责任。

（4）理财规划师对于本理财方案中所建议的投资工具或金融产品不做任何收益承诺，凡因市场不利变化等因素导致损失，××公司不承担责任。

（5）本理财方案所依据的部分数据是建立在预测基础之上的，对未来的预测不可能完全准确，因此根据宏观的经济环境，客户的事业发展、家庭情况、财务状况的变化而相应修订理财方案。

（6）本理财方案仅用于指定的客户，指定的目的。未经方案拟定人同意，第三方不得擅自挪用，否则将追究法律责任。同时因此引起的第三方损失，本人概不承担责任。

本理财建议书的计算均基于以下假设条件：

（1）年通货膨胀率为5%。

（2）活期储蓄存款利率0.81%，一年期定期存款的年利率为3.60%。

（3）四金提缴率为：医疗 2%，失业 1%，住房公积金 5%，养老金 8%。

（4）换房后房贷住房公积金利率为 5%，一般贷款利率为 7%，贷款 20 年。

（5）教育投资收益率设为 2%。

四、客户现状分析①

这部分需要阐述客户的基本资料，包括家族构成、家庭一览表，家庭成员各自的出生、年龄情况、财产情况、收支情况，并对财务现状进行分析和诊断。分析方法有：财务比率分析法，比如负债比例、流动性比例、净资产偿付比例、净储蓄比例等；饼图剖析；家庭整体财务状况分析。

范例：

（一）客户家庭成员基本情况

客户家庭成员基本情况如表 6-1 所示。

表 6-1　客户家庭成员基本情况

姓名	年龄	职业	收入
唐勇	35 岁	外企行业主管	税前收入 1 万元/月，年终效益收入 8 万元
冯瑶	35 岁	财务主管	税前收入 4 000 元/月，年终奖金 5 000 元
唐韬	9 岁	学生	无

（二）家庭主要成员性格与投资偏好分析

1. 唐先生的性格分析

唐先生性格沉稳，工作生活中规中矩，但也并不保守，愿意尝试新鲜事物。唐先生非常热爱运动与旅游，对家人有着非常强烈的责任感。

2. 唐先生的投资偏好分析

通过对唐先生投资偏好的问卷测试，结合对唐先生风险承受能力与风险态度的主客观分析，再结合理财规划师与唐先生沟通过程中的交流与判断，基本上可以确定唐先生的投资偏好属于稳健偏进取型，即投资比较稳健但又不保守，能接受一些新的投资工具与理财理念，并且能够承受一定投资损失的风险。

3. 唐太太的性格分析

唐太太性格开朗，工作认真谨慎，照顾家人无微不至。

4. 唐太太投资偏好分析

多年事业单位的财务工作使唐太太在理财方面更显谨慎，属于典型的稳健性，没有唐先生那么进取，虽然投资很有心得和想法，但风险承受能力不强，所以她进行投资时一般会认真思考，反复论证，只有她觉得很有把握时才会投资。

---

① 本部分案例来源于对理财规划师（二级）的理论知识部分考试资料的整理。

（三）家庭财务状况

1. 资产负债表

家庭资产负债表如表6-2所示。

表6-2　家庭资产负债表

日期：2014年12月31日

客户：唐先生与唐太太家庭

资产	金额/元	负债与净资产	金额/元
定期存款	250 000	短期借款	0
活期存款	50 000	信用卡透支	0
股票	50 000	房贷	0
基金	50 000	车贷	0
房产	600 000	负债合计	0
车产	150 000	净资产	0
资产合计	1 150 000	负债与净资产合计	1 150 000

2. 现金流量表

现金流量表如表6-3所示。

表6-3　现金流量表

日期：2014年1月1日至2014年12月31日

客户：唐先生与唐太太家庭　　　　单位：元

年收入	金额/元	百分比	年支出	金额/元	百分比
工资和薪金			唐韬支出		
唐先生	181 460	77.45%	学杂费	4 000	3.97%
唐太太	47 820	20.41%	兴趣班	2 000	1.98%
奖金	5 000	2.13%	家庭生活开支	36 000	35.71%
投资收入			养车费	24 000	23.81%
			车险费	4 600	4.56%
			车船使用税	200	0.20%
			服装休闲开支	5 000	4.96%
			旅游	10 000	9.92%
			探亲交通费	5 000	4.96%
			对双方父母表示的孝心	10 000	9.92%
收入总计	234 280	100%	支出总计	100 800	100%
年结余	133 480				

（四）家庭收入分析

唐先生年收入大约 18 万元，唐太太年收入大约 5 万元。另外，唐先生家庭的存款、基金等金融型资产有 40 万元左右，按照年投资收益率 8%计算，年收益为 3.2 万元。从表 6-3 可以看出，唐先生家庭收入中，唐先生个人收入所占的比例最大，约占七点七成的比例，可以说唐先生是这个家庭的顶梁柱。同时，在所有的收入来源中，工资收入占总收入的 97.87%，家庭收入中除工资收入以外的其他收入微乎其微。可见唐先生家庭收入来源过于单一，万一出现失业或者意外，将会给唐先生的家庭带来极大的冲击。

（五）家庭支出分析

根据唐先生目前提供的家庭开支数据可知，其日常生活开支不是很大，但是他的养车费与车险费约占总支出的三成，将近 3 万元，这部分的支出费用过大，面对以后孩子长大，换房等都将使他的家庭费用支出上升，因此，目前要好好地规划和准备一下，以更好地面对将来的支出压力。其家庭支出与盈余饼状图如图 6-1 所示。

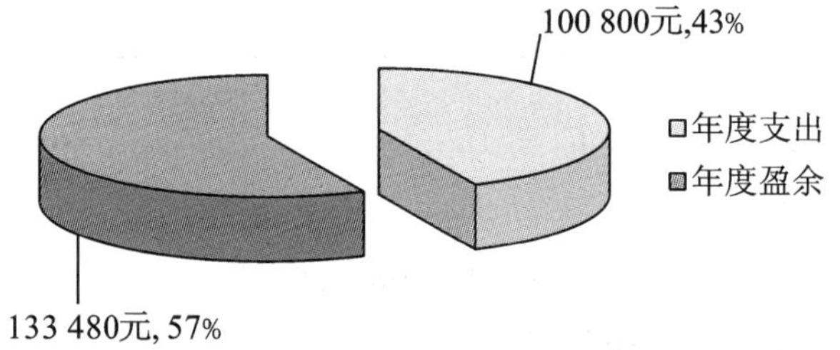

图 6-1 家庭支出与盈余饼状图

（六）客户财务状况比率分析

客户财务状况比率如表 6-4 所示。

表 6-4 客户财务比率表

项目	参考值	实际数值
结余比率	30%	56.97%
投资与净资产比率	50%	0.87%
清偿比率	50%	100%
负债比率	50%	0
即付比率	70%	
负债收入比率	40%	0
流动性比率	3	48

总体分析唐先生的各项指标，说明他的财务结构不尽合理。他较关注资产的流动性，流动性资产完全可以应付负债，结余比率较高，应适当增加投资，充分利用杠杆效应提高资产的整体收益性。

（七）客户财务状况预测

唐先生与唐太太现在处于事业的黄金阶段，预期收入会有稳定的增长，但支出也会随着年龄的增长而增加，医疗保险与养老保险的费用也会逐渐增加。好在他没有什么负债，减少了一定的压力。

（八）客户财务状况总体评价

总体看来，唐先生的结余比例较高，财务状况较好，其缺陷在于存款占资产的比例过低，投资结构较不合理，他的资产投资和消费结构可进一步提高。

五、客户理财目标和风险分析

这部分重在说明客户的个人愿望和理财目的，愿望分为可实现愿望和不可实现愿望。对客户的理财目标进行详细分析，区分短期目标和长期目标。同时，需要对客户的风险偏好和风险承受能力进行评估分析。

范例：

根据您的期望和我们之间的多次协商，我们认为您与太太的理财目标是：

①现金规划：保持家庭资产适当的流动性。

②保险规划：增加适当的保险投入进行风险管理。

③购房计划：购买一套小区环境优雅的70万元的新房。

④子女教育规划：供孩子考入大学到硕士研究生毕业大概计划35万元。

⑤退休养老计划：您与太太都打算55岁退休，退休时筹集到200万元退休费。

⑥财产传承计划：拍卖现在房产，并将拍卖的二分之一收入捐赠给慈善机构，剩余二分之一留给子女，其余按法定程序继承处理。

通过以上您的描述，我们判断您属于保守型投资者，投资方面股票配置不大，房产投资较高，属于被动投资，主动型的投资明显不足，应该在投资方面做出调整，充分利用现有的财务资源，配置不同的组合和收益率，实现自己的各项人生目标和财务需求。

六、问题分析

（1）制作现状的资金流量表，进行现状资产分析。通过资金流量表可以分析出资产的流动性问题、收支平衡问题（包括收入和支出的持续性、临时性）、储蓄余额变动问题、家庭破产预测等问题。除此以外，还应该分析保险和保障的合理性、投资组合的合理性以及贷款和负债等问题。

（2）现状的纳税测算。测算现在条件下的个人所得税、利息税、奖金税、消费税、契税情况。

（3）提出问题。住宅、教育、老年生活保障为人生三大事件，采用EXCEL表的计算功能测试收入支出（物价上升、年金分配、还贷计划等）、临时收入（保险到期等）、临时支出（学费）、连续性支出和收入、收支平衡以及储蓄变化，对以上项目进行逐一分析。最后明确问题的解决方法。具体见表 6-5。

表 6-5　财务问题、原因及对策关系

赤字类型	原因	对策
临时赤字	大宗支出	提前积累
断续赤字	一段时间大额支出	积累、调整收支
连续赤字	财务恶化、破产	全面调整

七、对策提示

这部分需要提出理财规划对策，对策分为两种：一是无痛对策，即运用收入、保险、住房选择、贷款计划、资产处分等实现理财目标；另一种称为有痛对策，即需要进行生活变更、支出削减、终止或推迟大事才能实现目标。

范例：

1. 现金规划

您目前的流动资金有 300 000 元，占您总资产的 26.09%。您目前的生活费每月大概为 8 400 元，现金/存款额度偏高，对于唐先生唐太太这样收入比较稳定的家庭来说，保持三个月的消费支出额度即可，建议保留 30 000 元的家庭备用金。以上 30 000 元家庭备用金可以分为：1 万元活期银行存款，1 万元一年期定期存款（运用 12 张存单法），1 万元货币基金（华夏货币基金“活期通”、赎回 T+0 实时到账）。

2. 购房规划

您要购买的 100 平方米的新房价值 700 000 元，契税 10 500 元，印花税 350 元，交易管理费为 300 元，交易登记费为 50 元，这样总共是 711 200 元。从您的家庭经济情况看，我们建议您在一年内买房，可以从存款中支取 250 000 元，另外 461 200 元可以从以后每年的收入结余中支取。为节约购房成本，建议唐先生将余款支付采用公积金贷款方式。以贷款 47 万元，20 年，现行公积金贷款利率 5%，等额本息还款，未来每月需还款 3 235 元。待房本下来，将夫妻二人的公积金支取出来，即可进行部分提前还款。

3. 教育规划

您的孩子活泼好动，生活中难免有些磕磕碰碰，所以您为您的孩子投保的人身意外险事很有必要的。但是现在您的孩子只有 9 岁，9 年以后孩子上大学，所以可以为孩子买一份教育保险，在孩子大学四年期间每年可获教育资金 10 000 元，您二位希望把孩子供到硕士毕业，那么从考入大学到硕士毕业考虑各种因素需要 35 万元，剩余 31 万元教育基金的筹集可以靠投资来完成，距他上大学还有 9 年，假设投资收益率为 10%，您需要每年为他投资 2.6 万元，九年后即可得到 31 万元的教育基金。

4. 风险管理和保险规划

您的财产和家庭成员都缺少风险保障，您本人、太太及孩子的风险保障可以通过商业保险完成，考虑到您家庭的收入水平，所有风险保障费用总额不应超过10 000 元，这样既可以转移风险又可以避免家庭财务负担。具体风险保障规划现按家庭各成员和家庭财产分别陈述如下：

首先我们对唐先生您的保险规划建议如下：

您是该家庭的经济支柱，收入占家庭总收入的77%，一旦发生意外，必将给您的家庭带来灾难性的打击，严重影响家庭成员的生活水平，因此保险规划要首先考虑唐先生您的风险保障问题。要保证家庭生活质量在出现任何风险时都基本不下降，保险总额需要涵盖儿子的成长和教育费用、妻子的退休生活费用、房屋贷款等。以唐先生年收入的 10 倍计算，保险金额大约应为 180 万元。建议唐先生购买 150 万元人寿保险和 30 万元重疾险。

我们对唐太太的保险规划建议如下：根据唐太太的基本情况，建议唐太太购买80 万元的人寿保险和 20 万元的重疾险。

我们对唐韬的保险规划建议如下：由于您儿子今年只有 9 岁，儿童的免疫力较低，可以为其购买一份健康医疗商业保险。孩子还要 9 年才上大学，还可为其购买一份教育保险。

对您不动产的保险规划建议如下：您目前居住的房产是家庭唯一的不动产，可以考虑为该房产投保家庭财产综合险，保险金额 80 万元。

以上保险规划，基本能够保障家庭成员的人身安全和家庭财产安全。用于以上保险方面的家庭全年新增支出大致为 1 万元。

5. 投资规划

（1）房产投资分析：您计划再购买一套 100 平方米的新房，虽基于自身需求但对于房价居高不下的今天，此乃明智之举，而且您现在的住房也可以以每月 2 000元的价格对外出租，每年增加收入 24 000 元。

（2）股票投资分析：您目前只有股票市值 5 万元的投资，股票投资账面基本持平，目前股市重新复苏，可继续持有或购买成长型股票基金。

（3）基金投资分析：您目前投资基金 5 万元，获利 3 000 元，我们建议您追加基金投资到 15 万元，同时基于长期投资的理念，可将基金的分红方式修改为分红再投资的方式，以享受复利带来的丰厚利润。

6. 税收筹划

根据家庭的资产情况，您与夫人百年之后，除现在的老式房子被拍卖的一半所得捐赠给慈善机构外，剩余财产作为遗产被儿子继承。按照国际惯例，将会被课以高额的遗产税，为了规避遗产税的征收及我国现有的可使用的避税工具，我们建议您做以下处理：

（1）在 60 岁时，可考虑用现金资产购买万能型保险，受益人为子女，这样可避开税收将资产转移至儿子名下。

（2）在60岁时，购买以子女为受益人的高额终身寿险，届时子女可以用得到的寿险保险金作为缴纳房产遗产税的资金来源。

7. 退休养老规划

您与太太要想实现退休后的生活目标，需在退休当年筹备好约200万元的退休金。您与太太到退休前有20年的时间来筹备退休金，假设投资收益率为8%，根据您目前的家庭资产状况，可将金融资产中的三分之一，即10万元用于退休金的初始投入。根据以上数据（投资期限=20年，收益率=8%，期初投资=10万元，终值=200万元），可测算出，您从现在开始到退休前每年尚需追加投入40 244元用于退休金的筹备，该部分年金投入可从每年的家庭收入结余中提取进行资产配置。

8. 财产分配与传承规划

您与太太希望百年之后将现在居住的老式房子进行拍卖，并将拍卖所得的二分之一捐赠给慈善机构，剩余的二分之一留给儿子唐韬，其他财产按照法定程序继承处理。

八、对策期待效果分析

对策期待效果分析这部分主要是通过制作现金流量表，对理财规划前后的现金流进行对比分析，通过数值量化分析说明理财规划的预期效果。

范例：

现金流量表和家庭资产负债表分别如表6-6、表6-7所示。

表6-6　现金流量表

日期：2015年1月1日至2015年12月31日

客户：唐先生与唐太太家庭

年收入	金额/元	百分比	年支出	金额/元	百分比
工资和薪金			唐韬支出		
唐先生	181 460	70.28%	学杂费	4 000	1.91%
唐太太	47 820	18.52%	兴趣班	2 000	0.99%
奖金	5 000	1.94%	家庭生活开支	36 000	17.19%
投资收入			养车费	15 000	7.16%
租金收入	24 000	9.30%	车险费	4 600	2.20%
			车船使用税	200	0.01%
			服装休闲	5 000	2.39%
			旅游	10 000	4.78%
			探亲交通费	5 000	2.39%
			对双方父母孝心	10 000	4.78%
			商业保险费用	10 000	4.78%

表6-6(续)

年收入	金额/元	百分比	年支出	金额/元	百分比
			房屋按揭还贷	32 350	15.45%
			教育投资	26 000	12.42%
			退休金准备	40 224	19.21%
收入总计	258 180	100%	支出总计	209 374	100%
年结余	48 806				

表6-7　家庭资产负债表

日期：2015年12月31日

客户：唐先生与唐太太家庭　　　　单位：元

资产	金额	负债与净资产	金额
活期存款	10 000	短期借款	
货币市场基金	20 000	信用卡透支	
股票	50 000	房贷	450 000
基金	150 000	车贷	
自住房	600 000	负债合计	450 000
车产	150 000	净资产	1 230 000
投资的房地产	700 000		
资产合计	1 680 000	负债与净资产合计	1 680 000

财务状况的综合评价：

通过以上规划的执行，客户的理财目标基本可以得到实现，财物安全得到保障的同时，整体资产的收益率在客户风险承受范围之内，如果客户财务状况稳定，客户可于一年后对本理财规划建议进行调整。

九、理财方案的执行和调整

这部分说明理财规划师的综合意见，阐述理财规划实施过程中的注意事项以及理财规划方案的计算根据，以及后续的跟踪服务和调整情况。

范例：

您的家庭未来收支可能发生较大变化，同时可能面临很多不确定因素，而且本规划方案中的金融产品均存在不同程度的风险。我们会定期分析相关数据，根据实际情况随时为您提供更加合理的建议，以实现您的理财规划目标。具体的调整关系为：

①本规划建议书调整周期为1年，我们会定期根据您情况的变化来修改建议书。

②金融市场或者理财产品相关方面发生重大变化时，我们将及时通知您，并建

议您调整理财方案。

③如果您的家庭在财务、成员关系等方面发生重大变化，请及时通知我们，以帮助您调整理财方案。

再次感谢您对我们的信任和支持，您的意见和建议是我们前进的动力！祝愿您和家人身体健康，并早日实现人生理财目标！

十、其他资料

其他资料包括宣传资料、测算表等内容，最后这部分是对理财规划方案的补充说明，如现状的资金流量表、对策后的资金流量表以及各种测试表和计算根据等。

第二节　个人理财规划报告的决策与评价

一、个人理财方案选择的层次

在实务中，金融理财师在进行规划分析时，可采用决策树法列出所有可能方案，进而根据客户的主观意愿筛选出各年度现金流量可达成理财目标者，并列为可选方案。当可选方案超过三个时，应该选择净现值较高或内部报酬率较低的三个方案作为推荐方案。推荐方案由客户做出最后的决定，并选出最终的方案，金融理财师根据最终方案执行理财规划。

二、个人理财方案的决策分析

1. 定性分析的方法——SWOT 分析

利用 SWOT 方法对理财方案进行定性分析，从自身的优势和劣势，从外部环境的机会与威胁角度进行分析，通过调查列举出来，并依照矩阵形式排列，然后用系统分析的思想，把各种因素相互匹配起来加以分析，从中得出一系列相应的结论。SWOT 矩阵如表 6-8 所示。

表 6-8　SWOT 矩阵

	Strengths（优势）	Weaknesses（劣势）
Opportunities（机会）	S-O 战略 依靠内部优势 利用外部机会	W-O 战略 利用外部机会 克服内部劣势
Threats（威胁）	S-T 战略 依靠内部优势 回避外部威胁	W-T 战略 减少内部劣势 回避外部威胁

2. 定量分析的方法

（1）现金流量决策：现有资产、借贷或收支结余，能否满足该方案所需的额外支出。

（2）净现值决策：将该方案决策所涉及的现金流量，还原为净现值，净现值高者优先考虑。

（3）内部报酬率决策：将所有的理财目标所涉及的现金流量一并考虑，内部报酬率较低者，表示要达成所有理财目标所需要的投资报酬率较低，达成的可能性较高，应优先考虑。

三、个人理财方案的评价

理财规划方案完成后，需要对其在可操作性、收益和风险、可持续性等方面进行评估。具体应该评估以下几个方面：

（1）注意现代理财基本原理是否在方案中适用。

（2）方案是否显示可用技术方法解决客户的财务问题。

（3）理财报告结构要合理，语言亲切，可读性强。

（4）目标界定要清晰，逻辑严谨，结论明确。

（5）要注意风险和收益的平衡。

（6）产品推荐思路清晰，满足客户需求导向，可操作，易于监控和执行。

第三节　理财规划方案书案例分析[①]

一、案例分析：新参加工作大学毕业生的储蓄规划

背景情况：

A 先生是今年刚刚毕业的大学生，9 月份参加工作。目前正在为如何安排工资、怎样安排储蓄烦恼。公司今年由于准备开始企业年金制度等，修改了原来的退休金制度，原来的退休金被废止，相当于退休金的部分加到工资中由自己计划安排使用。为此个人必须制订一个有效的储蓄计划，但考虑安排何种储蓄商品对 A 先生来说真是够头痛的事。

A 先生现在是同父母共居，但到 30 岁前后准备结婚，购房的问题计划和结婚同步进行。A 先生的父母目前有比较稳定的养老年金收入，所以在经济方面暂时不要求 A 先生提供帮助。相反，如果 A 先生在买房子的时候父母可以给予约 10 万元的帮助。

① 本节案例材料均来自对注册理财规划师的资料整理。

A 先生的基本资料：

23 岁，独身，每月净收入 4 000 元，60 岁退休。

目前储蓄余额：0 元。

每月支出的伙食费及其他 1 000 元，计划交给父母 500 元生活费。

今后的目标：30 岁结婚、购住房（希望购买约 25 万元的两居室，或者将父母的房子变卖 26 万元购买 4 居室）。

参与社会保险制度：社会养老保险、医疗保险、企业年金（企业按工资的 10% 支付，加入自愿）。

现行财富积累商品：一般财富积累储蓄（商品）有证券公司、信托银行的货币信托，住宅资金积累储蓄（商品）有银行的一般定期存款、人寿保险的住宅资金积累险，年金型的资金储蓄（商品）有信托银行的货币信托、人寿保险中的年金财富积累险、住宅补助 100 元/月（针对租借房和贷款买房者）。

问题：

（1）A 先生为了购买住房，准备在 30 岁前储蓄 9 万元。请为 A 先生规划如何才能达到上述储蓄目标？

（2）A 先生打算利用财富积累储蓄，根据上述各商品的特点和 A 先生的个人条件应该如何选择上述商品？

（3）假定 A 先生在退休前工作不发生变化，举出 4 种在 A 先生 30 岁时可利用的贷款？

二、案例分析：退休后的老年生活设计

背景情况：

从事私人公司经营的 B 先生已经接近 60 岁了，开始考虑晚年隐退的事情了。目前收入每年约 11 000. 00 元的社会养老保险，65 岁前可能从事诸如顾问等力所能及的工作，预计年收入在 20 000. 00 左右。此外，个人年金可以从 60 岁开始，持续 10 年，每年收入预计为 8 000. 00 元。考虑金融的不稳定形势，计划把 5 万元的退休金运用到较为安全的金融投资中。

B 先生的基本情况：

60 岁、退休金 5 万元（税后）。

收入：社会保险，年收 11 000. 00 元（终生）；顾问费，年收 20 000. 00 元（终生）；个人年金，年收 8 000. 00 元（65 岁开始）。

储蓄：3 万元（以夫妻名义每 1 万元一张的定存）。

妻子：55 岁，家庭主妇，参与社会保险，年收 5 000. 00 元。

问题：

（1）介绍有关存款保险制度和存款保险上限问题。

（2）在退休金 5 万元的运用中，要注意风险的分散问题，请讨论在金融工具选择中分散风险应该注意哪些问题？

（3）对上述 5 万元进行金融投资时，应注意哪些问题？列举一些适合的具体投资品种。

三、案例分析：投资组合设计

背景情况：

某公司的高管 C 先生计划对自己现有的金融资产进行整理，主要考虑提高收益的问题。C 先生计划构建一个兼顾收益和风险控制的投资组合，但由于自身对投资组合方法和金融产品的知识了解有限，于是求助于理财规划师。

组合式投资就是根据客户的要求和性格，通过分散组合投资商品，达到最小的控制风险，并同时获得最大的收益。构筑投资组合时首先要确认的就是对收益和风险的允许度、各种制约条件，然后制订资产分配计划。

理财规划方案不但要考虑客户的需求，同时还要兼顾客户所处的生命阶段、市场上的新投资品种等外部环境，制订具有弹性的计划。组合式投资不仅仅是简单的金融产品的组合，还要运用时间分散、购入期分散、货币分散等策略。

问题：

（1）C 先生的资产中有 5 万元投入股票中。具体如表 6-9 所示。

表 6-9　C 先生的股票投资　　单位：%

名称	投资比例	期待值	标准偏差
A	85	10	20
B	15	20	35

①如果 A、B 各股的收益率系数是 0.4，那么这个组合的期待收益率和标准偏差是多少？

②简单说明一下分散投资的效果。

（2）C 先生知道信托投资是以分散投资为前提的，他希望自己的一部分资产能够运用到信托投资中。

①列举出 4 种信托投资的方法。

②公司型不动产信托投资和不动产公司的区别是什么？

（3）根据不同生活要求，设计不同的投资组合。请分别为以下生活要求设计投资组合：安全为主的组合、小额积累型、增加老年生活费用型、高风险高收益型。

本章小结

理财规划方案是理财规划业务的直接结果，其目的在于展现理财的成果，根据客户的具体理财目标和现状进行理财规划。理财规划方案的构成部分有十个：封面及目录、前言、重要提示和金融假设、客户现状分析、客户理财目标和风险分析、问题分析、对策提示、对策期待效果分析、理财方案的执行与调整、其他资料。

理财规划方案制订实施后，需要继续对其进行调整和评价。评价的方法分为定性评价和定量评价两种。定性评价主要是通过 SWOT 分析方法分析其优势、劣势、机遇和挑战四个方面；定量分析是从现金流、净现值和内部收益率三个方面进行分析。

思考题

1. 理财规划方案对于客户和理财规划师而言有什么意义？
2. 理财规划方案的制订应满足哪些基本要求？
3. 理财规划方案的构成部分有哪些？
4. 撰写理财规划方案的一般程序有哪些？
5. 撰写理财规划方案有哪些技巧？

课后阅读

理财规划方案范例：“2007 江西十佳理财之星”参选方案

目 录

第一部分　案例简介

刘先生，现年45岁，某上市公司高层管理人员，妻子方女士，现年41岁，政府机关干部。刘先生夫妇双方父母均健在，每月均需刘先生夫妇支付1 000元生活费。刘先生夫妇膝下一子，在复旦大学读一年级。刘家现有住房两套，一套在南昌市市中心，约130平方米，2000年30万元全额付清，现约50万元。另一套在市郊某在建楼盘，约270平方米，2006年购置，2007年12月交房，总价165万元，首付50万元，分15年按揭。最近新购18万元轿车一辆。刘先生年收入25万元，方女士年收入3.5万元。家中现有流动资产30万元，其中2006年12月，以每股4元价格买入中国银行2万股，3年期定期存款10万元（2007年10月到期），其余为活期存款。刘家购车前每月日常生活开支（包括儿子日常费用）5 000元。目前刘先生在理财方面有如下思考，一是想为家庭成员（包括双方父母）的保险做些安排，二是夫妻退休后不希望因工作变化而降低消费水平，三是对投资做些规划，能有超过10%的年收益就好。理财规划师若有其他合适的建议也可考虑，刘先生风险偏好中等。请为刘先生家制订一份理财规划方案。

第二部分　理财目标

（1）为家庭成员（包括双方父母）的保险做些安排。

（2）夫妻退休后不希望因工作变化而降低消费水平。

（3）对投资做些规划，能有超过10%年收益就可。

（4）委托人风险偏好：中等。

第三部分　合理假设

（1）假设刘先生夫妻收入均为税后收入。

（2）房屋按揭款贷款基本情况：公积金贷款30万元，期限15年，商业贷款85万元，期限15年。按当年公积金和商业贷款利率，按月等额本息还款法计算住房公积金贷款与个人住房商业性贷款还款情况：公积金贷款每年还款约28 375元，商业贷款每年约还款87 581元，合计约115 956元。

（3）由于刘先生夫妇双方父母每月均需刘先生夫妇支付1 000元生活费，合理假设刘先生夫妇双方父母没有医保、社保，有独立住房。

（4）由于刘先生系某上市公司高层管理人员、妻子方女士系政府机关干部，该家庭主要成员应具有医保、社保。

（5）退休后保证原生活水平为每月4 000元（扣除儿子生活费1 000元）。

（6）基本数据假设。

收入增长率=3%

投资报酬率=10%

通货膨胀率=生活支出增长率=3%

当前大学学费水平为1万元/年/人

大学学费近三年不增长。

刘先生夫妇退休年龄均为60岁，退休后生活25年，养老金收入800元/月/人。

第四部分　家庭资产分析

1. 资产负债情况（表6-10）

表6-10　该家庭的资产负债情况

资产项目	金额/万元	负债项目	金额/万元
市中心住房一套	50	银行按揭款	115
市郊住房一套	165		
轿车一辆	18		
股票（中国银行）	8（2006年12月价格）		
3年定期存款（2007年10月到期）	10		
活期存款	12		
资产总计	263	负责总计	115
净资产	148		

2. 家庭年收支情况表（表6-11）

表6-11　家庭年收支情况

	金额/元	支出项目	金额/元
刘先生税后工资性收入	250 000	双方父母生活费	24 000
方女士税后工资性收入	35 000	房屋按揭款	115 956
		日常开支	60 000
收入总计	285 000	支出总计	199 956
结余	85 044		

第五部分　家庭财务诊断

1. 资产负债情况诊断

从该家庭的资产负债表可以看出，该家庭的金融资产为银行存款和股票，没有其他投资资产，虽然8万元（投资时价格）股票的收益性现阶段较高，但风险也高于其他金融资产；22万元的银行存款明显较多，虽然银行存款安全性较高，但也造成收益水平偏低，考虑到通货膨胀的因素，资产不但不能增值，反而可能会缩水。当前负债115万，虽然存在一定的压力，但对家庭的负担影响不大。

2. 收支情况诊断

从家庭收支情况来看，家庭收入来源结构一般，主要集中在刘先生身上。整个家庭的收入来源是工资性薪金收入（主动性收入），理财收入（被动性收入）很少，距离财务自由（日常固定开支主要依赖理财收入）还有很大的距离。目前的节余比例为34%，考虑到支付按揭贷款较大，还算合理，但是考虑到该家庭还要为家庭成员（包括双方父母）保险做些安排、为儿子支付的进一步教育准备费用、为双方父母准备医疗基金等，因此还存在很多潜在的支出，会造成收支节余比例的下降。

3. 其他财务诊断

保障缺失：虽然作为家庭经济支柱的刘先生夫妻具有正常医保、社保，但由于双方父母及儿子均没有医保、社保，该夫妻也缺少商业补充保障，因此保障缺失，这将会严重威胁到整个家庭的财务安全，一旦发生意外，该家庭将会出现较为严重的经济问题，因此在理财规划中首先满足家庭成员的保障需求。

风险特征：从客户金融资产73%为银行存款，27%为股票投资来看，客户具有一定的投资经验但投资知识不足，风险承受度中等。

家庭生命周期：处于家庭空巢期，但教育负担达到峰值；由于双方父母均保障缺失，保险需求达到高峰，生活支出平稳。

第六部分　理财目标的初步确立及资金供求分析

1. 资金需求分析（表6-12）

表6-12　该家庭的资金需求分析

理财目标	优先顺序	几年后开始	预估每年费用/元	持续年限	需求现值总和：不考虑时间价值/元
生活支出	1	0	84 000	15	1 260 000
车辆使用支出	1	0	12 000	10	120 000
双方父母医疗支出基金（计划）	1	0	60 000	15	900 000
归还房贷	1	0	115 956	15	1 739 340
儿子上大学	2	0	10 000	3	30 000
退休	2	15	48 000	25	1 200 000
需求值总计					5 249 340

2. 资金供给分析（表6-13）

表6-13　该家庭的资金供给分析

理财资源	优先顺序	几年后开始	现值流入/元	持续几年	供给现值总和：考虑时间价值及收入增长率相同/元
刘先生税后工资性收入	1	0	250 000	15	3 750 000
方女士税后工资收入	1	0	35 000	19	665 000
刘先生养老金给付	2	15	9 600	25	240 000
方女士养老金给付	2	19	9 600	25	240 000
供给值总计					4 895 000

第七部分 理财规划建议

1. 财务安全规划

财务安全规划是整个理财规划的基础，可以有效地应对由于家庭经济支柱出现疾病、死亡、失业或其他意外对家庭的财务状况所带来的影响，从而可以确保理财目标的实现。财务安全规划包括两方面的内容：

（1）紧急预备金。

紧急预备金是为了应对家庭出现意外的不时之需，一般应准备3~6个月的家庭固定开支，该家庭的月固定开支大约为18 913元，建议提取6万元作为紧急预备金（紧急预备金的存放形式可以为：放于银行信用卡内，开通其约定转存功能，既能保持一定的流动性，在不需用时也可以享受定期存款利息，保持一定的收益水平）。

（2）家庭保险规划。

由于夫妻两人保险计划由单位安排，不另进行商业保险。其双方父母缺乏保险基金，由于年龄过大，没有合适的保险品种安排，只有进行家庭保险基金的安排，每人每年自行安排15 000元的医疗基金，共60 000万元/年。丧葬最终支出：当前水平 5 000×6=30 000（元）。

根据整个家庭状况，为儿子购买保险的保费支出，年保费支出为3万元，占到年家庭收入的10.5%，属于合理范围。并且随着房屋贷款的逐渐减少和儿子大学教育的完成，保费也将会逐渐减少，还有为儿子购买保险的保费支出可以在儿子工作后转移到儿子身上，这部分保费支出可以用来准备退休基金。

建议将上述每年的医疗基金（银行存款拿出6万元），投资于债券型基金。

2. 还贷款规划

除了拿出6万元作为紧急预备金和6万元（每月存款约5 000元）作为医疗基金之外，人民币存款还有10万元，可以投资股票基金，投资收益率为10%~15%，用做15年内的还清贷款的支出。

$$FV=10\times(P/F,10\%,15)=41.5\text{（万元）}$$

另外，可将其中一套市值165万元的市郊房产出租，增加收入。

3. 退休规划

退休后生活支出保持目前水平为每年19 200元（已扣除支付给儿子的1 000元/月，再扣除养老金收入800元/月/人），退休时所需的生活费用完全可以由房屋租赁收入提供。

另外，每年的节余可以在满足医疗保障、偿还房贷以后用来储备退休基金。

4. 投资规划

原节余约85 000元/月，现增加开支：①车辆使用支出1 000元/月；②双方父母医疗支出基金5 000元/月；③儿子上大学生活费834元/月；④儿子保险支出2 500元/月。现结余约75 600元/月。

表 6-14 资产配置与储蓄配置

理财目标	资产配置	几年后开始	储蓄配置	投资方向	预期收益率
紧急预备金	6 万元	0		活期存款	
股票	8 万元	0			20%
医疗保障预备金		0	6 万元 (每月 5 000 元)	债券型基金	5%
还购房贷款	16 万	0		股票型基金	10%～15%
每月节余		0	约 7.56 万元	股票型基金	10%～15%
合计	22 万		8.1 万		

第八部分 风险揭示

(1) 该理财方案是基于目前的市场情况做出的一些假设制订出来的。这些假设会随着国家经济的变化而变化，比如物价水平的变化、证券市场的波动、经济增长率的变化、汇率的变动、国家的房地产调控政策等。这些都会对理财方案产生一定的影响。

(2) 生活支出除了受到物价水平因素的影响外，还要考虑未来生活品质的提高，医疗、保健等方面的支出。这些支出的需求将会不断增加，会影响到其他目标的实现。

(3) 教育支出也可能会超出预期的增长，目前只是估算了大学的费用，还可能有研究生的教育费用，如果孩子接受研究生教育，也会对理财方案产生一定的影响。

(4) 客户在执行本方案时，应该遵循理财师的意见，理财师会定期与客户对方案进行调整，如果客户单方面修改或不遵照执行，也会产生一定的风险。

第九部分 后续服务

(1) 理财规划方案要定期（一般为一年）审视并做出评估和调整，以便使理财规划方案更加符合实际。

(2) 客户如果发生重大变化，应当及时通知理财师，并对理财方案及时做出调整。

(3) 理财师也应当将一些理财信息和投资信息及时告知客户，使客户做出合理的判断。

第二篇　实务篇

理财规划实务课程实验报告

实验项目名称：________________

实验时间：________________

实验地点：________________

实验班级：________________

姓　　名：________________

学　　号：________________

小组成员________________

实验成绩________　指导教师：________

实训任务一　银行理财产品调查

我国银行理财业务的发展有三个阶段。第一阶段为 2005 年 11 月以前，2002 年我国第一个银行理财产品问世，这一阶段属于理财产品市场的萌芽阶段，特点为产品发售数量较少、产品类型单一和资金规模较小等。第二阶段为 2005 年 11 月至 2008 年中期。这一阶段属于银行理财产品市场的发展阶段，主要特点为产品数量飙升，产品类型日益丰富和资金规模屡创新高等。第三阶段为 2008 年至今。这一阶段属于银行市场的规范阶段，主要特点是受全球金融危机的影响，银行理财产品零收益、负收益和展期事件不断暴露，相关的法律法规密集出台等。

在进行理财规划之前，我们应首先了解目前商业银行理财产品的发行、投资情况。

第一节　银行理财产品概述

一、银行理财产品要素

（一）产品开发主体信息

（1）产品发行人。产品发行人是指理财产品的发行主体。一般而言，银行理财产品由商业银行自己开发设计和销售。

（2）托管机构。托管机构是指理财资产的托管存放主体，资产托管人主要由符合特定条件的商业银行担任。

（3）投资顾问。投资顾问是指为商业银行理财产品所募集资金投资运作提供咨询服务、承担日常的投资运作管理的第三方机构。

（二）产品目标客户信息

（1）客户风险承受能力。银行风险评估，是指商业银行只能向客户销售风险评级等于或者低于其风险承受能力评级的理财产品。投资者风险承受能力分类如表2-1所示。

表2-1　投资者风险承受能力分类

风险承受能力	投资者类型	适合的理财产品
风险承受能力极低	保守型	低风险
风险承受能力较低	谨慎型	低风险、中低风险
风险承受能力一般	稳健型	低风险、中低风险、中风险
风险承受能力较高	积极型	低风险、中低风险、中风险、中高风险
风险承受能力很高	激进型	低风险、中低风险、中风险、中高风险、高风险

（2）客户资产规模和客户等级。

（3）产品限制发行。有些理财产品是限定发行区域的或者限定发行方式的。

（4）资金门槛和最小递增金额。一般而言，理财产品的销售起点为5万元，追加金额为1万元起；对于有经验的客户，理财产品起点为10万元。

（三）产品特征信息

1. 银行理财产品收益类型

按收益或者本金是否可以保证分为两类：保本产品和非保本产品。保本产品，是指保证本金100%收回，但是不保证利息收益，相对价值可能受损，一般不得提前支取。非保本产品是指，不保障本金完整，适合能够承受一定风险的投资者。

2. 理财产品交易类型

理财产品可分两类：开放式产品和封闭式产品。

开放式产品：总体份额和总体金额是可变的，可以随时根据市场供求情况发行新份额或者赎回。

封闭式产品：在存续期内总体份额保持不变，总体金额可能变化；不能申购也不能赎回，或者只能赎回不能申购。

3. 产品期次属性

产品期次属性可分两种：期次类和滚动发行。期次类是指只会在一段销售时间内销售，到期后利随本清，产品结束；滚动发行是指以循环销售的方式连续投资，部分产品可通过一次性签约形式自动实现产品的滚动购买。

4. 产品投资类型

银行理财产品根据投资或者挂钩的对象可以分为利率挂钩、股票挂钩、基金挂钩、外汇挂钩、商品挂钩、信用挂钩、保险挂钩、混合挂钩等。

5. 产品期限类型

银行理财产品按期限类型可分为6个月以内、1年以内、1年至2年期以及2年以上期产品。1 个月以内是超短期理财产品，1 个月至 1 年以内是短期理财产品，1 年至 2 年是中期理财产品，2 年以上期是长期理财产品。

6. 产品风险等级

银行理财产品风险包括政策风险、违约风险、市场风险、利率风险、汇率风险、流动风险、提前终止风险等。其他还有操作风险、交易对手管理风险、延期风险、不可抗力风险以及意外事件风险等。

二、银行理财产品介绍

1. 货币型理财产品

货币型理财产品是投资于货币市场的银行理财产品，货币市场的金融产品包括国债、金融债、中央银行票据、债券回购、高信用级别的企业债、公司债、短期融资券等。货币型理财产品的投资方向是具有高信用级别的中短期金融工具，其信用风险低，流动性风险小。这类理财产品的特点是投资期短，资金赎回灵活，收益、本金安全性高。

例 1：某投资者在 4 月 21 日购买该类产品 100 万元，4 月 24 日卖出。4 月 21 日至 4 月 24 日每天的年化收益率分别为 2.15%、2.20%、2.10%、2.15%。

在此期间理财收益＝（2.15%+2.20%+2.10%）÷365×1 000 000＝176.71（元）

2. 债券型理财产品

债券型产品是以国债、金融债和中央银行票据为主要投资对象的银行理财产品。投资方向主要为银行间债券市场、国债市场和企业债市场，这类产品的特点是产品结构简单、投资风险小，客户预期收益稳定，市场认知度高，客户容易了解。目前，商业银行推出的债券型产品是以国债、金融债和中央银行票据等信用高、流动性强、风险小的产品为主。

例 2：A 银行人民币债券理财计划为一个月期理财产品，到期一次还本付息。预期收益率为 2.62%。假设有一个投资者投资了 10 万元，请问他的理财收益是多少？

理财收益＝100 000×2.62%×30÷365＝216（元）

3. 股票类理财产品

股票类理财产品品种较多，其中包括商业银行推出的一些基金中的基金（FOF）产品、私募理财产品等，这些产品都是部分或者全部投资于股票的理财产品，风险相对较大。

公募（public offering，PO）发行，又称为公开发行，是发行人向不特定的社会公众投资者发售证券的发行。私募（private equity，PE）发行，又称不公开发行或私下发行、内部发行，是指以特定少数的投资者为对象的发行。

4. 组合投资类理财产品

组合投资类理财产品通常投资于多种资产组成的资产组合或资产池，突破了理财产品投资渠道狭窄的限制，投资资产包括债券、票据、债券回购、货币市场存拆放交易、新股申购、信贷资产及其他理财产品等多种投资品种。在资产管理方面，发行主体往往采用动态的投资组合管理方法和资产负债管理方法对资产池进行管理。在发行方式方面，组合投资类理财产品突破了银行理财产品间歇性销售的形式，组合投资可以滚动发行和连续销售。组合理财产品以其独特的灵活性和更强的资产配置能力成为银行理财产品市场的一大投资热点。组合投资类理财产品的优缺点见表 2-2。

表 2-2 组合投资类理财产品的优缺点

优点	缺点
A. 产品期限覆盖面广 B. 组合投资的投资模式在分散投资风险的同时，突破单一投资产品负债期限和资产期限必须严格对应的缺陷，扩大银行资金运用范围和客户收益空间 C. 赋予发行主体充分的主动管理能力	A. 组合投资类理财产品存在信息透明度不高的缺点，难以全面了解 B. 产品的表现更加依赖于发行主体的管理水平 C. 负债期限和资产期限的错配以及复杂性衍生结构的嵌入增加了产品的复杂性，导致决定产品最终收益的因素增多，产品投资风险可能随之扩大

5. 结构性理财产品

结构性理财产品是运用金融工程技术，将存款、零息债券等固定收益产品和金融衍生品组合在一起而形成的新型金融产品。结构性理财产品按联结的基础产品可分为股权联结型产品（其收益与单只股票、股票组合或股票价格指数相联系）、利率联结型产品、汇率联结型产品、商品联结型产品等；按收益保障性可分为收益保证性和非收益保证型两大类，前者可进一步分为保本型和保证最低收益型产品；按发行方式可分为公开募集的结构化产品与私募结构化产品，前者通常可以在交易所交易。

【阅读资料】

我国的结构化产品

结构化产品是银行及证券公司理财业务的重要发展方向。随着外资银行大量进入国内市场，国内结构化产品的发行增长迅速，目前主要是针对外币的，发行机构利用境外投资工具多、风险对冲机制完善的优点，推出多种结构化产品。产品结构方面，以本金保护型产品为主，挂钩标的：利率、汇率、股票指数。以前国内银行的人民币理财业务投资范围较窄，主要是债券、央行票据、存款等，收益率较低，对投资者吸引力不大。近年来国内银行将外币结构化产品设计模式用于人民币理财已成趋势，如光大银行推出的人民币理财 A 计划，包含了与原油期货挂钩的产品。

国内有广阔的发展前景。居民储蓄存款多、存差大，而可供居民投资的品种太少。假定市场上投资者大部分是风险厌恶型，则风险越大的投资产品，市场需求量越小，结构化产品可以在风险介于股票和定期存款之间构造出多种类型的投资品种，它的市场规模理论上应大于股票市场，小于银行存款余额。从外币结构化产品在国内销售火爆可以看出，结构化产品在国内有相当大的需求。

多数投资者对该产品还很陌生，相关机构对该产品的认识仍然停留在较低水平，对其设计原理、定价方法以及风险对冲缺乏研究。在外资银行竞争的情况下，国内金融机构有必要加强对结构化产品的研究和实务操作。主管部门要积极引导创新类券商试点发行结构化产品，扩大证券市场参与基础，满足投资者多方需要。证券交易所方面，可借鉴香港联交所的股票挂钩票据，推出一些上市交易的结构化产品。

（1）外汇挂钩理财产品。外汇挂钩理财产品的回报率取决于一组或多组外汇的汇率走势，挂钩标的是一组或多组外汇的汇率。

例 3：B 银行 2007 年 1 月 4 日在市场上发行一个投资期 3 个月的区间投资产品，挂钩欧元/美元，具体细节见表 2-3，有关汇率能够维持在指定区间内，就可以获得潜在回报。

表 2-3　外汇挂钩理财产品回报率分析

投资金额	10 000 美元
投资金额保证比率	100%
初始汇率	欧元/美元 1. 195 0
交易区间	欧元/美元［1. 147 2 , 1. 254 8］（不包括区间上下限）
潜在回报率	1. 375%
最低回报率	0

理财收益：

如果与投资者预期一致：10 000×(1+1. 375%) = 10 137. 5(美元)

如果与投资者预期不一致：10 000 美元

（2）利率/债券挂钩类型理财产品。利率/债券挂钩类型理财产品的收益可与利率挂钩，也可与债券挂钩。与利率挂钩，是指与境外货币的利率挂钩，产品收益取决于产品结构和利率走势；与债券挂钩，主要是指在货币市场和债券市场上进行交换和交易由银行发行的理财产品。这类产品的特点是收益率不高，但非常稳定，包括与利率正向挂钩产品、与利率反向挂钩产品、区间累积产品和达标赎回型产品几种类型。一般而言，常见的挂钩标的有伦敦银行同业拆放利率（LIBOR），这是目前最重要和最常用的市场基准利率；国库债利率；公司债券利率。

（3）股票挂钩理财产品。股票挂钩理财产品，又称连动式投资产品，是通过金融工程技术，针对投资市场的不同预期，以拆解或组合衍生性金融产品，并搭配零息债券的方式形成的各种不同报酬形态的金融产品。按是否保障本金划分，理财产品可分为不保障本金理财产品和保障本金理财产品。常见的挂钩标的有，单只股票，即只挂钩一只股票作为观察和收益回报基准；股票篮子，即根据所有股票或者表现最差的股票作为收益回报基准。

6. 合格境内投资者（QDII）基金理财产品

QDII 基金理财产品是在一国境内设立，经中国有关部门批准从事境外证券市场的股票、债券等有价证券投资基金。QDII 基金理财产品的一个重要作用是允许内地居民使用外汇投资境外资本市场。通常，它的挂钩标的为基金和交易所上市基金（ETF）。

7. 另类理财产品

另类理财产品是指除传统股票、债券和现金之外的金融资产和实物资产。例如：房地产、证券化资产、对冲基金、私募股权基金、大宗商品、巨灾债券、低碳产品、酒和艺术品等。另类理财产品的特点是：另类资产多属于新兴产业或领域，并且与传统资产以及宏观经济周期的相关性较低；通常会提供以现金形式或实物形式获取投资本金收益的选择权。

另类理财产品风险包括投机风险、小概率事件风险以及损失即高亏的极端风险。目前，国内的银行理财产品已经逐步涉及另类理财产品市场，但是信息透明度较低。

第二节　银行理财产品调查实训

一、实训任务

在当前的个人理财业务中，以银行为平台的理财业务已经成为居民理财的主要模式。针对现实中的银行理财业务的调研是接触个人理财的第一步，同时也是掌握理财知识的基础。对银行理财业务的调研能够帮助实训者了解宏观经济形势，学会关注宏观经济和政策因素的变化对相应产品收益率的影响。

以小组为单位（3~5 人为一组），完成银行理财产品的调查分析，成果在课堂完成上交，实训最终的效果可以图片形式展示。

二、实训目的和要求

调查银行业理财产品的目的是使实训者具备基本的调研分析能力。通过本部分的实训操作，实训者应掌握经济信息的收集方法，并能够结合实训案例，分析理解银行的理财产品，选择并推荐合适的银行理财产品。

三、实训步骤

首先，实训者要选择一家商业银行，统计其目前在售的理财产品的品种。

1. 人民币理财产品

①进入该商业银行网站或前往银行营业网点；

②列出目前在售的 5 只人民币理财产品；

③分析其相应的投资品种，并将收益率做排行统计；

④对该行近三个月、半年、一年、两年的理财产品的收益率做统计；

⑤列出相应时间段内的国家存款准备金率和存款基准利率；

⑥将理财产品收益率的变化和相应存款基准利率的变化绘制成图，并简要分析两者的关系。

2. 外币理财产品

①进入该商业银行网站或前往银行营业网点；

②列出目前在售的 5 只外币理财产品（同一币种）；

③分析其相应的投资品种，并将收益率做排行统计；

④与相同（或相近）期限的人民币理财产品的收益率做对比。

其次，实训者进行理财产品投资综合案例分析（案例附在实训报告中）。

最后，由指导教师对部分实训者或每个实训者的部分内容进行抽查，实训者口头阐述自己的实训成果。

四、实训报告

（一）人民币理财产品

（1）你选择的银行是____。

（2）统计该行在售的人民币理财产品，填入下表中。

_________银行____月在售的人民币理财产品

产品代码	产品名称	产品期限	产品募集期

（3）对以上 5 只人民币理财产品的收益率进行排行统计。

产品代码	投资方向	收益类型	预期收益率	收益率排行
				1
				2

续表

产品代码	投资方向	收益类型	预期收益率	收益率排行
				3
				4
				5

（4）对该行近三个月、半年、一年、两年的理财产品（期限相近）的收益率做统计。

①三个月前销售的理财产品，期限____天，收益率约为________。（销售日期：____________）

②半年前销售的理财产品，期限____天，收益率约为________。（销售日期：____________）

③一年前销售的理财产品，期限____天，收益率约为________。（销售日期：____________）

④两年前销售的理财产品，期限____天，收益率约为________。（销售日期：____________）

（5）列出相应时间段内的国家存款准备金率和存款基准利率。

时间	存款准备金率	一年期存款利率

（6）将理财产品收益率的变化和相应基准利率的变化绘制成图，并简要分析两者的关系。（横坐标为时间，纵坐标为利率）

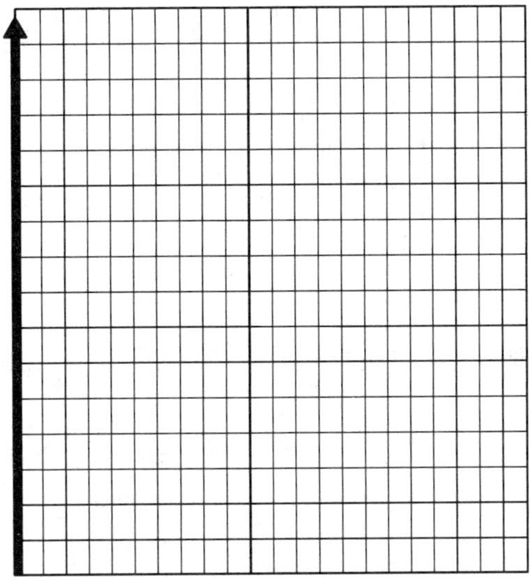

理财产品收益率及相应基准利率变动

分析人民币理财产品收益率与存款基准利率之间的关系：两者在总体上走势______________________（一致、不一致），存款基准利率对理财产品收益率的影响是____。

（二）外币理财产品

（1）你选择的银行是____。

（2）统计该行在售的外币理财产品，填入下表中。

__________银行____月在售的____（币种）理财产品

产品代码	产品名称	产品期限	产品募集期

（3）分析其相应的投资品种，并将收益率做排行统计。

产品代码	投资方向	收益类型	预期收益率	收益率排行
				1
				2
				3
				4
				5

（4）将上述外币理财产品与相同（或相近）期限的人民币理财产品的收益率做对比。

①产品期限为____天的______（币种）理财产品，收益率为________，同样期限或相近期限（____天）的人民币理财产品，收益率为________。

②产品期限为____天的______（币种）理财产品，收益率为________，同样期限或相近期限（____天）的人民币理财产品，收益率为________。

③产品期限为____天的______（币种）理财产品，收益率为________，同样期限或相近期限（____天）的人民币理财产品，收益率为________。

④产品期限为____天的______（币种）理财产品，收益率为________，同样期限或相近期限（____天）的人民币理财产品，收益率为________。

⑤产品期限为____天的______（币种）理财产品，收益率为________，同样期限或相近期限（____天）的人民币理财产品，收益率为________。

通过分析发现，相同期限的外币理财产品，其收益率一般__________（高于，低于或不确定）同样期限的人民币理财产品。

（三）综合案例分析

（1）小张是工商银行杭州某支行的新员工，被安排在柜台实习。在工作中经常能第一时间接触到该行推出的各种期限的理财产品。虽然他以前没有买过理财产品，但看到最近几期的产品收益率都不错（远高于定期存款的利率），经常半天就卖完了所有额度，他也心动了。他考虑到自己的实际情况，刚刚参加工作，积蓄不多，而一般的理财产品都是5万元起售，所以他想说服自己的父母拿出原来活期和定期存款的钱来购买。小张的父母都是退休工人，极其保守谨慎，一辈子只知道把钱存在银行，他们能否接受理财产品这个新兴事物呢？请简述理财产品相对于其他储蓄产品的优势，并针对小张父母的风险偏好类别为他们选择一款适合的理财产品。

①简述理财产品相对于其他储蓄产品的优势。

②从风险偏好上看，小张的父母是属于＿＿＿＿＿＿＿型。该类型的人群其特点是＿＿。

因此，我建议他们选择的理财产品是：

出售银行	产品名称	产品期限	币种	预期收益率	历史收益率（若有）	风险评级

推荐理由：

＿＿＿

（2）麦克是美国人，是强生公司驻中国华南区的财务总监，年收入颇丰。因为身边经常带着数额不小的美金，如何让这笔钱生息理财成为麦克关心的事。麦克对中国的商业银行正在出售的理财产品很感兴趣，他发现自己有两种选择，一种是将美金兑换成人民币后购买人民币理财产品，到期后如果需要，再兑换成美元；另一种是直接购买美元理财产品。假设目前麦克手里有 8 000 美金，请为麦克分别选择一款人民币理财产品和一款美元理财产品，计算其到期收益，并分析哪一种理财方式更适合麦克。

出售银行	产品名称	产品期限	币种	预期收益率	预计到期收益

注：到期收益均按照预期收益率计算。

推荐理由：

1. 当前人民币对美元汇率为________，按照该汇率折算，则______________产品的预计到期收益更高（按照相同期限折算后），为__________元（或__________美元）。因此，麦克更适合选择__________理财产品。

2. ____。

教师检查签字________________　　　检查时间________年____月____日

实训任务二　投资者评估

投资者的风险态度、风险承受能力和理财目标反映了投资者的主观理财意向，同时资产负债表和现金流量表是财务状况的基本反应，编制财务报表的目的就是通过分析报表来把握个人和家庭财务状况，并通过各种指标的计算分析为做出科学的财务决策提供依据，使个人和家庭理财规划建立在数据分析的基础上，使理财规划方案有据可依。

第一节　投资者行为评估

投资者行为评估是分析投资者的主观投资行为影响因素，包括对投资者的风险态度进行界定，风险厌恶程度如何，是否存在典型行为偏差。另外，投资者行为评估还需对投资者的理财目标进行分析，主要是对理财目标进行详细的量化分析，并在此基础上做出初步的理财计划。

一、实训任务

以小组为单位（3~5 人为一组），进行投资者的风险承受能力和风险偏好的评估分析。成果在课堂完成上交，实训最终的效果可以图片形式展示。

若为“理论+实践课”外出实训（习）项目，为提高外出实训目的和针对性，实训任务建议以问答题形式设计，学生提交实训成果时要求结合外出参观的实际场景回答问题（回答问题时图文并茂）。

二、实训目的

（1）通过实训使学生能对客户的风险状况进行分析和诊断，风险状况是投资者理财的主观影响因素，包括风险承受能力和风险偏好两部分，学生需要通过咨询、问卷调查等方式评估分析客户的风险状况。

（2）通过实训应该掌握风险评估报告的撰写方法和技巧。

三、实训要求

（1）班级进行分组，3~5 人一组。

（2）以小组为单位，进行模拟咨询。任意选取一名同学，对该同学进行投资者行为评估，评估内容应包括行为评估和财务评估两个部分。

四、实训步骤

（1）分组，小组选择一名同学扮演客户，一名同学为理财经理，一名同学为记录员，其他同学搜集咨询过程的资料，并对评估过程进行记录。

（2）进行行为评估，评估内容包括：

①投资者风险评估：风险承受能力（损失最大限额、行为偏差）和风险态度，要求根据对客户的问卷调查和访谈资料进行分析，并得出结论；

②投资者理财目标（买房、教育、现金增值）分析：要求根据客户的理财目标描述，对理财目标进行量化分析，与客户达成一致意见，制订理财目标实施计划。

（3）记录客户咨询的问题，讨论整理资料，形成咨询记录报告。

（4）抽取 2~3 组进行上台展示，并提交客户咨询报告，教师予以点评。

五、实训报告

分析客户的风险承受能力和投资偏好

为了帮助投资者衡量自己的风险厌恶度，这里设计了一套问卷和评分体系，分数在 9 至 14 分的为保守型投资者，分数在 15 至 21 分的为温和型投资者，分数在 22 至 27 分的为激进型投资者。问题如下：

（1）在你投资 60 天后，价格下跌了 20%。假设所有基本面均未改变，你会怎么做？

A. 为避免更大的担忧，卖掉再试试其他的

B. 什么也不做，静等收回投资

C. 再买入。它曾是好的投资，现在也是便宜的投资

（2）现在换个角度看上面的问题。你的投资下跌了20%，但它是投资组合的一部分，用来在三个不同的时间段上达成投资目标。

①如果目标是5年以后，你会怎么做？

A. 卖掉　　B. 不动　　C. 再买入

②如果目标是15年以后，你会怎么做？

A. 卖掉　　B. 不动　　C. 再买入

③如果目标是30年以后，你会怎么做？

A. 卖掉　　B. 不动　　C. 再买入

（3）在你买入退休基金后1个月，其价格上涨了25%。同样，基本条件没有变化，高兴之余，你会怎么做？

A. 卖掉锁定收益

B. 持有看跌期权并期待更多的收益

C. 再买入，因为可能还会上涨

（4）你为了15年后退休而投资。你更愿意怎么做？

A. 投资于货币市场基金或有保证的投资契约，放弃获得大量收益的可能性，重点保证本金的安全。

B. 一半投入债券基金，一半投入股票基金，希望在有些增长的同时，还有固定收入的保障。

C. 投资于不断增长的共同基金，其价值在该年可能会有巨幅波动，但在5年或10年后有巨额收益的潜力。

（5）你刚赢得一份大奖。但具体哪一个，由你自己定。

A. 2 000美元现金

B. 50%的机会获得5 000美元

C. 20%的机会获得15 000美元

（6）有一个很好的投资机会刚出现，但你得借钱，你会接受贷款吗？

A. 绝对不会　　B. 也许　　C. 会

（7）你的公司要向员工出售股票。公司经营者计划在3年内让公司上市。在此之前，你无法卖出股票，也不会得到红利。但当公司上市时你的投资将增值10倍。你会投资多少钱买这种股票？

A. 一点也不买　　B. 两个月的工资　　C. 四个月的工资

风险厌恶度打分：

按以下方法将答案乘以不同的系数相加，就得出总分：

A 答案的个数×1 分=　　　　　分

B 答案的个数×2 分=　　　　　分

C 答案的个数×3 分=　　　　　分

总分__________分。

客户风险偏好评估结论：

____

____

____

____

客户理财咨询记录表

实训步骤：根据客户的理财需要，对客户进行风险评估，分析客户投资需求。为制定理财目标，对目标进行详细分析，与客户达成一致意见，并制定完成时间表。

步骤一：客户需要现实的理财目标。

（1）短期目标。

____

（2）长期目标。

____

步骤二：对你的目标进行具体化、量化论述。

（1）______________________________

（2）______________________________

步骤三：客户风险评估总结。

____

____

步骤四：制定完成上述目标的时间表。

（1）______________________________

（2）______________________________

（3）______________________________

教师检查签字__________________　　　检查时间________年____月____日

第二节 投资者财务分析

一、相关理论与实务操作

（一）房贷车贷的利息的计算

在一般家庭中，贷款是主要的负债构成部分，常见的有住房贷款、汽车贷款和消费贷款。银行贷款的还款方式一般有两种：等额本息还款法和等额本金还款法。这两种还款方式的利息总额有所不同，不同类型的客户应根据自己的具体情况选择适合的还款方式。

1. 等额本息还款法

等额本息还款法，又称本利摊还法，是指每月的还款额相同，偿还固定数额的一种还款方式。这种方式在月供的“本金与利息”分配比例中，前半段时期所还的利息比例大、本金比例小，还款期限过半后逐步转为本金比例大、利息比例小。所支出的总利息比等额本金法多，而且贷款期限越长，利息相差越大。但由于该方式还款额每月相同，适宜家庭的开支计划，所以对年轻人来说，比较适用等额本息法，因为随着年龄增大或职位升迁，收入会增加，还款的压力会逐渐减小。

$$\text{每月还款额}=\frac{\text{贷款本金}\times\text{月利率}\times（1+\text{月利率}）^{\text{还款期数}}}{（1+\text{月利率}）^{\text{还款期数}}-1}$$

2. 等额本金还款法

等额本金还款法，又称本金摊还法，是指每月的还款额不同，它是将贷款额即本金，按还款的总月数均分（等额本金），再加上上期剩余本金的月利息，形成一个月还款额，所以等额本金法第一个月的还款额最多，而后逐月减少，越还越少。这种方法所支出的总利息比等额本息法少。但该还款法在贷款期的前段时间还款额较高，财务负担较重，比较适合在前段时间还款能力强的贷款人，如中年老年客户群体可采用等额本金法，因为随着年龄增大或退休，收入可能会减少。

$$\text{每月还款额}=\frac{\text{贷款本金}}{\text{还款期数}}+（\text{贷款本金}-\text{累计已还本金}）$$

3. 两种还款法的比较

在等额本息还款的方式下，随着贷款剩余的本金的减少，利息的比例逐渐减少。这种还款方式实际是采用复利计息。在每期还款的结算时刻，剩余本金所产生的利息要和剩余的本金（贷款余额）一起计息，也就是说未付的利息也要计息，在国外，它是公认的适合放贷人利益的贷款方式。

而在等额本金还款的方式下，每月还款的本金数目一直不变，前期的还款额度较大，但是利息逐渐变少，每月还款的数额就越来越少。所以，它实际采用的是单利计息。在每期还款的结算时刻，它只对剩余的本金（贷款余额）计息，也就是说未支付的贷款利息不与未支付的贷款余额一起作利息计算，而只有本金才作利息计算。具体见表 3-1 及图 3-1。

表 3-1　等额本金法与等额本息法比较

	等额本金贷款	等额本息贷款
原始本金	50 万元	50 万元
贷款年利率	5.65%	5.65%
贷款周期	30 年	30 年
支付频率	每月支付一次	每月支付一次
每月支付金额	¥2 569.24 （所有还款额月平均值）	¥2 886.18（固定还款额）
利息累计	¥424 927.08	¥539 024.42
还款期数	360 期	360 期
等额本息贷款每月多支付	¥316.94	
等额本息贷款 30 年多支付	¥114 097.34	

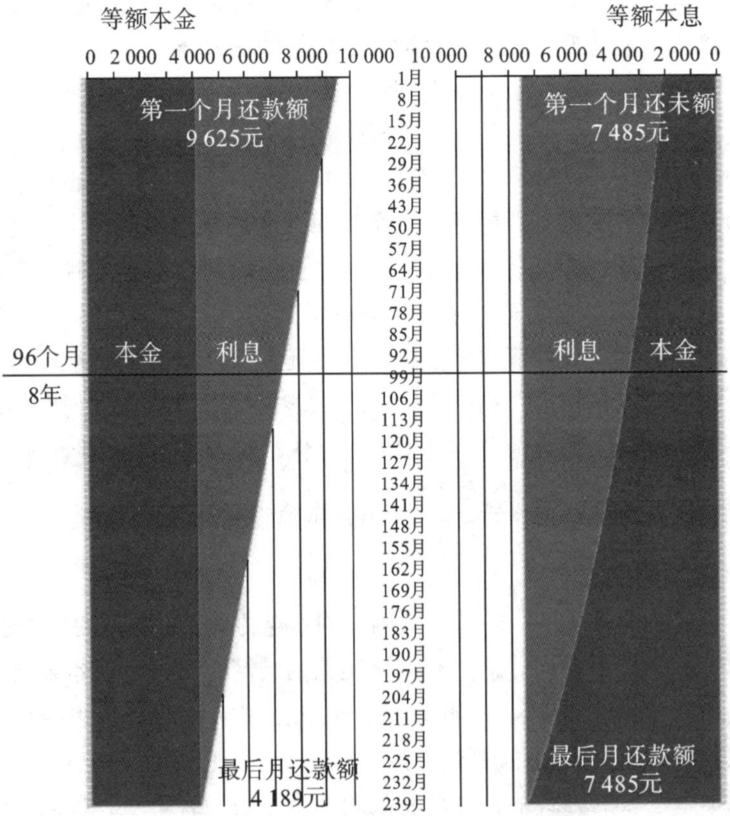

图 3-1　等额本金法与等额本息法比较

（二）房贷车贷的实际操作步骤

在固定利率下，每期本利摊还额固定，因此我们可将其看作年金，在 Excel 工作表中可以用 PMT 函数来快速计算。具体如图 3-2 所示。

Excel：PMT=（I/Y，N×12，PV，FV，0）

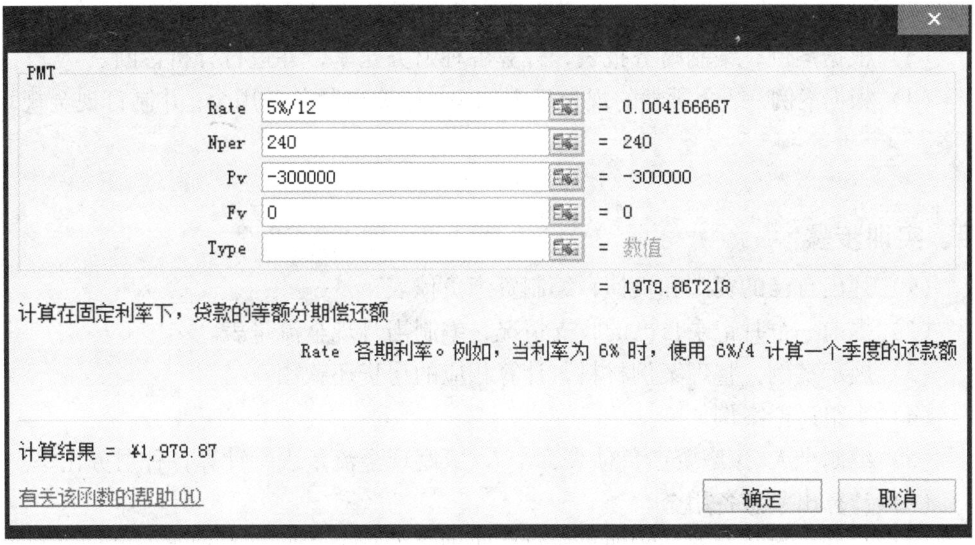

图 3-2　PMT 函数的计算

例 1：利率 5%，贷款 20 年，贷款额 30 万元，每月期末还清，采用等额本息法还款。计算每月还款额。

根据 Excel 工作表可知：

PMT（5/12 I/Y，20×12N，-300 000PV，0）=1 980（元）

即在年利率为 5%的条件下，每月本利摊还额为 1 980 元，一共还 20 年。

例 2：沿用上题条件，采用本金平均摊还法还款，计算首月还款额。

每期本金偿还额=300 000÷240=1 250（元）

第一期利息额=300 000 元×5%÷12=1 250（元）

第一年期末本金余额=300 000-1 250=298 750（元）

第一期摊还额=1 250+1 250=2 500（元）

二、投资者财务评估实训目的

（1）掌握两种还款方式的计算方法。

（2）通过实训使学生能对客户的财务状况进行分析和诊断。

（3）能够分析客户的资产结构、负债结构、收入结构和消费支出结构，并能够以指标数据为基础，对家庭偿债能力、收支状况和投资结构进行初步分析，并学会计算收支平衡点。

三、实训要求

（1）完成分组，每3~5人一组。

（2）老师展示案例，学生进行讨论和分析，最终形成结论，然后每小组派代表进行演讲，通过这样的方式使学生学会对客户的财务状况进行分析和诊断。

（3）根据案例，编制财务报表，计算各种财务比率，并进行分析诊断。

（4）根据案例，结合所学的现金规划知识，计算出紧急备用金，并制订现金规划方案。

四、实训步骤

（1）列出自己的资产和负债，编制资产负债表。

（2）提前一个月记录自己的收支情况，编制当月现金流量表。

（3）展示案例，整理案例材料，计算相应的房贷还款额。

（4）小组讨论案例。

（5）编制个人/家庭资产负债表，个人/家庭现金流量表，计算各种财务比率。

（6）计算出紧急备用金。

（7）由指导教师对部分实训者或每个实训者的部分内容进行抽查，实训者口头阐述自己的实训成果。

注意事项（含安全操作规程等）：注意做好组内成员分工，积极参与实训；注意表格制作的规范与合理。

六、实训报告

自己的资产负债分析

（一）编制资产负债表

（1）以本人为实例，该资产负债表的统计时点为____________。

（2）将本人实际资产、负债，分别填入表3-2中。

表3-2　本人资产负债表

资产				负债			
类别	项目	金额	占总值比例	类别	项目	金额	占总值比例
金融资产				短期负债			

表3-2(续)

资产				负债			
类别	项目	金额	占总值比例	类别	项目	金额	占总值比例
实物资产				长期负债			
其他资产				债总额			
总资产				净资产			

（二）编制损益表

将自己记录的上月收支情况汇总，并填入表3-3中。

表3-3　自己上月收支情况汇总表

科目		金额
收入		
	收入合计	
支出		
	支出合计	
	净结余	

（三）财务状况分析

1. 资产负债分析

我目前的资产总额为____________，资产中占最大比重的是____________。

我目前________（有，没有）负债。若有，该负债为____________。

2. 收支状况分析

我的收入来源主要是________________。

我每个月的开支集中在___________________________，节余比率为________。

3. 收支平衡点

我的收支平衡点=________________________________=________。

由此可见，我目前的收入与收支平衡点相比，缓冲空间________（比较大、一般、较小）。

案例1：贷款案例分析

张先生购买了一套总价100万元的新房，首付20万元，贷款80万元，利率为6%，期限为20年。

（1）如果采用等额本息方式还款，则每月还款额为多少？利息总额为多少？

（2）如果采用等额本金方式还款，则利息总额为多少？第一月还款额为多少？

（3）若张先生在还款5年后，有一笔10万元的偶然收入，张先生计划用这10万元来提前归还部分贷款，提前还贷后，希望每月负担额保持原来的水平，但缩短还款期限，请为其设计提前还款安排。

（4）沿用第3问条件，若张先生希望提前还贷后，仍保持原还款期限，但减少每月的还款负担呢？

案例 2：个人财务状况综合案例分析

现年 45 岁的杨先生在某律师事务所担任专职律师，每月税前收入为 8 500 元。杨先生的妻子孙女士现年也是 45 岁，是一所中学的高级教师，每月税前收入约为 4 800 元。他们唯一的儿子今年 17 岁，读高中三年级。杨先生的父母目前都住在农村，由于有杨先生弟弟的照料，杨先生也比较放心。为出行方便，杨先生贷款 10 万元买了一辆总价值 16 万元的家庭经济型轿车，贷款期限为 5 年，利率 5.5%，采用等额本金方式还款，2006 年 1 月杨先生将偿还第 4 个月的车贷。杨先生一家都很谨慎，所以他们目前在银行的各类存款有 10 万元，包含去年全年取得的银行利息约 1 800 元（税后）；他们还有总价约 15 万元的国债，去年全年收到利息 5 500 元；除此之外，他们还有总值约 12 万元的债券基金和信托产品，全年有 6 000 元的税后收益。杨先生目前住房的市场价值已经升至 75 万元。除了每月需要偿还车贷外，杨先生一家每月的生活开支保持在 3 500 元左右。每个月杨先生还要向父母汇去 600 元的生活费。杨先生的保险意识很好，曾请专业人士进行过保险规划（忽略保险分红收入），每年保费支出约为 13 000 元，保险单现金价值为 10 万元。杨先生会不定期地携带全家到外地旅游，去年为此花掉了 5 000 元。为应付日常需要，杨先生家里备有 1 500 元的现金。

（注：各项财务信息截至 2005 年 12 月 31 日，数据采集时间为 2006 年 1 月 10 日）

资料来源：理财规划师二级专业能力考试试卷（2005）。

1. 基本财务状况

个人或家庭资产负债表和个人或家庭现金流量表分别如表 3-4、表 3-5 所示。

表 3-4 个人或家庭资产负债表

姓名： 日期： 年 月 日 单位：元

资产	金额	负债与净资产项目	金额
流动资产		流动负债	
现金及存款		信用卡透支额	
流动资产小计		应缴税金	
投资资产		其他应付账款	
货币市场基金		流动负债小计	
股票基金		长期负债	
股票		教育贷款	
应税债券		房屋贷款	
免税债券		个人贷款	
收藏品		汽车贷款	
投资资产小计		长期负债小计	

表3-4(续)

资产	金额	负债与净资产项目	金额
住房现值		负债小计	
汽车现值		净资产	
家具			
其他个人资产			
固定资产小计			
资产总计			

表 3-5　个人或家庭现金流量表

姓名：　　　　　　　日期：　　年　　月　　日　　　　　　　　　　单位：元

现金流入		现金流出	
项目	金额	项目	金额
工资		固定支出	
奖金		生活费	
津贴		水电煤气费	
稿酬		子女教育费	
存款利息		保险费	
收房租		还贷支出	
现金股利		变动指出	
债券利息		零花钱	
收回股票本金		医药费	
收回债券本金		旅游费	
对外举债取得的现金		交往应酬费	
馈赠		购买衣服	
救济		购买家电	
遗产继承		购买礼物	
		捐赠	
合计		合计	
		净现金流量	

2. 财务状况分析

（1）资产负债分析。

____

____

____

____

（2）收支情况分析。

（3）财务比率分析。

考核项目	比 率	客户状况	理想标准	结 论
净资产扩大能力	结余比率		>10%	
	投资/净资产比率		20%～50%	
支出能力强弱	流动性比率		3 左右	
还债能力	即付率		0.7 左右	
	清偿率		60%～70%	
	负债率		<50%	

紧急备用金数额：________________

计算过程：________________

原因：________________

教师检查签字__________　　检查时间_____年___月___日

实训任务三　现金规划

根据理财规划的定义，个人理财规划的具体内容包括现金规划、消费支出规划、教育规划、风险管理与保险规划、税收筹划、投资规划、退休养老规划、财产分配与传承规划八个方面。

现金规划是一项活动，它是指对家庭或者个人日常的、日复一日的现金及现金等价物进行的管理。现金规划的核心是建立应急基金，保障个人和家庭生活质量和状态的持续性稳定。

第一节　现金规划

现金管理是为了满足个人或家庭短期需求而进行的，管理日常现金及现金等价物和短期融资的活动。现金等价物是指流动性比较强的活期储蓄、各类银行存款和货币市场基金等金融资产。

现金管理的原则是，短期需求可以用手头的现金来满足，而预期的或者将来的需求则可以通过各种类型的储蓄或者短期投资、融资工具来满足。其可分为现金储备和超额需求两部分。现金储备主要以月度家庭生活开支的3~6倍为宜，以满足日常开支及短期现金储备。超额需求主要是为了应对突发或重大变故使家庭财务发生的剧烈变动，或者避免流动性过多影响资金回报率，可以通过各种类型的储蓄工具及投融资工具来满足。

一、编制客户收入支出表

1. 分析客户现金需求

现金需求的影响因素主要有四个：

（1）对金融资产流动性的要求。通常可以用流动性比率来衡量对资产流动性的要求，流动性比率是流动资产与月支出的比值，反映客户支出能力。一般而言，资产的流动性与其收益性呈反比，也就是说资产的流动性越强，收益率越低。家庭的流动性比率应保持在 3 左右。

（2）交易动机。客户的交易动机越强，现金需求越高；反之则越低。客户的交易动机与客户现金需求呈正相关关系。

（3）谨慎动机或预防动机。客户的预防动机越强，现金需求越高；反之则越低。客户的预防动机与现金需求呈正相关关系。

（4）持有现金及现金等价物的机会成本。机会成本主要指持有其他资产的收益率，持有现金的机会成本越高，现金需求越低；反之则越高。现金的机会成本与现金需求呈负相关关系。

2. 编制收入支出表

收入支出表应真实可靠，充分反映客户的财务状况，且能清楚明晰地展现现金收支、结余情况。一般收入支出表的编制分为三栏：收入、支出和结余。编制周期通常为 12 个月，也可以 1 个月为周期。

案例：丈夫 31 岁，私营业主，年收入约 30 万元，无任何保险。妻子 28 岁，中学教师，月薪 2 000 元左右（13 个月），有社保，公积金每月 300 元。家庭日常支出每月 4 000 元，每月孩子教育费 1 500 元，每月车费 1 500 元，家庭旅游一年 12 000 元。资产状况：家庭现有现金 10 000 元，银行活期存款 90 万元，三年定期存款 10 万元，股票 8 万元，房产现市值 86 万元，汽车一辆 16.8 万元，无负债。资产负债表和现金流量表分别如表 4-1、表 4-2 所示。

表 4-1　资产负债表

资产		负债及净资产	
项目	金额	项目	金额
现金	10 000	负债	0
活期存款	900 000		
定期存款	100 000		
股票	80 000		
住房	860 000	净资产	2 118 000
汽车	168 000		
资产合计	2 118 000	负债及净资产合计	2 118 000

表 4-2 现金流量表

收入		支出	
项目	金额	项目	金额
丈夫收入	300 000	日常支出	48 000
妻子收入	29 600	子女教育支出	18 000
		养车支出	18 000
		旅游支出	12 000
收入合计	329 600	支出合计	96 000
年结余	233 600		

财务分析：这个家庭收入相对稳定，每月开销稳定在 7 000 元左右，控制开支能力较强。无负债，活期存款很多，优势是可以应付突发事件，意外风险；不足是活期存款较多，收益性不强。除了银行储蓄外，这个家庭没有建立有效的理财工具搭配，所以这个家庭的现状是稳定有余而收益不足，这会严重影响资产的收益性和未来应对风险的能力。

3. 资产配置方案

在保证日常开支同时，应为家庭储备应急备用金。为了使应急备用金更为完善，建议办理 1~2 张信用卡，额度在 2 万~4 万元；另外，在风险防范方面，建议配制个人意外伤害、住院医疗、大病保险的保险方案，具体防范因意外、疾病给家庭带来的大额现金支出。

沿用上述案例，该家庭每月支出共 7 000 元，家庭一年消费支出现金共计 9 万元左右，这一部分资金可以采用组合存款方式，满足每个月的现金支出，保证流动性。配制原则保证为 3~6 个月的家庭支出，即 2. 1 万~4. 2 万元。

配置方案：1 万元现金（消费用卡居多，保存 5 000 元即可）；2 万元用于活期储蓄；3 万元货币型基金；3 万元用于 6 个月定期存款。

二、现金管理一般工具

1. 现金（M0）

现金及现金等价物是流动性最强的金融资产。

2. 相关储蓄品种

（1）一般储蓄业务主要包括活期、定活两便、整存整取、零存整取、整存零取、存本取息、个人通知存款、个人支票储蓄存款等。不同的储蓄品种有不同的适用人群。零存整取，适合收入稳定，攒钱以备结婚、上学等用途的客户；存本取息，适合积攒养老金的客户；教育储蓄，适合有教育投资需求的客户；定活两便，适合拥有大笔资金，用途明确，时间不定的客户；个人通知存款，适合有短期资金需求，期限不足定期存款最低限的客户。具体如图 4-1 所示。

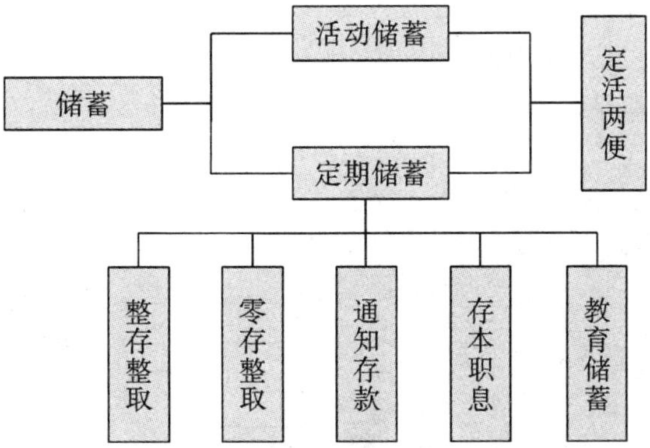

图 4-1　一般储蓄业务品种

（2）特色储蓄业务，包括定额定期双定存单、定活通、绿色存款、礼仪存单、喜庆存单、四方钱等。

3. 货币市场基金

货币市场基金是指现金，1 年以内（含）的银行定期存款、大额存单；剩余期限在 397 天以内（含）的债券；期限在 1 年以内（含）的债券回购；期限在 1 年以内（含）的中央银行票据；证监会、中国人民银行认可的其他流动性较好的货币市场工具等。通常，货币市场基金具有本金安全、资金流动性强、收益率较高、投资成本低、分红免税的特点。储蓄品种特性比较如表 4-3 所示。

表 4-3　储蓄品种特性比较

	现金	单位协定存款	7 天通知存款	货币市场基金
安全性	高	中	中	高
流动性	强	随时提取	提前 7 天预约	最快 T+1 日到账
税前收益率	0	1.53%	1.71%	3%~6%
交易率	0	无	无	无
所得税	0	有	有	无
其他限制	无	有最低要求	有，5 万元起存	最低首次认购 0.01 元

三、现金管理的融资工具

（一）信用卡融资

1. 银行卡的含义

银行卡分为借记卡和贷记卡。借记卡是指由商业银行向社会发行的具有消费信用、转账结算、存取现金等全部或部分功能的支付工具。贷记卡，又叫信用卡，是指由商业银行（含邮政储蓄机构）向社会发行的具有消费信用、转账结算、存取现金功能的信用支付工具，包括真正意义上的信用卡和借记卡，也称为银行卡。狭义的信用卡是指，银行或其他财务机构签发给那些资信状况良好的人士，用于在指定的商家购物和消费，或在指定银行机构存取现金的特制卡片，是一种特殊的信用凭证。具体如图 4-2 所示。

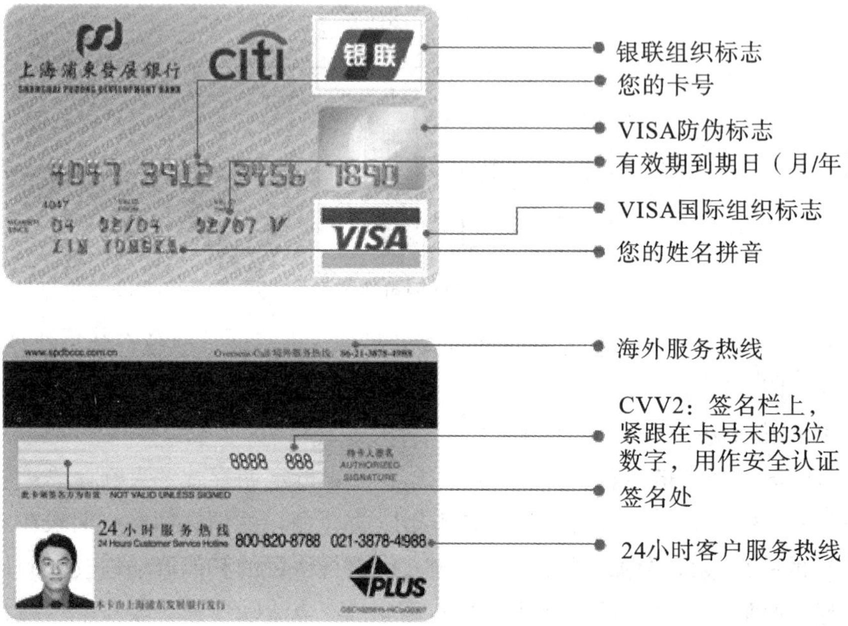

图 4-2　银行卡的识别

2. 信用卡的免息期

信用卡对非现金交易，从银行记账日起至到期还款日之间的日期为免息还款期。在此期间，只要全额还清当期对账单上的本期应还金额（总欠款金额），便不用支付任何利息。

例 1：假设客户的账单日为某月 17 日，免息期为 20 天，则到期还款日（以每月 30 天为例）为下月 7 日（若该月为 31 天，则为下月 6 日，大小月按此推算）。

若客户 4 月 15 日消费 10 000 元，且该笔消费款于当日记入客户的账户，则银行记账日为 4 月 15 日，因客户的账单日为 4 月 17 日，到期还款日为账单日后 20 天为 5 月 7 日，该笔消费最长可享受免息期为 22 天。

若 4 月 18 日客户消费 10 000 元，且该笔消费款于当日记入客户的账户，则银行记账日为 4 月 18 日，由于该笔消费款应于 5 月 17 日账单日出账，因此距到期还款日 6 月 6 日有 50 天，则该笔消费最长可享受免息期为 50 天。

3. 循环利息

循环信用是一种按日计息的小额、无担保贷款，客户可以按照自己的财务状况，每月在信用卡当期账单的到期还款日前，自行决定还款金额。当偿还的金额等于或高于当期账单的最低还款额，但低于本期应还金额时，剩余的延后还款的金额就是循环信用余额。

例 2：张先生的账单日为每月 5 日，到期还款日为每月 23 日；4 月 5 日银行为张先生打印的本期账单包括了他从 3 月 5 日至 4 月 5 日之间的所有交易账务；本月账单周期张先生仅有一笔消费：3 月 30 日，消费金额为人民币 5 000 元；张先生的本期账单列印“本期应还金额”为人民币 5 000 元，“最低还款额”为 500 元。

不同的还款情况下，张先生的循环利息分别为：

（1）若张先生于 4 月 23 日前，全额还款 5 000 元，则在 5 月 5 日的对账单中循环利息为 0 元。

（2）若张先生于 4 月 23 日前，只偿还最低还款额 500 元，则 5 月 5 日的对账单的循环利息为 87 元。

具体计算如下：循环利息=5 000 元×0.05%×24 天（3 月 30 日~4 月 23 日）+（5 000 元-500 元）×0.05%×12 天（4 月 23 日~5 月 5 日）= 87 元，则本期应还款 587 元。

（3）若张先生于 5 月 23 日前，继续偿还最低还款额 500 元，则 6 月 5 日的对账单的循环利息为 101 元。具体计算如下：循环利息=5 000 元×0.05%×30 天（4 月 24 日~5 月 23 日）+（5 000 元-1 000 元）×0.05%×13 天（5 月 23 日~6 月 5 日）= 101 元，则本期应还款 601 元。

（4）若张先生于 6 月 23 日前，继续偿还最低还款额 500 元，则 7 月 5 日的对账单的循环利息为 98.5 元。具体计算如下：循环利息=5 000 元×0.05%×31 天（5 月 24 日~6 月 23 日）+（5 000 元-1 500 元）×0.05%×12 天（6 月 23 日~7 月 5 日）= 98.5 元，则本期应还款 598.5 元。

（5）若张先生于 7 月 23 日前，继续偿还最低还款额 500 元，则 8 月 5 日的对账单的循环利息为 94.5 元。具体计算如下：循环利息=5 000 元×0.05%×30 天（6 月 24 日~7 月 23 日）+（5 000 元-2 000 元）×0.05%×13 天（7 月 23 日~8 月 5 日）= 94.5 元，则本期应还款 594.5 元。

（二）存单质押贷款

借款人以未到期的个人定期存单作质押，贷款额度起点为人民币 1 000 元，贷款金额原则上以不超过存单面额 90%的质押率计算，具体限额和质押率以各银行业务办理要求为准。

贷款期限原则上不超过质押存单的到期日，且最长不超过一年；贷款利率按中国人民银行公布的同档次贷款利率计算，可在人民银行规定的范围内浮动。如果借款人提前还贷，或遇中国人民银行调整利率计息，按照合同的约定执行。

（三）凭证式国债质押贷款

借款人以未到期的凭证式国债作质押，贷款额度起点为 5 000 元，每笔贷款应不超过质押品面额的 90%。贷款期限原则上不超过一年，并且贷款期限不得超过质押国债的到期日；如用不同期限的多张凭证式国债作质押，以距离到期日最近者确定贷款期限。

凭证式国债质押贷款利率，按照同期同档次法定贷款利率（含浮动）和有关规定执行。贷款期限不足6个月的，按6个月的法定贷款利率确定。如借款人提前还贷，贷款利率按合同利率和实际借款天数计算，另外按合同规定收取补偿金。凭证式国债质押贷款实行利随本清。

（四）保单质押融资

此融资方式是保单所有者以保单作为质押物，按照保单现金价值的一定比例获得短期资金。目前，我国存在两种情况：一种是投保人把保单质押给保险公司，从保险公司取得贷款，如果借款人到期不能履行债务，当贷款本息达到退保金额时，保险公司终止其保险合同效力；另一种是投保人将保单质押给银行，从银行取得贷款，当借款人不能到期履行债务时，银行可依据合同凭保单由保险公司偿还贷款本息。

但并不是所有的保单都可以质押，质押保单本身必须具有现金价值。医疗保险和意外伤害保险合同属于损失补偿性合同，与财产保险合同一样，不能作为质押物。而具有储蓄功能的养老保险、投资分红型保险及年金保险等人寿保险合同，只要投保人缴纳保费超过一年，保单就具有一定的现金价值，可以作为质押物。多数保险公司规定，投保人须缴纳保费满两年且保单生效满两年才能申请贷款。

保单质押贷款的期限较短，一般不超过6个月。最高贷款余额不超过保单现金价值的一定比例，各保险公司对该比例有不同的规定，一般在80%左右；银行要求相对宽松，贷款额度可达到保单价值的90%。期满后要及时归还，一旦借款本息超过保单现金价值，保单将永久失效。目前保单贷款的利率参考法定贷款的利率，同时，保险公司和银行根据自身的情况，具体确定自己的贷款利率。

四、现金规划的基本流程

（1）向客户说明现金规划、现金规划的影响因素及现金规划的内容。

（2）收集与客户现金规划有关的信息。

（3）根据信息，引导客户编制客户的现金流量表。

（4）确定现金及现金等价物的额度。

（5）将客户的每月支出3~6倍的额度在现金规划的一般工具中进行配置。

（6）向客户介绍现金规划的融资方式，解决超额的现金需求。

（7）形成现金规划报告，交付客户。

第二节　现金规划实务

一、实训任务

现金规划主要体现在家庭现金流中。家庭进行现金管理，就是要计划好手中应留有多少流动资金才算合适。

学生通过进行现金流游戏模拟现实生活，掌握如何识别和把握投资理财的机会；通过不断的游戏和训练以及学习游戏中所蕴含的富人的投资思维，提高游戏者的财务智商，最终实现财务自由。

二、实训目的和要求

现金分析实训操作的目的是使实训者学会合理配置家庭流动性资产和负债。通过本部分的实训操作（现金流游戏），要求实训者学会设定理财目标，选择投资方式并实现资产保值增值。

三、实训步骤

1. 现金流游戏

（1）全班同学分组，分组进行现金流游戏；

（2）目标 1：跳出老鼠怪圈，进入富人圈，条件是非工资收入大于总支出；

（3）目标 2：买下自己的梦想！每月的现金流增加 50 000 美金；

（4）记录自己在游戏过程中做过的投资的收益及亏损，初始现金流和游戏结束时的现金流，总结赢得或输掉游戏的原因。

2. 客户现金规划方案制定

（1）根据案例，结合所学的现金规划的知识，分析客户现金规划需求，计算应急备用金。

（2）选择合理的现金规划工具，为客户制订适合的现金规划方案。

3. 成果阐述

由指导教师对部分实训者或每个实训者的部分内容进行抽查，实训者口头阐述自己的实训成果。

四、实训报告

（一）现金流游戏

（1）我在游戏中扮演的职业角色是______，初始现金流是______，我选择的梦想是______________。

我在游戏过程中共进行了____次投资，投资及盈亏情况记录如下：

次数	投资种类	买入价	卖出价	盈亏情况

游戏结束时，我的投资成果是________（盈利或亏损）________元，现金流是________，我____________（进入或未进入）快车道，____________（实现或未实现）我的梦想。

通过现金流游戏，我的投资心得是：（现金流重要吗？和我们有什么关系？靠自己做和大家一起做有什么不同？在整个游戏中学习到什么？）

____

____

____

____

（2）现金流游戏资产负债表和现金流量表填制。

资产负债变动情况统计：

期初资产总计：			
购入资产总计：		出售资产总计：	
资产种类	金额	资产种类	金额
期末资产总计：			

在本轮游戏中，我的资产总额____________（增加/减少/不变）。主要原因是____。

现金流量变动统计：

期初资产总计：			
现金流入总计：		现金流出总计：	
流入原因	金额	流出原因	金额
期末现金总计：			

在本轮游戏中，我的现金总额____________（增加/减少/不变）。主要原因是____。

（二）客户现金规划案例分析

王先生 40 岁，妻子 37 岁，儿子今年 9 岁读小学。

家庭收支情况（收入为税后收入）：王先生是企业高管，月收入 20 000 元，年终奖 50 000 元；妻子在企业担任行政工作，月收入 8 000 元，年底奖金 20 000 元，家庭日常生活支出 9 000 元/月，儿子教育费用支出 4 000 元/月，每年支付双方父母生活费 30 000 元，每年旅游费用 30 000 元。家庭资产情况：家庭拥有一套价值 100 万元的自住房产，目前有房贷余额 50 万元，每月需另支出房贷 3 000 元。拥有汽车一辆现价值 10 万元，每年汽车相关开支另需 2 万元。现有活期存款 15 万元，信用卡欠款 5 000 元。除上述资产负债外，王先生家庭没有其他资产和负债。

理财分析：

1. 编制王先生家庭财务报表？

（1）家庭资产负债表

（2）家庭现金流量表

2. 计算王先生家庭应急备用金，评价目前备用金储备情况，并给出改善意见。

教师检查签字________________　　　　检查时间________年____月____日

实训任务四　消费支出规划

开篇引例

让人目瞪口呆的美国住房规划

麻省位于美国的东北部，东临大西洋，属于海洋性气候，与我国河北省相近，但雨量则胜过河北省。麻省属于丘陵地区，境内主要是高低起伏海拔两三百米的丘陵。如果其中出现一个海拔五六百米的山头，就可能成为一个风景点。

因为人们开车顺着盘山公路到达山顶，就可以“极目远望”，观赏周围的丘陵、小河和湖泊。麻省的地理和气候条件，如果在我国应是一个较好的农业地区。而美国适农地域广阔，为了防止粮食生产过剩，美国政府把麻省的大部分地区划为非农业区，即不准种粮食，但可以种一些瓜果的地区。所以，麻省的乡村由于不搞农业生产，不是“农村”，而是树木茂密的乡村。麻省有完整的高速公路网连接着各个城市。

为了发展乡村往宅，就在两条高速公路之间，建设好几条小型公路。公路长度以两端连接高速公路为限，一般十几二十千米，因为车的流量极小，路宽仅 12 米左右。沿着公路每隔一二百米建一幢乡村往宅，每幢在 200 平方米左右，属于中等收入者住房水平。住宅四周有一二千平方米的草地，屋后的山上还有较大面积的山林。新房售价每幢在 20 万美元左右，旧房售价则为十几万美元，比较便宜。由于地处树林茂密的乡间，生态环境宜人。特别是沿着小河建的住宅，背山面水，风景更为优美。由住宅驾车上高速公路一般只需几分钟，交通也方便。以上几个条件，使得许多居民愿意住乡村住宅。

第一节 消费支出规划

消费支出规划主要是基于一定的财务资源，对家庭消费水平和消费结构进行规划，以达到适度消费，稳步提高生活质量的目标。家庭消费支出规划主要包括住房消费规划、汽车消费规划、信用卡与个人信贷消费规划以及耐用品消费规划等。其中住房消费是一个家庭的重大消费支出，对住房消费规划单独进行介绍。

一、消费规划概述

消费规划，说得通俗一些，大到个人购房置业，小到吃饭穿衣，一切与花钱消费有关的事项都可以归为个人消费规划的范围；说得专业一些，消费规划是对个人、家庭的消费资源进行合理的、科学的、系统的管理，使个人、家庭在整个生活过程中保持消费资源的财务收支平衡，最终达到终身的财务安全、自主、自由的过程。

家庭消费模式的主要三种类型：

（1）收大于支的消费模式。这种模式下的家庭不但达到了财务安全的目标，而且有一定的结余资金可用来投资，如投资理财得当，未来投资收入可以覆盖整个家庭消费支出，可获得财务自由。

（2）收支相抵的消费模式。这种家庭消费大体上等于收入，没有多少结余可用来投资，假设从初期就有一定的投资，收益一直增长，要达到财务自由还需很长时间。如果没有初始投资的情况，那么这种消费模式几乎不可能达到财务自由。

（3）支大于收的消费模式。这种模式最不可取，典型的代表就是“月光族”“啃老族”。由于消费支出一直大于收入，那就不得不消耗家庭原有财富积累，长此下去家庭必将陷入财务危机。

通过三种模式比较后，第一种消费模式是最佳的消费模式，这样才有财力来完成其他一些重要的理财规划，如子女教育规划，退休养老规划等等。

在进行消费决策时应遵循一定的原则：消费应符合家庭长远发展目标和未来发展的需要；消费应符合渐进式逐步提高的要求；同时还应符合经济性原则。因此最佳的消费方案应是符合家庭发展目标的、满足家庭成员基本需求的，并且能够用尽可能少的时间和货币获得最大满足的消费。

二、购车规划

汽车行业是中国经济发展的一大支柱，在住房需求得到基本满足后，消费热点必然转移到汽车上。2019 年，我国汽车产销分别完成 2 572.1 万辆和 2 576.9 万辆，产销量继续蝉联全球第一，而私人轿车保有量已达 13 701 万辆。

一般而言，购车交纳费用如下（以 10 万元车为例）：固定费用，包括保险费

3 000~4 000 元，甚至 6 000 元以上；年票约为 980 元；车船使用费 420 元；年审 200 元；养护费 1 200 元；除此以外还有变动费用，包括汽油费、停车费、路桥费等。所有这些费用总计可以达到 15 000~20 000 元以上，几乎占到购车款的 15%~20%。并且这些费用中的大部分都是每年必交的款项，这意味着家庭购车之后将有不小的现金流出，如果没有稳定的、足够的收入来源，这笔现金流出会给家庭带来一定的负担。

1. 汽车消费信贷

个人汽车消费贷款是银行向申请购买汽车的借款人发放的人民币担保贷款。该贷款只能用于购买由贷款人确认的经销商销售的制定品牌国产汽车，并提供银行认可的财产抵押、质押或第三方保证，实行“部分自筹、有效担保、专款专用、按期偿还”的原则。贷款人、借款人、汽车经销商、保险人和担保人应在同一城市。个人汽车消费贷款的年限是 3~5 年；贷款金额如果以质押方式首付不少于车款的 20%，以抵押方式首付不少于 30%，以保证方式首付不少于 40%。汽车贷款利率详见表 4-1。

表 4-1　汽车贷款利率

年限	调整前/%	调整后/%
1 年	5.31	5.56
1~3 年（含）	5.40	5.60
3~5 年（含）	5.76	5.96
5 年以上	5.94	6.14

2. 贷款购车费用计算

假设某家庭购买一辆 10 万元的汽车，计算其贷款购车综合费用。具体见表 4-2。

表 4-2　贷款购车费用计算

	计算公式	选项	金额/元
购车车价			100 000
首付款	现款购车价格×30%		30 000
贷款额	现款购车价格-首付款		70 000
月付款		还款期限 2 年	3 084
车辆保险费	240+车价×1.2%	车损保费	1 440
	限额 5 万第三者责任险	第三者责任险	1 040
	车价×1.1%	全车盗抢险	1 100
	（赔偿限额+车损险）×20%	不计免赔	496
担保费	欠车款×2%	2 年	1 400

表4-2(续)

	计算公式	选项	金额/元
购置附加费	购车款×10%		10 000
公证费	100~300 元		100
停车泊位费	小区内每年 1 800 元	租车位	1 800
车船使用税	每年 420 元		420
年票	每年 980 元		980
上牌费			150
验车费			60
费用总计	贷款车款=首付款+月付款＊贷款年限	贷款购车款	104 016
	首期付款总额=首付款+保险费用+牌证费用	首期付款总额	48 986

3. 制定汽车消费支出规划程序

（1）跟客户进行交流，确定客户购车需求；

（2）收集客户信息，包括家庭组成、家庭收入、支出以及固有的资产等；

（3）分析客户的信息，对其现状进行分析，列出家庭资产负债表和现金流量表；

（4）确定贷款方式、还款方式及还款期限；

（5）购车计划的实施；

（6）根据客户未来情况的变动及时调整方案。

三、其他综合消费规划

管理财富就如同管理一个蓄水池，有来源有去流，去流中很大一部分是“消费”，如果管理不善恐怕很难积蓄起来，所以要想好好理财，首先要从理性、聪明的消费开始。

（1）设定开支预算，控制开销。每月制定月度预算表，参照预算来购物，超额的不花，不在计划内的也不买。表 4-3 为某家庭的月度支出预算表。

表 4-3　月度支出预算表

类别	项目	金额/元	类别	项目	金额/元
居家物业	房租物业	1 400	休闲娱乐	亲朋聚会	100
	水电煤气	300		休闲玩乐	100
	维修保养	50	学习进修	书报杂志	50
	生活用品	100		培训学习	0
食品烟酒	早午晚餐	1 200	金融保险	投资亏损	0
	柴火油盐	200		按揭还款	225
	水果零售	100		保险支出	0

表4-3(续)

类别	项目	金额/元	类别	项目	金额/元
衣服饰品	衣服裤子	200	育儿资金	营养食品	50
	鞋帽包包	300		衣服鞋子	100
	化妆饰品	100		书本玩具	50
交通与通讯	公共交通	100		娱乐游玩	0
	手机费	100	其他		
	邮寄费	30			
合计		4 080			675

（2）坚持记账，了解开支情况。记账是理财的第一步，记账最直接的作用就是让我们清楚自己的收入、支出的具体情况，看看自己到底挣了多少钱，花了多少钱，钱都花在什么地方，同时还可以让我们知道维持正常的日常生活需要多少钱，然后剩下多少钱可以进行消费和投资，这是家庭财务规划的基础。“月光族”并不全是挣钱少不够花，往往是不能理性消费。我们通过记账明确钱是怎样花出去的，才会避免大手大脚乱花钱；通过记账慢慢就能成为理性消费者，把钱花在刀刃上，用更少的钱做更多的事。准确记录自己每月的收支，可以让我们看到自己的改变，有助于我们进行理财规划或者职业规划，改善自己的消费规划的不足和目前经济状况，增加收入。

（3）有需要的商品才买，控制自己的消费欲望。调查显示，生活的富裕指数，有95%是取决于你的用钱态度。其实除了在生活中节省开销之外，“记账”是最有效的方法，因为这样可以帮助你检视出什么是“必要支出”和“非必要支出”。持续力行“当用则用、当省则省”的原则，才能让自己的财务不致陷入困境。有需要的商品才买，特别是奢侈品，理性消费很重要。尤其是春节前，商场各种打折促销的活动增多，我们建议消费者不可光凭打折就购买，也一定要看物品，确实很实用才行。有不少女性，就因看到打折便买了很多东西，结果却用不上，浪费了不少钱财。

【相关阅读】

开始理财第一步

试着想想看，你是否有过这样的经验：在没有记账之前，是不是动不动就坐出租车，而忘了搭公交车比较省钱；出去吃个午餐，却可能被路边摊的小饰品吸引而驻足不前，不知不觉多花了许多钱；只要户头里还有钱或是信用卡还可以刷，多半都会尽情消费。

那么你要从现在开始尝试记账，坚持一个月。当开始记账后，每写下一笔消费金额似乎就是一种思考，有些花掉的钱其实可以不用花，如此便可厘清什么是“必要”，而什么只是“想要”，进而在中间做出取舍，在杜绝“想要”的消费欲望后，便有多余的钱可以存下来。

（4）先储蓄再消费，即“强制储蓄”。通常说法是存款和消费三七开分配，即每个月日常开销的预算最好不超过工资收入的70%。

（5）分期付款提前享受。如果你有一年内购买一台笔记本和数码相机，未来两年希望实现购车的梦想，那么分期付款方式会是一个很好的方式，分期付款既可以提前享受消费带来的效用，又可以一定程度上抑制其他消费。但是，在计划大项消费支出前，我们一定要先评估一下自己的财务状况，看看自己是否具备经济实力，如果还有缺口那就要推迟计划或者在以后的开支中多留结余，并根据计划使用时间来选择相应的合适的投资工具来累计资金。

总之，进行消费支出规划一定要注意不要使自己家庭的负债比过高，以免造成严重的债务危机，同时短期投资积累也要选择相应的投资工具。

第二节　住房规划相关理论

一、住房规划概述

随着人们生活水平的提高，居住环境的改善，家庭成员对居住的空间需求和环境需求也在改变，但对居住氛围、居住场所的追求是没有变的。因此针对租房还是购房、换房还是建房以及购房的融资方案、房贷还款计划、家庭成员的数量等都是住房规划中要考虑的问题。

住房规划是根据家庭资产基础、职业特征、收入稳定性等因素，制定合理的租房、购房计划，使个人和家庭在经济承受能力范围内，得到较舒适的居住环境。住房规划包括买房、租房、换房、建房、卖房的规划，规划是否得当会影响资产负债状况和现金流量的方向。住房规划图见图4-1。

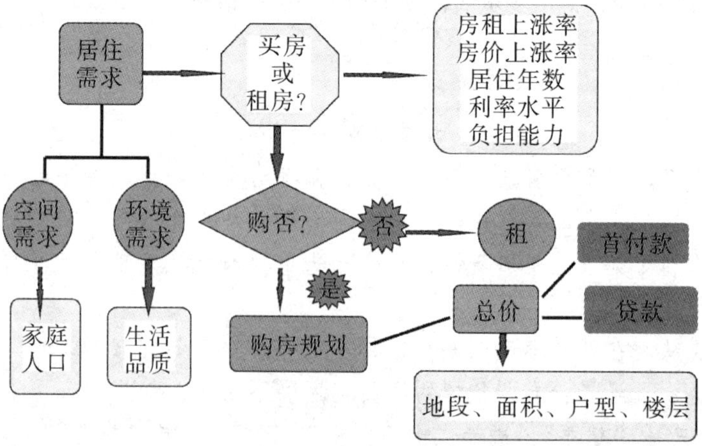

图4-1　住房规划流程

对任何人来讲，购买住房都是人一生中的一件大事。普通老百姓可能要用其一生的积蓄，而且可能一生中的许多年都要为还银行贷款而奋斗。因此对家庭住房规划一定要得当。家庭住房规划不当可能导致以下结果：一是没有住房规划的观念，难以制订合理的行动计划；二是未能量入为出，圆梦功败垂成；三是陷入低首付陷阱，购买了自己买不起的房子；四是成为房奴，一生都为还房贷而奋斗，直至变老。一个合理的住房规划，既能满足不同时期的居住需求，又不会背上沉重的债务负担；既能满足居住的需求，又能满足其他生活需求；既能使家庭财务平稳，又能使生活水平稳步上升。

二、购房和租房决策

（一）住房与租房的比较

购房子女教育、退休不同，住房的根本效用是提供居住场所，它具有可替代性，对买不起房子的人而言，租房也是不错的选择。购房与租房的居住效用相近，主要差别在于，购房者有产权，因而有使用期间的自主权；而租房者有时会面临房东要求搬家的窘境。购房和租房的优缺点对比见表 4-4。

表 4-4　购房和租房的优缺点对比

	租　房	购　房
优点	1. 用较低成本，居住较大房屋	1. 提供属于自己的长久居住场所
	2. 对未来收入的变化有较大承受能力	2. 满足中国人具有定所的传统观念
	3. 留存首期款，用作其他投资渠道和收益	3. 提高生活品质
	4. 不用考虑未来房屋价格的下跌风险	4. 强迫储蓄，累积财富
	5. 租房有较大的迁徙自由度和新鲜感	5. 具有投资价值和资本增值机会
	6. 房屋质量或损毁风险由房主承担	6. 可以按自己意愿布置和装饰家居
缺点	1. 别人房产，主动权在房主	1. 资金动用额大，缺乏流动性
	2. 无法按自己意愿装修布置房屋	2. 维护成本较高
	3. 有房屋租金价格不断上升的风险	3. 需承担房屋价格下跌和损毁的风险
	4. 有房屋上涨，未来购房成本增加的风险	

对租房与购房哪种更加划算的选择，牵涉到消费者拥有自己房产的心理效用与对未来房价的预期。购房者可期待房地产增值的利益；租房者只能期待房东不要随时涨房租。一般而言，适合租房的人群主要有以下几类：刚刚踏入社会的年轻人；工作地点与生活范围不固定者；储蓄不多的家庭；不急需买房且不清楚房价走势者。

（二）住房与租房的成本分析

1. 年成本法

购房者的使用成本是首付款的占用造成的机会成本，以及房屋贷款利息。而租房者的使用成本是房租。购房（或租房）者在进行决策时就会比较购房和租房成本的大小，选择成本小的方案。

租房年成本=押金×存款利率+年租金

购房年成本=首付款×存款利率+贷款金额×贷款利率+年维修税捐费用

例4-1 王先生看上了一处位于北京市朝阳区的80平方米的房产，房产开发商可租可售。若是租房，房租每月3 000元，押金3个月。购房则总价80万元，首付30万元，利率6%的房屋抵押贷款。

分析：王先生租房与购房的成本分析如下（假设押金与首付款的机会成本是一年的存款利率3%）。

租房年成本：3 000×12+3 000×3×3%=36 270（元）

购房年成本：300 000×3%+50×6%=39 000（元）

由此可得，租房比购房年成本低2 730元，或每月227.5元，租房比较划算。

通常，人们在进行租购房决策时主要的影响因素有：

（1）房价成长率。若房价未来看涨，那么即使目前算起来购房的年居住成本稍高，未来出售房屋的资本利得也足以弥补居住期间的成本差异；如上例，租房年居住成本率=3.6万元/80万元×100%=4.5%，购房年居住成本率=3.9万元/80万元×100%=4.875%，两者差距0.375%。若计划住5年，0.375%×5=1.875%，这意味着只要房价可能在5年内涨2%以上，购房仍然比较划算。因此租房与购房究竟何者划算，当事人对未来房价涨跌的主观判断仍是决定因素。

（2）房租成长率。房租成长率越高，购房越划算。

（3）居住年数。居住时间越长，购房越划算。

（4）利率水平。利率愈低，购房的年成本愈低，购房就会愈划算。如果预期房贷利率进一步降低，而房租保持不变，则租房与购房的居住成本的差异会逐渐降低，可以考虑通过购房满足居住需求。

（5）房屋的持有成本。房屋持有成本越高，租房越划算。

（6）租房押金。押金水平越高，购房越划算。

（7）房租调整因素。如上例中购房后成本固定，而且租与购的月成本只差227.5元，只有月租的7.6%，因此只要未来房租的调整幅度超过7.6%，则购房比租房划算。

2. 净现值法

净现值法是考虑在一个固定的居住期间内，将租房及购房的现金流量还原为现值，比较两者的现值，支付的净现金流越小越好。

例4-2 王先生看中一处房产。若是租，房租每年30万元。王先生确定要在该处住满5年。若是购买则总价800万元，假设5年后售房所得为1 000万元。以存款利率6%为机会成本的计算依据。

请分析王先生是租房划算还是购房划算。

分析：

租房净现金流量现值为：P = 年金 30 万元×年金现值系数（$n=5$，$i=6\%$）= 30×（$P\times A$，6%，5）= 30×4.212 4 = 126.37（万元）

购房净现金流量现值应该等于 5 年后售房净所得的现值减去购房现值，而 5 年后售房净所得的现值为：P = 1 000 万元×标准复利现值系数（$n=5$，$i=6\%$）= 1 000×（$P\times F$，6%，5）= 1 000×0.747 26 = 747.26（万元）

购房净现金流量现值 = 5 年后售房净所得的现值 − 购房现值 = 747.26 − 800 = −52.74（万元）

购房净现金流量现值远远小于租房的净现金流现值，因此购房比租房划算。

净现值法考虑居住年数，值得参考的决策标准是，如果消费者不打算在同一个地方住 3 年以上，最好还是以租代购。因为 3 年内房租再怎么调涨，仍会低于房贷利息的负担，若购房后装修只住 3 年，则折旧成本太高，而期待房价不断飘升是相当不切实际的。一个简单的法则是，在一个地方住越久，用净现值法计算的购房比租房划算的机会越大。

闲置房屋是出租还是出售要视房屋的新旧、地段的好坏、房地产政策等综合因素而定，也就是要综合考虑房产的价格。

影响房产价格的因素很多，具体可归为以下四个方面：其一是自然因素，主要是指房地产所处的位置、地质、地势、气候条件和环境质量等因素，需要说明的是，房地产中的地段概念，不仅指其自然地理位置，而更多地是指房地产的经济地理位置、环境地理位置和文化地理位置，交通状况和所在地的基础设施建设也是影响房地产价格的重要因素。其二是经济因素，主要有供求状况、物价水平、利率水平、居民收入和消费水平。由于利率水平是资金的使用成本的反映，利率上升不仅带来开发成本的提高，也将提高房地产投资者的机会成本，因此会降低房地产的社会需求，导致房地产价格的下降。但是，房地产价格受多种因素的影响，在市场投机状况严重或利率水平过低的情况下，利率的上升并不必然产生房地产价格的下降。其三是行政因素，指影响房地产价格的制度、政策、法规等方面的因素，包括土地制度、住房制度、城市规划、税收政策与市政管理等方面。其四是社会因素，主要有社会治安状况、居民法律意识、人口因素、风俗因素、投机状况和社会偏好等方面。此外，房产价格还受房屋质量、开发商实力、物业管理状况和采光度等因素的影响。

总而言之，对于出租房还是出售房的决策，投资者要全面了解以上的宏观和微观因素，特别应当注意的是房地产政策风险。当经济过热，政府采取紧缩的宏观经济政策时，房地产业通常会步入下降周期，房地产价格降低，房产有损失的风险。

三、购房贷款

对多数人来说，买房的花销太大，很少有人可以一次性付清所有的购房款项，因此个人或家庭的居住规划中的另一个重要问题是关于购房筹资的问题。

1. 住房公积金贷款

住房公积金贷款是指由各地住房公积金管理中心运用职工以其所在单位所缴纳的住房公积金，委托商业银行发放的房屋抵押贷款。公积金贷款利率是 2015 年 10 月 24 日调整并实施的，五年以上公积金贷款利率 3. 25%，月利率为 3. 25%/12，五年及以下公积金贷款利率为年利率 2. 75%。

住房公积金贷款的特点：贷款期限短，最长不超过 30 年；比银行其他贷款利率低；贷款对象有特殊要求，必须是公积金缴存人；基本上没有年龄上限制；贷款额度大于商业银行个人住房额度；贷款额度不超过购房合同金额的 70%，但还有最高限额。

例 4-3　一位公积金制度的客户，打算购买一套 100 万元的自住普通住房，拟申请贷款。假定目前客房本人名下的住房公积金本息余额为 6 000 元，上个月公积金汇储额是 1 500 元，本人离退休还有 30 年。

客户可缴存公积金总额 = 20 000+500×12×30 = 200 000 元。假定该客户还有其他 1 名家庭成员，可缴存公积金总额为 40 万元。该客户的可申请的住房公积金贷款额度为三个条件（可贷额度、房价 70%、贷款额度）中最低者，即 40 万元。

【相关阅读】

申请住房公积金贷款需要什么条件?

住房公积金的贷款条件每个地区略有不同，但是基本条件如下：

（1）职工所在单位和本人按规定连续足额缴存住房公积金 1 年以上（含 1 年）；未按规定逐月缴存公积金连续三个月以上（含三个月）不具备贷款条件；

（2）职工所在单位建立住房公积金制度二年以上且单位未有缴存不良记录，新调入、新参加工作的职工缴存住房公积金三个月以上（含三个月）；

（3）所贷款项用于购买商品房、经济适用房、房改房、二手房、危改还原房以及自建房

（4）有稳定的经济收入和偿还贷款本息的能力，有良好的信用记录，且具有完全民事行为能力的自然人；

（5）有合法的购房合同和首期支付不低于购房总价款 30%的自筹资金；

（6）新交易的二手房屋，以契税发票为准 6 个月以内可申请贷款；超过 6 个月，不提供贷款。

（7）持房屋所有权证贷款，以契税发票为准二年以内可申请装修贷款，超过二年不提供贷款。

（8）自建房一年内可申请贷款，超过一年不提供贷款；

（9）职工支取公积金后，须连续缴存一年以上，一年内不具备贷款资格。

使用本人住房公积金申请住房公积金贷款的，贷款最高限公积金贷款额度额 40

万元；同时使用配偶住房公积金申请住房公积金贷款的，贷款最高限额60万元。

资料来源：《住房公积金管理条例》。

2. 个人住房商业性贷款

个人住房商业贷款，又称房屋按揭贷款，是指因购买商品房而向银行申请的一种贷款。个人住房商业性贷款可分为四种类型：抵押贷款，用购房契约向银行作抵押；质押贷款，用动产或权利做质押；保证贷款，用具有代为清偿能力的法人、其他经济组织或自然人作为保证人；抵押（质押）加保证贷款。

个人住房商业贷款一般要求贷款人有稳定的经济收入，有合法有效的购房合同，自筹20%以上的房款，即首付款不得低于20%。同时住房抵押或质押贷款需向银行提供有效的抵押、质押或保证担保，贷款额度一般最高不超过100万元，贷款期限一般不超过30年。

3. 住房组合贷款

住房组合贷款，是指符合个人住房商业性贷款条件的借款人同时缴存个人住房公积金，在申请个人住房商业贷款的同时还可向银行申请个人住房公积金贷款。分别按各自的利率计算利息。

【阅读资料】

政策低价房

安居房，指实施国家“安居（或康居）工程”而建设的住房（属于经济适用房的一类）。是党和国家安排贷款和地方自筹资金建设的面向广大中低收家庭，特别是对4平方米以下特困户提供的销售价格低于成本、由政府补贴的非营利性住房。

平价房，是指以成本加上3%的管理费作为销售价格向大多数中低收入家庭提供的住宅。

经济适用住房，指由中国政府出资扶持的具有经济性和适用性两方面特点的社会保障住房。所谓经济性，是指住房的价格适合中等及低收入家庭的负担能力。所谓适用性，是指在房屋的建筑标准上不能削减和降低，要达到一定的使用效果。

第三节 购房筹资规划

一、制定住房消费支出规划

理财规划师应从以下七个方面帮助消费者制定住房消费支出规划：

（1）跟客户进行交流，确定客户希望购房还是租房。

（2）收集客户信息，包括家庭组成、家庭收入、支出以及固有的资产等。

（3）分析客户的信息，对其现状进行分析，列出家庭资产负债表和现金流量表。购房前，理财规划师应先对客户的财产做周密细致的评估，根据客户的经济能力找出相应的地段和楼盘，这要比找完房子再算价钱明智得多。

（4）帮助客户制定购房目标，包括购房的时间、希望的居住面积和届时的房价，确定明确的购房目标。根据客户财产和还款能力确定购房的总价和单价，确定购房的总价主要看购房者可负担的首付款以及可负担的房贷总额的能力；确定购房的单价主要看购房者对房屋的区位、结构等的选择。

（5）帮助客户进行贷款规划，选择适当贷款方式、还款方式及还款期限等，并运用相关税收和法律知识，为客户提供必要的支持。理财规划师应分析客户购房后的家庭收支状况，在计算家庭收入时应侧重固定可靠的来源，如工资、银行存款利息、债券利息等；家庭支出包括每月的月供费用、物业管理费、水电煤电话费、其他正常生活开支、娱乐教育费用等。据专业理财人士测算，房屋月供款与税前月总收入的比率一般不应超过25%~30%，所有贷款月供款与税前月总收入的比率，一般应控制在33%~38%。

（6）购房计划的实施。

（7）根据客户未来情况的变动，对计划做出及时的调整。

例4-4 金先生夫妇都在南方电网工作，去年他们家庭的总收入为32万元。他们非常谨慎地理财，没有任何负债。现在他们打算买一栋房子，并想知道根据自己的收入他们到底能借到多少钱。他们打算用积攒下来的30万元作为首付款，现在五年期以上的房屋抵押贷款利率为6.80%（首套上浮6%，以20年为例）。

家庭的最高借款额为：30%×32万=9.6万/年，即0.8万/月。

$$\text{PFIFA 理财规划师}=\frac{1-\dfrac{1}{(1+k)^{n}}}{k}\times PTM$$

$$PV=\frac{1-\dfrac{1}{1+0.068\times(1+0.06)^{240}}}{0.068\times(1+0.06)}\times 8\ 000$$

PV = 1 020 000

也就是说，金先生夫妇最高可负担的房屋价值是102+30=132（万元）。

二、住房贷款的测算

（一）提前还贷问题

借款人在贷款后可以根据自身需要和能力选择提前偿还贷款。通常，借款人在贷款时对自身的偿还能力估计不足时，或借款人在贷款一段时间后收入增加、调整投资组合后，可能发生提前偿贷。无论出于何种还贷目的，动用提前还款选择权的决策原则仍然是成本效益原则。提前还款的方式有四种：

（1）全部提前还款，剩余的贷款一次性还清；

（2）部分提前还款，保持每月还款额不变，将还款期限缩短，这种方式节省利息较多；

（3）部分提前还款，每月还款额减少，保持还款期限不变，可以节省利息，但是节省程度低于第二种；

（4）部分提前还款，每月还款额减少，同时将还款期限缩短，节省利息最多。

理财规划师在帮客户做还贷决策时，应从经济角度考虑问题。如果客户选择的是组合贷款，提前还贷时可考虑先还商贷会比较“优惠”；如果客户现在资金较为雄厚，又不打算提前还款，建议采用“等额本金还款法”较为有利，因为两种还款法相比较，“等额本息还款法”支付的利息高于“等额本金还款法”支付的利息。

需要注意的是，原则上必须是1年以后，银行才允许提前还贷，贷款期限在1年以内的，不能部分提前还本，贷款期限在1年以上的，可以部分或全部清偿。银行对提前还贷起点金额通常有要求，提前还贷的前提是以前贷款不拖欠。需要提前还贷的借款人一般须提前15天或1个月提出书面申请，借款人提前偿还全部贷款后应办理抵押注销，并可到保险公司退还提前期内的保费。

（二）还款方式与还款金额

1. 等额本息还款法

等额本息还款法是指，在贷款期限内每月以相等的还款额足额偿还贷款本金和利息。这种方式适用于收入处于稳定的家庭，如公务员，教师等。

例4-5　教师李先生向银行申请了20年期的80万元贷款，利率为6.80%（上浮40%），采用等额本息还款。

$$\text{PVIFA}=\frac{1-\frac{1}{(1+k)^{n}}}{k}\times\text{PMT}$$

$$800\ 000=\frac{1-\frac{1}{1+0.068\ (1+0.4)^{240}}}{0.068\ (1+0.4)}\times\text{PMT}$$

PMT = 7 467.50

2. 等额本金还款法

等额本金还款法是指在贷款期限内按月偿还贷款本金和利息，其中每月所还本金相等。适用于目前收入较高但将来收入会减少的人群，如面临退休的人员等。

例4-6　李先生向银行申请了20年期30万元贷款，利率为5.508%，采用等额本金还款。

$$第一月还款额=\frac{300\ 000}{20\times12}\ (1+\frac{20\times12}{12}\times5.508\%)$$

$$第二月还款额=\frac{300\ 000}{20\times12}\ (1+\frac{20\times12-1}{12}\times5.508\%)$$

……

3. 等额递增还款法

等额递增还款法是把还款期限划分为若干时间段，每个时间段内还款额相同，下一个时间段的还款额按一个固定金额递增。这种方法适用于目前收入一般，但未来收入会逐渐增加的人群，如毕业不久的学生等。

4. 等额递减还款法

等额递减还款法是把还款期限划分为若干时间段，每个时间段内月还款额相同，下一个时间段的还款额按一个固定金额递减。这种方法适用于目前还款能力强，但未来收入将减少的人群，如中年人或未婚的白领人士。

（三）贷款的本金与利息的分解

在住房贷款的偿还中，无论是哪种还款方式，每期的还款额中既有本金的偿还部分，也有利息的偿还部分。分析清楚两者的构成，是进行科学合理住房规划的前提和基础。

例 4-7 贷款金额 30 万，利率 5%，贷款 20 年。那么贷款偿还的分解如下所示：

1. 等额本金还款法

每期本金偿还额=期初借款额 300 000 元/240（月）=1 250（元）

第一期利息额=期初借款额 300 000 元×借款利率 5%/12=1 250（元）

第一年期末剩余未偿本金余额=300 000 元-1 250 元=298 750（元）

第一期摊还总额=1 250 元+1 250 元=2 500（元）

2. 等额本息还款法

每期的还款总额固定为：1 980 元。

第一期所还利息数额=期初借款额 300 000 元×借款利率 5%/12=1 250（元）

当期本金还款额=1 980 元-1 250 元=730（元）

第一期末剩余未偿本金余额=300 000 元-730 元=299 270（元）

（四）住房筹资规划步骤和方法

在实务中，估算房屋的贷款额时，往往涉及较长时间段的现金流，人力计算耗费工作量大并且准确性低，因此可依靠计算机中相应的软件来实现住房规划。下面以 Excel 中的函数为例来计算。

当客户有购房需求或换房需求时，理财规划师应该进行住房规划，一般的规划步骤为：

（1）测算在购房或换房时点需要的资金量；

（2）测算客户目前的收入支出水平和资产存量在购房或换房时点的终值；

（3）根据两者的缺口进行方案规划；

（4）实施住房规划方案，并对其进行持续地监控和调整。

案例：陈先生计划 3 年后换房子，预计将花 1 000 万元，目前自己的住宅值 500 万元，房贷 200 万元，尚有 10 年的房贷要还。假设新旧屋的房贷利率都为 4%，此期间房价水平不变。

（1）请问在不另筹自备款的情况下，新屋房贷还有多少？

（2）若贷款 20 年，每年要缴多少本息？

（3）若每年本利摊还 60 万元，几年可还清？

分析：

（1）规划步骤：

第一步：计算旧屋目前每年摊还金额。

200＝PV，i＝4%，n＝10，可得 PMT＝－24.66，即每年要还 24.66 万元，为现金流出，呈现负号。

第二步：计算 3 年后旧屋还剩下多少房贷额。

PMT＝－24.66，i＝4%，n＝7，可得 PV＝148，即 3 年后房贷剩余期为 7 年，剩余房贷 148 万元。

第三步：计算出售旧屋的净现金流入，可当作新屋自备款。

3 年后房价 500 万元－3 年后剩余房贷 148 万元＝352 万元

新屋还需要的贷款：新屋总价 1 000 万元－ 出售旧屋净流入 352 万元＝新屋尚需贷款额 648 万元

（2）新屋每年本利摊还额：

PV＝648，i＝4%，n＝20，可得 PMT＝47.68，即每年要还 47.68 万元。

（3）若每年还 60 万，几年可还清？

PV＝648，PM＝－60，i＝4%，可得 n＝14.42，即 14.42 年可以还清贷款。

第四节　消费支出规划实训

一、实训目的和要求

（1）消费信贷，即在不影响家庭正常收支的情况下合理利用银行贷款，增加家庭净资产。消费信贷规划是个人家庭理财规划中的重要组成部分，其目的就是在保持家庭资产流动性的同时，通过合理负债，实现资产保值增值。

（2）住房规划分析实训操作目的是使实训者具备基本的居住规划能力。通过本部分的实训操作，学生应掌握收集分析房屋基本信息的方法；掌握住房贷款利息的偿还方式，能够对贷款的本金和利息进行分解分析，掌握提前还款决策的分析；能够根据实训案例做出合理完整的购房需求规划和购房筹资规划。

（3）购车规划分析实训操作目的是使实训者具备购车消费规划能力。通过本部分的实训操作，学生应掌握购车涉及的各项税费信息、消费信贷方式，能够根据实训案例做出合理的购车需求规划和消费信贷规划。

二、实训步骤

（一）住房规划实训

（1）简述我国目前对住房市场的宏观调控政策。

（2）请实地走访一个小区，统计该地区的房屋租赁情况。

①确定好自己选择的小区；

②实地走访小区附近的中介，了解该小区的房屋租赁情况；

③将房屋基本情况记录整理。

（3）根据实训案例（案例附在实训报告中），选择在售的某新楼盘并实地走访，为购房者做出合理的购房规划。

①根据实训案例，为购房者选择合适的区域；

②选择该区域某在售新楼盘，确定一套房源；

③请售楼处工作人员根据房屋实际面积和价格，为你估算购房总价，并提供几种付款方式，你根据实际情况选择其中一种；

④若涉及贷款，请根据案例中购房者选择的贷款方式，用等额本息还款法计算贷款本息及月还款额。

（4）由指导教师对部分实训者或每个实训者的部分内容进行抽查，实训者口头阐述自己的实训成果。

（二）购车规划实训

根据实训案例（案例附在实训报告中），为客户制订合理的购车规划方案。

三、实训报告

（一）住房市场宏观调控政策

（1）简述目前__________市限购政策。

①____。

②____。

③____。

（2）简述目前几大商业银行住房贷款的利率政策。

①____。

②____。

③____。

（3）简述2012—2017年我国新建商品房价格走势。

（4）分析目前________市居民的购房意愿。

（二）________市房屋租赁情况调查

（1）我选择的是______市______区的______小区。

（2）查找该小区的三套房源，将房屋基本情况填入下表，进行比较。

房屋面积	朝向	楼层	建造年代	装修情况	月租金

根据实地走访中介了解到，该小区的房屋租赁价格在过去的半年中呈________（上涨、下降、变化不大）。

（3）购房租房决策。

李先生在上海某地区租了一套两室一厅的房子，月租金为2 800元，房子售价为100万元。李先生已经有了部分积蓄，足以承担这套房子的首付款。

他现在考虑的问题是，是否应该把这套房子买下来。如果李先生买房，他的成本实际有两部分：一是按揭贷款的利息支出，二是购房相对于租房的机会成本，即首付款的存款利息损失。假设房屋为30%的首付比率，按揭贷款年利率5.94%，1年期存款实际利率为2.25%。

请分析李先生应该继续租房还是买房？写明计算分析过程。

(4) 综合案例分析。

小杨是山东人，大学毕业后留在杭州滨江区的一家软件公司工作。目前小杨的税后月工资为 5 000 元，单位为其缴纳五险一金（其中个人每月缴纳公积金 680 元）。小杨工作这几年较为节省，自己约有 3 万元的存款，因为是家中独子，家庭经济条件尚可，因此父母打算帮他在杭州买一套房子，为日后结婚做准备。小杨估计自己能够承受的房屋总价大约为 120 万元，他打算就在滨江购买一套新房，首付款由父母资助，其余部分申请公积金和商业组合贷款。请你为小杨做一个合理的购房规划。

①根据小杨家庭的实际情况，我选择的楼盘是 ________________ ，该楼盘目前均价为__________ 元/平方米。

②根据实地考察，该楼盘____ 号楼 ______室 比较符合杨先生的要求。该套房建筑面积为 ______平方米，户型为 __________ ，预计购房总价为__________。

计算过程：

③根据售楼处工作人员的介绍，杨先生能够选择以下几种付款方式，每种付款方式的优惠情况如下：

④经售楼处工作人员计算，杨先生属于首次购房，若以贷款方式购买，则需支付的首付款为______ 万元，剩余房款可向________银行申请组合贷款，最长可申请____年。在等额本息还款法下，每月还款情况如下：

<table>
<tr><td colspan="2">组合贷款</td></tr>
<tr><td>商业贷款利率：</td><td>公积金贷款利率：</td></tr>
<tr><td colspan="2">贷款金额</td></tr>
<tr><td>商业贷款部分：</td><td>公积金贷款部分：</td></tr>
<tr><td colspan="2">月还款额</td></tr>
<tr><td colspan="2"></td></tr>
</table>

计算过程为：

从以上分析我们可以看出，购房后小杨每月需支付的还款额为________，占其工资收入的________，还款压力________（较大，一般，较小），因此，________（还需要，不需要）父母的经济资助。

（三）购车规划案例分析

陈先生在贸易公司工作，妻子在另一企业担任人事管理工作，儿子今年1岁。陈先生夫妻双方的父母都是退休工人，身体健康，有退休金收入。

陈先生月收入10 000元，年底有奖金20 000元；妻子月收入8 000元。家庭日常生活支出7 000元/月，儿子生活费用2 000元/月。每年衣物支出20 000元，旅游费用20 000元，支付双方父母生活费20 000元。陈先生家庭拥有自住商品房一套，价值80万元，无贷款。现有活期存款3万，货币型基金2万元，信用卡未还欠款1万元。

陈先生准备3年后购置一台15万左右、排量1.6L的4座汽车。首付比例为30%，贷款期限为5年，贷款利率为6%，商业险花费约6 000元/年，车船使用税为420元，上牌费用为150元。

要求：

（1）请根据客户的购车需求，计算购车所需支出金额。

（2）请根据客户的家庭资产状况、收支状况，设计购车规划方案。

教师检查签字______________　　　检查时间________年____月____日

实训任务五　教育规划

开篇引例

宋先生今年元月刚结婚，计划一年以后生育小孩，为了让子女接受完整的教育，决定从现在就开始规划未来子女教育基金。因为刚成家不久，所以宋先生并无多余的存款，因此希望每月从薪水中提存固定金额作为未来子女教育金的准备，并于18年后累积足够的子女教育基金。

若以目前大学的学杂费及生活费计算，宋先生必须为子女准备至少10万元供其完成大学学业，以每年平均通货膨胀率2%计算，18年后必须准备142 825元才相当于现在的10万元，此时若宋先生选择每月自薪水中提取固定金额作定期存款，以定期存款约4.7%（假设值）的年利率计算，每月必须提取422元才能顺利于18年后达成目标；反之，若能投资于增长型基金或股票，则以每年平均收益率15%计算，每月只需提取220元即可，当然，收益率增加的同时，风险也随之增加。虽然一样都能达成目标，但每月所承受的负担却有天壤之别，两者的差异仅在于投资工具的选择是否正确。

第一节　教育规划相关理论

教育规划在中国家庭中主要是准备子女接受高等教育的费用。近年来，随着高等教育学费的逐年提高和整个社会重视知识氛围的形成，子女教育规划已经成为家庭理财规划中非常重要的一部分。

教育规划即教育投资规划，是指为积累实现预期教育目标所需要的费用而进行的一系列资金管理活动，可分为本人教育投资规划和子女教育投资规划。个人教育投资规划是指对自身的教育；子女教育投资规划是指为子女将来的教育费用进行策划和投资，又包括基础教育投资和高等教育投资。

一、子女教育规划的特点及意义

子女教育金理财规划必须是专款专用，不能将这一笔资金同时挪去购房或购车；另外子女教育金的理财工具宜保守，而保本是最高指导原则。获利性较高的理财工具风险性也高，一般开始累积的时间要早，可选择部分资金投入高风险理财工具，比例不宜高于10%。

（一）子女教育规划的意义

1. 良好的教育对于个人意义重大

接受良好的教育是提高自身本领和适应市场变化的重要条件，在市场经济条件下，劳动者收入与受教育程度成正比。

2. 教育费用逐年增加

随着社会经济的发展，人们的收入水平有了很大提高，为提高教育费用负担水平提供了基本保证。独生子女制度使得家庭加大了对子女教育的投入。教育费用急剧增加，占家庭开支的比例日益扩大，已经成为很多家庭的负担，甚至有的家庭因此而陷入贫困。

教育负担比 = 子女教育费用÷家庭税后收入

例1：冯先生有个女儿，刚考入东北财经大学金融学院。女儿正式入学前，冯先生计算了一下女儿读大学一年的费用，费用明细为：全年学费4 500元，住宿费1 200元，日常各项开支预计每月1 000元，以全年10个月计共需10 000元。预计冯先生和太太全年税后收入8万元，那么对于冯先生家庭而言：

教育相关费用 = 学费+住宿费+日常开支=4 500+1 200+10 000=15 700（元）

教育负担比 = 15 700÷80 000×100%=19.6%

3. 教育费用特点

（1）没有时间弹性，没有费用弹性。

（2）子女的资质及其所花费的费用难以事先掌握。

（3）子女教育金必须靠自己来准备。考虑存在时间复利的效果，开始规划的年龄愈早愈好。

（4）子女教育金支出时间长，总额大。

（5）投资策略不可太消极。教育金的支出成长率较一般的物价增幅要高，因此，子女教育金的投资不能太保守，至少要高于学费成长率，但是愈接近学费高峰时期，投资就愈需保守。

（二）教育规划的资金来源

教育支出最主要的资金来源是家庭自身的收入和资产。稳定的收入和充足的资产是教育支出坚实的资金保证。除此以外，教育资金还可来源于：政府教育资助，如特殊困难补助，减免学费，“绿色通道”，国家助学金等；奖学金；贷款；子女勤工俭学或兼职收入。

1. 政府教育资助

特殊困难补助，各级政府和高校对经济困难学生遇到一些特殊性、突发性困难时给予的临时性、一次性的无偿资助。

减免学费，是对普通高校中部分经济特别困难的学生实行的，尤其是孤残学生、少数民族学生及烈士子女、优抚家庭子女等实行的减收或免收学费的措施。

“绿色通道”，是指对被录取的经济困难的新生，一律先办理入学手续，然后再根据核实后的情况，分别采取不同的资助措施。

国家助学金，主要资助家庭经济困难学生的生活费用开支。平均资助标准为每生每年2 000元，具体标准在1 000~3 000元范围内确定，可以分为2~3档。每年9月30日前，学生根据规定的国家助学金的基本申请条件及其他有关规定，向学校提出申请，并递交《普通本科高校、高等职业学校国家助学金申请表》。

2. 奖学金

（1）国家奖学金。

2002年5月，为帮助家庭经济困难的普通高校学生顺利完成学业，财政部和教育部决定：2002年9月起我国将设立国家奖学金，每年在全国范围内定额发放给45 000名在校大学生，总规模为每年2亿元。

2007年5月，每年奖励5万名特别优秀的在校学生，奖励标准由原来的每人每年5 000元提高到8 000元。国家奖学金获得者，其所在学校减免其当年的全部学费。

国家奖学金的基本申请条件：①热爱社会主义，热爱祖国，拥护中国共产党的领导；②遵守宪法和法律，遵守学校规章制度；③诚实守信，道德品质优良；④在校期间学习成绩优异，社会实践、创新能力、综合素质等方面特别突出。同一学年内，获得国家奖学金的家庭经济困难学生可以同时申请并获得国家助学金，但不能同时获得国家励志奖学金。

（2）国家励志奖学金。

国家励志奖学金是为了激励普通本科高等学校、高等职业学校和高等专科学校的家庭经济困难学生勤奋学习、努力进取，在德、智、体、美等方面全面发展，由中央和地方政府共同出资设立的，奖励资助品学兼优的家庭困难学生的奖学金。资助面平均约占全国高校在校生的3%，资助标准为每生每年5 000元。

二年级以上（含二年级）的在校生，符合以下条件的，可以申请：①热爱社会主义，热爱祖国，拥护中国共产党的领导；②遵守宪法和法律，遵守学校规章制度；③诚实守信，道德品质优良；④在校期间学习成绩优秀；⑤家庭经济困难，生活俭朴。

3. 贷款

(1) 学生贷款，是指学生所在学校为那些无力解决在校学习期间生活费的全日制本、专科学生提供的无息贷款。目前各高校学生贷款实际额度一般每年在 1 000 元以上。学生贷款审定机构应由学生管理部门、财务部门、教师和学生等方面代表组成。

(2) 国家教育助学贷款，可分为商业性银行助学贷款和财政贴息的国家助学贷款。商业性银行助学贷款，指贷款人向借款人发放的，用于借款人自己或其法定被监护人就读国内中学、普通高校及攻读硕士、博士等学位或已获批准在境外就读大学及攻读硕士、博士等学位所需学杂费用（包括出国的路费）的消费贷款；财政贴息的国家助学贷款，是指贷款人向借款人发放的，由中央财政或地方财政贴息，用于借款人本人或其直系亲属、法定被监护人在国内高等学校就读全日制本、专科或研究生所需学杂费和生活费用的助学贷款。

(3) 一般性商业助学贷款，是指各金融机构以信贷原则为指导，对高校学生、学生家长或其监护人办理的，以支持学生完成学习为目的的一种商业性贷款形式。2016 年国家奖助学金类型见表 5-1。

表 5-1 国家奖助学金类型（2016 年）

助学项目	人数	金额（每人每年）	总额
国家奖学金	5 万人	8 000 元	4 亿元
国家励志奖学金	78. 66 万人	5 000 元	39. 33 亿元
国家助学金	556. 38 万人	2 000 元	297. 49 亿元
中职学生助学金	1 502. 66 万人	1 500 元	332. 13 亿元
助学贷款	378. 21 万人		263. 21 亿元

数据来源：《2016 年中国学生资助发展报告》。

4. 子女勤工俭学或兼职

在校学生通过半工半读来负担自己的教育费用，在接受教育的同时可以积累一定的社会经验。

(三) 我国的子女教育投资规划现状

目前，我国家庭对于教育规划的重要性都有所认识，但对于教育规划的知识了解不够，很多家庭的资金投资管理方式单一，大多投资于收益率较低的储蓄上，仅仅依靠积累很难在通货膨胀的影响下获得好的投资效果。

2015 年修订的《中华人民共和国义务教育法》第四十二条规定：国家将义务教育全面纳入财政保障范围，义务教育经费由国务院和地方各级人民政府依照本法规定予以保障。国务院和地方各级人民政府用于实施义务教育财政拨款的增长比例应当高于财政经常性收入的增长比例，保证按照在校学生人数平均的义务教育费用逐步增长，保证教职工工资和学生人均公用经费逐步增长。1993 年在国务院颁布的《中国教育改革和发展纲要》中明确提出，逐步提高国家财政性教育经费支出占国民生产总值的比例，20 世纪末要达到 4%，2012 年我国首次实现 4%这一目标，达到 4. 3%。

教育部、国家统计局与财政部发布的《关于2015年全国教育经费执行情况统计公告》显示，2015年，全国教育经费总投入为36 129.19亿元，比上年的32 806.46亿元增长10.13%。其中，国家财政性教育经费（主要包括公共财政预算安排的教育经费，政府性基金预算安排的教育经费，企业办学中的企业拨款，校办产业和社会服务收入用于教育的经费等）为29 221.45亿元，比上年的26 420.58亿元增长10.60%。1993—2004年国家财政性教育经费支出占GDP比例见表5-2。2005—2016年中国教育经费支出及国家财政性教育经费支出情况见图5-1。

表5-2　1993—2004年国家财政性教育经费支出占GDP比例　　单位:%

年份	比例	年份	比例
1993	2.51	2005	2.81
1994	2.51	2006	3.01
1995	2.41	2007	3.32
1996	2.46	2008	3.48
1997	2.50	2009	3.59
1998	2.59	2010	3.65
1999	2.79	2011	3.83
2000	2.86	2012	4.28
2001	3.14	2013	4.16
2002	3.32	2014	4.10
2003	3.28	2015	4.26
2004	2.79		

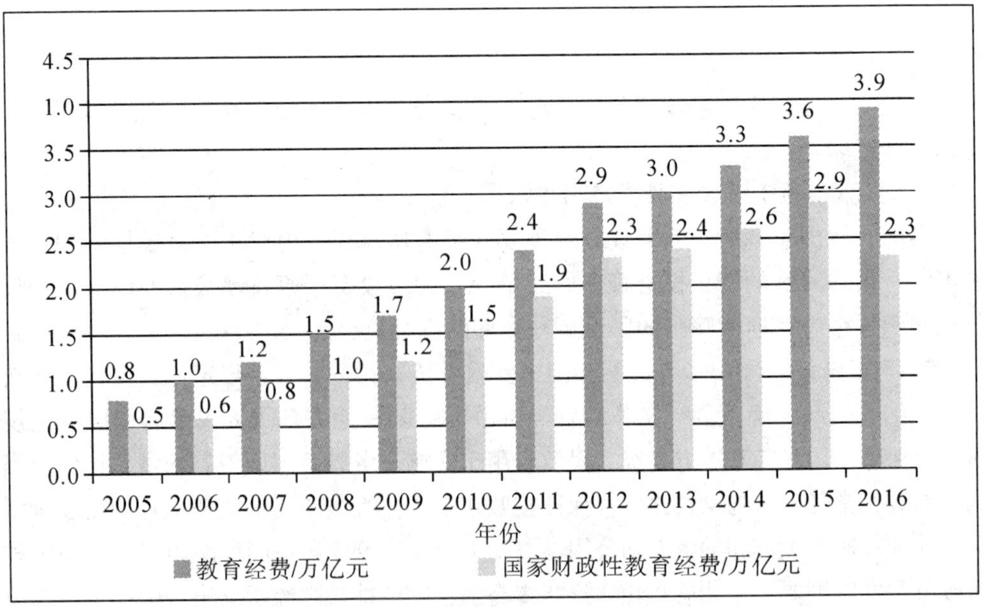

图5-1　2005—2016年中国教育经费支出及国家财政性教育经费支出

二、子女教育规划的步骤与实例

（一）子女教育规划的步骤

子女教育规划流程如图 5-2 所示。

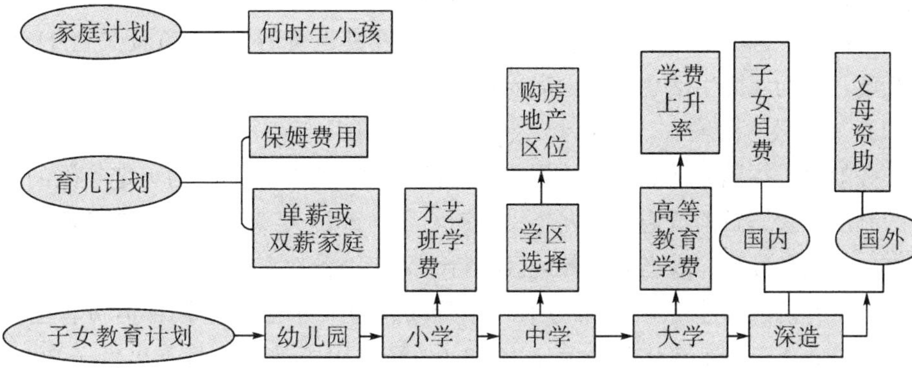

图 5-2 子女教育规划流程

1. 确立子女培养目标

根据艾瑞咨询集团调研数据显示，不同年龄段家庭的教育侧重点存在明显差异，但是对孩子道德品质的塑造和生活习惯的培养是各年龄段家长共同看重的。具体而言，“90 后”家长因为孩子尚小对学习成绩等方面关注度不高，“80 后”家长对孩子沟通表达能力的培养显著高于其他年龄段父母，“70 后”家长对孩子学习成绩和动手操作能力重视度最相近，“60 后”家长因孩子多处于升学期最为关注学习成绩。具体见图 5-3。

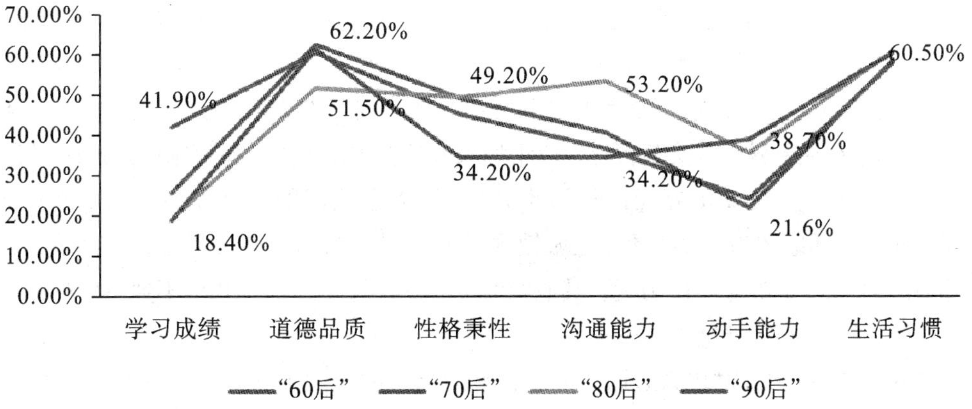

图 5-3 不同年龄段家长对子女的教育目标

根据子女的特长兴趣，确定一个适合子女长期发展的目标，然后按照这个设定的目标准备一定的财务资源，做到有备无患，并同时有针对性地引导子女朝着这个方向发展。

2. 根据子女教育目标估算教育支出

（1）幼儿园阶段。

幼儿园教育是孩子的起始教育，家长一般都非常重视。目前幼儿园的收费不仅包括学习费用还包括生活费用，在整个教育支出中占比较高。据统计①，每名孩子每学年教育费用约为9 176元，其中，保育费和管理费为7 120元，占77.6%，园内兴趣班费用为1 000元，占10.9%，园外兴趣班及其他费用为1 056元，占11.5%。每名儿童三年幼儿园生活总计至少需要费用27 528元。

（2）义务教育阶段。

义务教育是指国家依照法律的规定对适龄儿童和青少年实施的一定年限的强迫教育的制度。我国目前普遍实行九年义务教育制，2017年3月全国两会期间，代表热议十二年义务教育，现已有少数地区实行十二年义务教育试点。

义务教育阶段即小学六年和初中三年阶段。2016中国家庭教育消费者图谱显示，家庭月收入低于5 000元的家庭有58.0%平均用于教育的月支出低于300元，而家庭月收入高于30 000元的家庭有37.0%每月教育支出高于2 000元。中小学家庭用于教育的支出与家庭收入水平成正比，家庭月收入低于10 000元的家庭每月用于教育的支出费用集中在500元以下。家庭教育支出分为校内教育支出和校外教育支出两部分。校内支出主要包括学费、杂费和其他选择性、扩展性收费。家庭在校外的支出主要包括家庭在线上线下向机构或者个人购买的教育类产品和服务，其中包括学科类、兴趣类校外培训。而校外消费是近年来家庭教育费用增加的主要原因。

北京大学中国教育财政科学研究所发布了国内首个专门针对家庭教育支出的大型调查——2017年中国教育财政家庭调查②。根据调查数据，全国小学阶段全国平均为6 583元，农村为2 758元，城镇为8 573元；初中阶段全国平均为8 991元，农村为4 466元，城镇为1.1万元。义务教育阶段的教育支出全国平均合计为66 471元。调查显示，家庭教育支出不仅在城乡之间存在较大差异，在不同地区和城镇内部也存在差异。以义务教育阶段平均家庭教育支出为例，按照东中西地区划分，东北部地区最高，为1.1万元；西部5 567元，为东北部的一半左右；东部地区为8 657元，中部地区为6 382元。在城镇内部，按照一二三线城市划分，一线城市为1.68万元，二线城市为1.12万元，其他城市为7 037元，占一线城市的不到一半左右。

（3）高中及以上阶段。

2017年中国教育财政家庭调查显示，普通高中的全国平均教育年支出为1.69万

---

① 根据招商信诺调查报告整理所得。

② 这项调查是2017年由北大财政所与西南财经大学中国家庭金融调查与研究中心合作完成的调查，调查包括0~3岁幼儿早教、3~6岁幼儿入园情况、6~16岁以及16岁以上在校生的在读情况、入学选择、家庭教育支出和政府补贴。调查范围覆盖除西藏、新疆和港澳台地区外的29个省份，363个县，共涉及40 011户的127 012个家庭成员，其中农村12 732户，城镇27 279户，0~6岁及16岁以上在校生2.1万人，中小学在校生1.4万人。

元，农村地区为 1.22 万元，城镇地区为 1.82 万元；中职全国平均年支出为 1.07 万元，农村地区为 9 061 元，城镇地区为 1.14 万元。

在高中之后的可以选择大学本科、专科教育，就 2017 年普通公立大学而言，学费住宿费年平均为 5 700 元，学生在校生活费估计为每月 1 000 元，不考虑其他因素，那么大学四年所需要的费用合计为 58 800 元。

综上可估计得到子女教育的费用：

义务教育阶段：6 583×6+8 991×3 = 66 471（元）。

高中阶段：16 900×3 = 50 700（元）。

大学阶段：每年总费用 12 000～18 000 元左右，4 年需要 48 000～72 000 元，取 60 000 元。

硕士研究生：每年 15 000 元，3 年需要 45 000 元。

因此，抚养一个孩子从小学读到本科，需要的费用约为 18 万元左右。如果读完硕士，需要花费 22 万元左右。如果考虑去国外留学，则所需费用更高，具体费用需要根据所选择的国家和学校来确定。

3. 目前应该准备的教育投资资金及储蓄组合

首先分析目前的资产中有多少可配置到子女教育金的需求上，设定有可能达到的长期平均投资报酬率，再选择合适的投资工具来达成目标。

例 2：假设一个家庭要达到的目标是在孩子 18 岁时有足够的费用让孩子上大学本科，并能有实力继续深造读硕士研究生。假设孩子现在 6 岁，家长想用定期定额的储蓄方式来满足子女的大学教育费用，那么每年需要储蓄多少？

分析：上大学本科需要花费 60 000 元，从本科一直读完硕士估计需要花费 105 000 元。

60 000÷年金终值系数（F/A，10%，12）= 60 000÷21.38 = 2 806（元）

因此，家长在儿子 6 岁至 18 岁间每月要提存 2 806÷12 = 234（元）定期定额投资基金来准备念大学的经费。

家长可在儿子上大学本科后有 4 年时间可帮其准备读硕士的费用 45 000 元。

45 000÷年金终值系数（F/A，10%，4）= 45 000÷4.641 = 9 696（元）

因此，家长在儿子 18 岁到 22 岁间每年要提 9 696 元教育基金，即每月提存 808 元。

（二）教育规划实例

现在是 2015 年，李先生 40 岁，其子 14 岁，计划两年后去加拿大留学读高中直到硕士毕业。李先生家庭经济实力较强，已为其子准备了 50 万元出国留学费用。李先生全家都有较充足的保险保障。另外，假设案例中列出的时间点均为年末。

根据教育规划目标估计教育支出：

经过加拿大的留学咨询机构估算，李先生之子赴加拿大读书的费用预计为：高中 3 年，每年约 12 万元；本科 4 年，每年约 12 万元；硕士 2 年，每年约 15 万元。

另外考虑物价水平的变化以及学费的变化，假设按平均3%的增长率计划将来的教育费用，也就是说当前估计的教育费用是按目前价格水平估计的，而上高中时所需的费用已经是两年之后的价格水平了，因此高中一年级的当时费用应为 $12\times(1+3\%)^2=12.7$（万元），上高中第二年的当时费用为 $12\times(1+3\%)^3=13.1$（万元），后面的教育费用以此类推。如表5-3所示。

表5-3　李先生儿子教育费用估计　　单位：万元

留学阶段	高中			本科				硕士	
年份	2017	2018	2019	2020	2021	2022	2023	2024	2025
费用	12.7	13.1	13.5	13.9	14.3	14.8	15.2	19.6	20.2

李先生家庭的教育规划：

①对已有的教育资金进行安排。

将现有的50万分为4笔定期存款，存期分别为2年、3年、4年、5年，假定收益率为2%，每笔存款到期时分别为13.01万元、13.27万元、13.53万元、13.80万元。

②对不足教育资金的安排。

假定收益率为5%，2015年需要的教育费用现值为：

$14.3+14.8(1+5\%)^{-1}+15.2(1+5\%)^{-2}=75.73$（万元）

6年内需要积累75.73万元，每年需要追加的资金为11.13万元。

③投资安排。

要达到5%的收益率，可安排银行存款60%、债券10%、基金25%、股票5%，即每年将6.68万元、1.11万元、2.78万元和0.56万元分别投资到银行存款、债券、基金和股票。

三、教育规划工具

（一）传统教育投资工具

1. 个人储蓄

在传统教育投资规划工具中个人储蓄是比较稳定的一类，个人储蓄是指家庭每期储存一定金额，当子女入学需要时，就能有一笔资金支付费用。此种方式要求规划人能自觉定期储蓄，如果父母在其子女上大学前不幸去世或失去重要经济来源，则子女教育规划就会搁浅。

【相关阅读】

我国的教育储蓄

教育储蓄是居民个人为其子女接受非义务教育（指九年义务教育之外的全日制高中、中专、大专和本科、硕士和博士研究生）而每月固定存入，到期支取本息的储蓄。

开办对象：在校小学四年级（含）以上学生。

利率：享受整存整取利息。1 年期、3 年期教育储蓄按开户日同期同档次整存整取定期储蓄存款利率计息；6 年期按开户日 5 年期整存整取定期储蓄存款利率计息。

额度：最低起存金额为 50 元，本金合计最高限额为 2 万元。

期限：存期分为 1 年、3 年和 6 年，一生可享受 3 次。

2. 定息债券

定息债券是一种票面息率固定的债券，定期购买一定数额的定息债券，然后在需要时卖出，即可获得资金收益。

3. 人寿保险

人寿保险产品可以作为一种投资，特别是投资型寿险。投资型保险的业务有保障业务和投资业务，其中保障的部分与普通的寿险大致相同，另外它与投资挂钩，具备投资和保障双重功能。它为客户设置了资本保值账户，提供没有利息税的高收益服务。所以人寿保险也可以作为教育投资规划工具。

除了具备投资功能，人寿保险的保障程度较高，如果家长健在，则每个月需要缴纳一定数额的保险费；如中途去世，其子女就可以提前获得保险金；如果家长健在又希望提前获得资金，还可以将保单作为抵押进行贷款。

（二）其他教育投资工具

1. 政府债券

政府债券有两大类，一类是由中央政府发行的，称之为国家债券，它占政府债券中的绝大部分；另一类就是由地方政府各职能部门发行的债券，称为地方债券。

政府债券具有安全性高、流动性强，容易变现和可以免税的优点，是子女教育规划可供选择的主要投资工具之一。

【相关阅读】

我国的地方政府债券发展现状

2014 年上海等 10 个地区启动地方政府债券自发自还试点以来，地方政府债券发行规模大幅增长，目前已成为债券市场第一大品种。截至 2017 年年底，财政部及相关部委针对地方政府债务管理的风险防控体系基本形成，包括：以 43 号文为代表的法律制度框架构建；地方政府债务限额管理、预算管理；锁定并置换存量债务；推进地方政府专项债改革；建立地方政府债务预警、应急机制；严肃处理和通报违法违规举债担保行为，纠正政府和社会资本合作、政府投资基金、政府购买服务中的不规范行为。

2017 年地方政府债券发行节奏放缓，发行数量同比减少 25 支至 1 134 支，发行规模同比下降 27.92% 至 4.36 万亿元。从发行地区看，江苏、山东、浙江、四川、广东和贵州是累计发行总额排名前六大省份，截至 2017 年年底发行总量均超过 7 000 亿元；西藏、深圳发行规模较小，截至 2017 年年底发行总量均低于 500 亿元。从发行成本上看，受监管超预期、金融去杠杆、资金面偏紧等多重因素的影响，

2017 年地方政府债整体发行利率较 2016 年整体上升，公募发行大致利率区间由 2.4%~3.3%大幅上移至 3.5%~4.5%。从发行债券特征看，发行主体信用级别主要集中在 AA 级，发行期限以 3~7 年为主。从发行品种看，受到交易所 2016 年 7 月对城投企业发债审核标准收紧影响，2017 年公司债（含公募和私募）发行规模大幅减少 4 876.70 亿元至 2 687.00 亿元，同比下降 64.47%。企业债成为发行规模最大的品种，发行规模为 3 323.75 亿元，占比 24.26%。(超）短融、中期票据和非公开定向债务融资工具（PPN）发行以偿还到期债务为主要目的，2017 年发行占比合计为 56.11%，较上年增加 14.07 个百分点。中期票据因其期限适中、公开发行成本低、无须匹配募投项目等优势，成为用于偿还存量债务的主要融资工具，发行规模同比上升 9.45%。不同信用等级的发行主体的发行规模占比和不同发行品种的发行规模占比如图 5-4 所示。

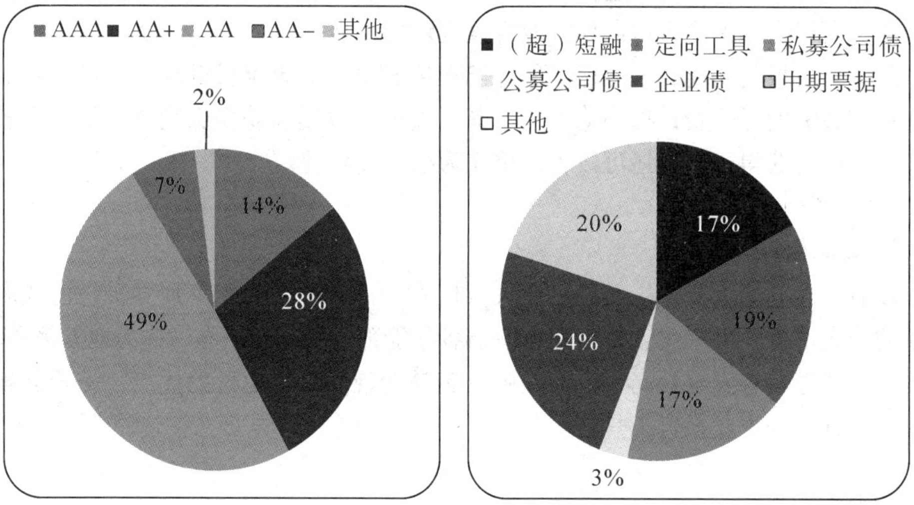

图 5-4 不同信用等级的发行主体的发行规模占比（左）和不同发行品种的发行规模占比（右）

数据来源：根据 Wind 咨询整理。

在自行举债融资受到限制、直接融资市场不完善的限制下，地方政府债务强烈依赖银行贷款，当地方政府性债务在银行非金融企业贷款中占比达到 17%，而负债主体又是缺乏预算管理的融资平台，金融系统的稳定性与这类典型的预算软约束主体牢牢绑定，一旦这些企业出现兑付危机，就有可能演变为系统性风险，这也是为什么刚性兑付一直存在的重要原因之一。

2015 年，修订后的《中华人民共和国预算法》实施，地方政府被赋予举债融资职能，地方政府正式打开发债融资大门。截至 2015 年 11 月，新增地方政府债券达 4 888 亿元。

2. 股票和公司债券

这类金融工具因其风险高，一般而言并不是受鼓励的教育投资工具。但如果教育规划期限较长（一般要在 7 年以上），当事人承受风险能力强，且对这两种投资工具有很好的驾驭能力，这些工具也可以使用，其相对较高的回报率可以帮助家庭较早完成教育规划。

需要注意的是，在整个投资组合中，这类投资所占的比重不应过大。

3. 大额存单

大额存单又称为大额可转让存单，是银行发行的一种固定面额、固定期限、可以在金融市场上转让流通的银行定期存款凭证。大额存单固定面额，是指存单的面额有法律的限定，不得任意变更，一般数额较大，在美国通常为 100 万美元起售。固定期限，存单期限为 1 个月、3 个月、6 个月、9 个月和 12 个月，不得提前支取，不分段计息。它可以转让，这使得存单所有者既可得到定期存款的利息收入，又使资金保持了一定的流动性。

4. 子女教育信托

子女教育信托是指父母委托一家专业信托机构管理自己的一笔财产，并通过合同约定这笔钱用于支付子女未来的教育和生活费用。

5. 教育基金

基金是指通过公开发售基金份额，集中投资者的资金，由基金托管人托管，基金管理人管理和运营资金，以投资组合的方式进行证券投资的一种利益共享、风险共担的集合投资方式。教育基金，是针对少年儿童在不同生长阶段的教育需要进行专项资金投资。教育基金的投资种类分成不同类型，例如选择银行的教育储蓄、基金定投、教育保险等。每种类型的收益和风险特征都不一样，因此在进行基金投资时，应根据自己的情况，确定投资哪种类型的基金。

第二节　教育规划实务

一、相关理论概述

教育规划即教育投资规划，是指为积累实现预期教育目标所需要的费用而进行的一系列资金管理活动。其分为本人教育投资规划、子女教育投资规划。教育规划的一般流程为：

（1）明确客户希望其子女未来接受的教育目标，并了解实现该目标当前所需费用。

（2）预测该教育目标费用的增长率，计算实现该目标未来所需费用以及客户自身应该准备的费用。

（3）分别计算一次性投资所需资金和分期投资所需资金。子女教育费用估计参考表见表 5-4。

表 5-4　子女教育费用估计参考表

项目	代号	数值	备注
子女年龄	A	6 岁	
距离上大学年数	B	12 年	=18 岁-A
距离继续深造年数	C	16 年	=22 岁-A
目前大学费用总计	D	60 000 元	4 年，48 000~72 000 元
目前深造费用总计	E	35 000 元	2 年，30 000~40 000 元
学费年成长率	F	5%	3%~7%，以 5%假设
届时大学学费	G	107 751 元	=D×复利终值系数（n=B，r=F）
届时研究生费用	H	76 401 元	=E×复利终值系数（n=C，r=F）
教育资金投资回报率	I	4%	3%~5%，取中间值 4%
目前的教育准备金	J	30 000 元	可供子女未来教育使用的资金
至上大学时累计额	K	48 031 元	=J×复利终值系数（n=B，r=I）
尚需准备大学费用	L	59 720 元	=G-K
准备大学费用的月投资额	M	331 元	=L÷年金终值系数（n=B，r=I）÷12
准备深造费用的月投资额	N	292 元	=H÷年金终值系数（n=C，r=I）÷12
当前每月定期定额投资额	O	623 元	=M+N

（4）选择适当的投资工具进行投资。

短期教育投资工具，一般包括学校贷款、政府贷款、资助性机构贷款、银行贷款等。

长期教育投资工具主要有教育储蓄、教育保险、政府债券、股票和公司债券、大额存单、子女教育创业信托和投资基金。其中教育储蓄的优点在于无风险、收益稳定、免利息税，但是不足在于投资者范围小（四年级以上）、规模小（2 万元）；教育保险具有客户范围广泛、可分红、强制储蓄功能，并且当投保人出意外时，保费可得到豁免。

例 3：假设学费上涨率每年 6%，客户子女目前年龄 10 岁，预计 18 岁上大学，目前大学学费 24 000 元。客户当前有 10 000 元作为子女教育启动资金，准备投资于收益率 7%的项目上。请计算：

（1）客户所需要的未来教育费用总额。

（2）教育费用的缺口是多少？

（3）如何弥补缺口？

分析：

（1）客户未来教育费用总额：$F=24\ 000$，$i=6\%$，$N=8$，可得 $P=38\ 252$

（2）现有资金终值：$P=10\ 000$，$i=7\%$，$N=8$，可得 $F=17\ 182$

资金缺口：38 252-17 182=21 070（元）

（3）解决方案：

方案一：一次性追加资金，$F=21\ 070$，$i=7\%$，$N=8$，需追加 12 263 元。

方案二：每年年末等额追加资金，$F=21\ 070$，$i=7\%$，$N=8$，每年需缴纳资金 2 054 元。

二、实训目的

1. 学会教育规划需求分析，了解教育目标总费用的构成。

2. 了解各阶段子女教育需求的不同特点，教育储备的优势及局限性，选择教育金保险应考虑的问题。

3. 通过实训能学会制订教育规划方案。

三、实训要求

根据实际案例，结合所学的教育规划的知识，分析其教育规划需求，计算教育金的缺口，并制订教育规划方案。

四、实训步骤

1. 掌握收集各个教育阶段所需费用的基本方法，并且根据实际情况和对未来经济形势的估计，分析和估计各个阶段教育资金的需求。

2. 根据案例资料，分析教育规划需求，并根据需求选择合理的教育投资产品，对投资品诸如教育储蓄、教育保险、子女教育信托、投资基金等的组合进行优化。

五、实训报告

计算题：子女教育金规划

某家庭准备让子女出国留学，目前留学的费用为 150 万元，预定子女 10 年后出国时要准备好此笔留学基金，学费成长率为 3%。

（1）为了准备此笔费用，假设投资报酬率可达 8%，则父母每年要投资多少钱？

（2）若父母的年储蓄投资额为 18 万元，则需要有多高的报酬率才能达到筹备子女教育金的目标？

案例分析 1

经济型家庭：吴女士 40 岁，离异；女儿 17 岁，再过一年就要上大学。家庭资产状况是：一套价值 30 万元的自住房产；积蓄 3 万元；股市投资 5 000 元。目前收支状况是：本人月收入 2 000 元，孩子的父亲每月支付抚养费 400 元；吴女士及女儿每月生活费为 1 500 元，每月给父母赡养费 200 元。其资产负债情况和每月收支情况如表 5-5、表 5-6 所示。

表 5-5　资产负债状况　　单位：元

资产		负债	
房产	300 000		
储蓄	30 000		
股票	5 000		
资产合计	335 000	负债合计	0
净资产　335 000			

表 5-6　每月收支状况　　单位：元

收入		支出	
本人工资	2 000	生活费	1 500
子女扶养费	400	父母赡养	200
收入合计	2 400	支出合计	1 700
每月节余　700			

理财分析：

1. 吴女士的总资产有__________元，资产主要在______________，鉴于女儿很快就要上大学，因此，对于吴女士来说，近几年的主要理财目标是______________
____。

理财的主要原则是____
____。

2. 教育资金规划

假设女儿大学本科 4 年需要费用共计______元，具体规划方案如下：

（1）教育储蓄计划：______________________________________
____。

（2）教育助学贷款：______________________________________
____。

（3）其他投资品种：______________________________________
____。

案例分析 2

富裕型家庭：2017 年，李先生，40 岁。儿子 14 岁，两年后想去加拿大留学读高中直到硕士毕业。家庭经济实力较强，已准备 60 万元出国留学费用。李先生全家都有较充足的保险保障。

教育方案规划

第一步：估计教育资金需求

按现在的费用水平，小孩到加拿大读书：高中三年，每年约 15 万元；本科四年，每年约 17 万元；硕士两年，每年约 20 万元。但该数据为现在的数据，以后的费用可能增长，我们按年均 2.5%的增长率计划将来的教育费用，则将来他儿子在加拿大留学的费用见表 5-7。

表 5-7　留学费用表

留学阶段	高中			本科				硕士	
年份									
子女年龄									
费用(万元)									

计算过程：

第二步：已有教育资金安排

李先生现在已经为儿子准备了 60 万元的出国留学费用，建议将该笔资金安排为子女国外前四年的教育费用——前四年的教育费用合计＿＿＿＿＿＿万元。

考虑到两年后儿子就要出国就读高中，已有的这一笔资金进行保守的储蓄投资安排：

＿＿＿＿＿＿＿＿＿＿＿＿＿＿＿＿＿＿＿＿＿＿＿＿＿＿＿＿＿＿＿＿＿＿

＿＿＿＿＿＿＿＿＿＿＿＿＿＿＿＿＿＿＿＿＿＿＿＿＿＿＿＿＿＿＿＿＿＿

假设：儿子出国留学当年，支取其中最快到期的一笔定期存款。该笔资金的定期储蓄投资收益率假设为年均 2%。如果能保持 2%收益率，到小孩留学后的第四年末，还可以剩余＿＿＿＿万元。

计算过程：＿＿＿＿＿＿＿＿＿＿＿＿＿＿＿＿＿＿＿＿＿＿＿＿＿＿＿＿

＿＿＿＿＿＿＿＿＿＿＿＿＿＿＿＿＿＿＿＿＿＿＿＿＿＿＿＿＿＿＿＿＿＿

＿＿＿＿＿＿＿＿＿＿＿＿＿＿＿＿＿＿＿＿＿＿＿＿＿＿＿＿＿＿＿＿＿。

第三步：不足教育资金安排

已有60万教育资金只能满足小孩前四年（高中三年、本科第一年）的教育费用需要，本科后三年和硕士两年的费用需要另行筹备。按2.5%考虑教育费用的增长率，后五年教育费用累计需要______万元。

计算过程：____

____

____

如果从现在开始积累不足的教育资金，到已有资金支取完（约本科二年级开始），还剩余约6年时间。如果该笔资金积累能保持年均5%的收益率，6年内要积累84万元资金，每年需要追加教育资金约______ 万元。假设前6年的预期收益率为5%，后5年预期收益率为2%。

计算过程：____

____

____

该笔资金要达到5%的年均收益率，按中国金融市场相关投资品种的历史表现，比较有效的投资安排如下：银行存款投资比例为______、债券投资比例为______、基金投资比例为______、股票投资比例为______，即每年初将分别投资______________________到银行存款、债券、基金和股票。

考虑到资金的安全性，建议将该笔资金分成五等份，全部转移到基本没有风险的储蓄或债券产品上。

对上述投资能否最终实现年均5%或2%的收益率的考虑情况：

____

____

____

____

特别说明：如果费用增加，某笔定期存款支取时，不能满足当期小孩教育费用，可用财富积累或当期收入弥补。该安排未考虑人民对加拿大元的汇率变化，但考虑了人民币升值趋势，汇率变化应该不会增加孩子在加拿大的教育资金需求。

教师检查签字____________________　　检查时间________年____月____日

实训任务六　保险规划

保险规划，又称风险管理规划，是指经济单位通过对风险的识别、衡量和评价，并在此基础上选择与优化各种风险管理技术，对风险实施有效控制，妥善处理风险所致的损失，以尽量小的成本去争取最大的安全保障和经济利益的行为。

第一节　保险规划相关理论

一、保险的概念及种类

保险是指投保人根据合同约定，向保险人支付保险费，保险人对于合同约定的可能损失承担赔偿保险金责任（《中华人民共和国保险法》）。

个人理财中相关的保险种类有：

1. 人寿保险

（1）生存保险是以被保险人在保险到期时仍然生存为给付条件。保险人在保险期内死亡，保险责任终止，保险人不给付保险金，也不退回保费；保险人在保险到期后仍然生存，保险人按约定给付保险金。生存保险的目的是满足被保险人一定期限后仍生存时的资金需要，一般用作被保险人的养老金、教育资金（子女教育保险）和被保险人的婚嫁金。

（2）死亡保险是以被保险人在保险期内死亡为给付条件，包括定期寿险和终身寿险两种类型。定期寿险，又称定期死亡保险，保险期并非终身，而是一个约定时段，例如投保后的 20 年在约定保险期内死亡，保险人按约定给付保险金给受益人。定期寿险既可以作为主险投保，也可以作为其他主险的附加险投保（例如，作为子女教育险的附加险）。终身寿险，保险期为终身，无论何时死亡，保险人都要按约定给付保险金给受益人。

（3）两全保险，又称生死混合险，是对生存保险和死亡保险的综合。被保险人生存至保险期满时，给付满期保险金（相当于生存保险）；被保险人在保险期内死亡时，给付死亡保险金（相当于死亡保险）。目前大多数人寿保险属于两全保险，两全保险的种类包括普通两全保险、满期双倍两全保险（满期保险金是死亡保险金的双倍）、养老附加定期寿险（死亡保险金是满期保险金的若干倍）和联合两全保险（包含两个或两个以上被保险人，适合夫妻两人联合购买）。

（4）年金保险，是指在被保险人生存期间，保险人按照合同约定的金额和方式，在约定期限内定期向保险人给付保险金；在被保险人死亡后，保险人停止给付保险金。年金保险的类型包括个人养老金保险、定期年金保险和联合年金保险。个人养老金保险是指年金受领者从退休之日起领取年金直至死亡，年金受领者在退休年龄前死亡，将退还积累的保险费；定期年金保险是指被保险人生存至一定时期后，可按期领取年金，直至合同规定的期满日，例如，子女教育金保险，子女在上大学期间可按期领取年金；联合年金保险是指以两个或两个以上的被保险人的生命作为给付年金条件。

（5）创新型人寿保险。除了以上几种常见的人寿保险外，随着保险需求的多样化，不断有新的保险品种出现。可调整寿险，允许投保人随保险需求变化改变险种、保额、保费，例如万能寿险，保单持有人在缴纳一定的首期保费后，保费和保额可随意调整。分红寿险，投保人可分享保险公司的可分配盈余。变额寿险，一种终身寿险，保额随保费的投资收益变动，死亡给付包括：保单约定的最低死亡给付，随投资收益变动的死亡给付。不确定保费寿险，即价格浮动型寿险，保险公司会按照当前市价定期调整保费。利率敏感型终身寿险，投保人可以在保费和现金价值之间进行组合，例如，选择低保费和高现金价值，或者选择高保费和低现金价值。

2. 意外伤害保险

意外伤害险，是以被保险人意外事故导致的身故或残疾为给付条件，保险责任仅限于外来的、非本意的、突发的、非疾病的原因导致的身故或残疾，包括死亡给付、残疾给付两种给付方式。

意外伤害险一般属于短期保险，保险期限不超过一年，如航空意外险的保险期仅限于一次航程。

3. 健康保险

健康保险，是以人的身体为保险标的，以保险期内因疾病和生育导致的经济损失为给付条件。健康保险不是对生命或身体伤害进行补偿，而是对因疾病和生育导致的医疗费用和经济损失（如误工）的补偿。

健康保险的种类包括医疗保险，在最高保险金额内，对医疗费用支出进行赔付，具体分为普通医疗保险、住院保险、手术保险、综合医疗保险、重大疾病保险；残疾收入保险，是补偿因疾病或意外伤害导致的残疾带来的收入损失；长期护理保险，是为那些因年老、重病、伤残需要在家中或疗养院长期护理的被保险人，提供医疗护理费用给付。

4. 财产保险

财产保险，是以财产及其有关利益为保险标的的保险。在我国，保险人（保险公司）不得兼营人身保险业务和财产保险业务。个人和家庭常用的财产保险有：机动车辆保险，包括车辆损失险、全车盗抢保险、第三者责任险、车上责任保险、无过失责任保险；房屋保险，包括个人住房保险、贷款抵押房屋保险、住房人身保险、住房责任保险；家庭财产保险，是针对被保险人自有的家庭财产，以及特别约定的家庭财产（珠宝、古玩等）所进行的保险。

5. 责任保险

责任保险，以被保险人的民事赔偿责任为投保对象，包括公众责任险、雇主责任险、产品责任险、职业责任险。公众责任保险，是以疏忽或意外事故造成他人人身伤亡或财产损失为承保责任；雇主责任保险，是以雇主依照法律或合同应承担的，雇员因工作遭受伤害的经济责任为承保责任；产品责任保险，是以产品缺陷造成他人（一般指消费者）人身或财产的损失为承保责任；职业责任保险，是以各种职业者（如医生、会计师、律师）因工作上的疏忽或过失，造成第三人人身损害或财产损失，依法由其承担的经济赔偿责任为承保责任。

二、保险规划的概念及原则

保险规划是个人理财规划的一部分，是通过分析个人和家庭的保险需求，选择合适的保险品种、保险期限、保险金额，减弱和避免风险发生时对个人和家庭生活带来的影响。

保险规划的原则，包括转移风险原则和量力而行原则。转移风险原则是指分析哪些风险适宜通过保险方式转移给保险公司，哪些风险不适宜。量力而行原则是指通过保险方式控制风险的成本应在可接受范围内，符合收益成本比率。

【延伸思考】

小学生张某，男，11 岁。19××年年初参加了学生团体平安保险，保险期限为当年 3 月 1 日至次年 2 月 28 日。当年 10 月 5 日张某在家附近的一幢住宅楼施工工地玩耍，被突然从楼上掉下的一块木板砸在头上，当即气绝身亡。

有人认为保险公司应先给付张某的死亡保险金，然后向造成这起事故的施工单位索要与此等额的赔偿金（代位求偿权）。这种说法对吗？本案该如何处理？

三、保险规划的流程安排

（一）确定保险标的

保险标的指保险的对象，保险标的可以是人的寿命和身体，也可以是财产及相关利益，投保人或被保险人对保险标的应具有法律上承认的经济利益。理财规划时应优先选择风险高的保险标的进行投保，例如优先为小孩投保意外伤害险。

（二）选择保险产品

为保险标的选择相应的保险产品，在选择时应注意合理搭配险种，避免重复投保。

【延伸思考】

重复保险问题

某业主将一幢价值为120万元的房子先后向A、B、C三家保险公司投保，在A公司的保险金额为60万元，在B公司的保险金额为50万元，在C公司的保险金额为40万元。在合同有效期内房子遭遇保险事故，实际损失50万元。

请问：按保险金额比例责任制（我国保险法规定采用方式）进行分摊，A、B、C三家保险公司各应承担多少赔款责任?

提示：按保险金额比例责任制进行分摊，总的保险金额是（60+50+40）万元。

A、B、C三家保险公司各应承担的赔偿比例是：60÷（60+50+40）、50÷（60+50+40）、40÷（60+50+40）。

总共的赔偿额是50万元，所以A、B、C三家保险公司的赔偿金额如下：

A公司：50×60÷（60+50+40）=20（万元）

B公司：50×50÷（60+50+40）=16.67（万元）

C公司：50×40÷（60+50+40）=13.33（万元）

（三）确定保险金额

选择好保险产品后，应确定每个投保产品的保险金额。保险金额是保险公司可能赔付的最高金额，以保险标的的经济价值或可能损失为依据。

（四）明确保险期限

保险期限是指保险合同生效的期限，保险期限应依据保险需求来确定。

（五）选择保险公司

选择时应考虑保险公司的理赔记录、财务实力、服务质量、风险控制能力，因为保险公司同样存在破产的风险。

四、保险需求分析

保险规划的前四个环节（确定保险标的、选择保险产品、确定保险金额、明确保险期限）都属于保险需求分析。通过保险需求分析可以确定保险类型、保险金额、保险期限。人生不同阶段的保险需求如表 6-1 所示。

表 6-1　人生不同阶段的保险需求

人生阶段	特点	理财活动	保险需求
单身期（参加工作到结婚）	个性冲动，经济收入较低，开销花费较大	加强职业培训，提高收入水平阶段	意外伤害险、责任保险、定期寿险
家庭建立期（结婚至小孩出生）	家庭收入开始增加，消费水平也逐渐增大	储蓄购房首付款，增加定期存款、基金等方面的投资	意外伤害险、责任保险、财产保险、定期寿险
家庭成长期（小孩出生到上大学）	收入进一步提高，财富开始积累，养生、医疗、教育为主要开支	偿还房贷、储备教育金、建立多元化的投资组合	意外伤害险、健康保险、人寿保险、财产保险、子女教育金保险
家庭成熟期（子女上大学）	收入增加，有一定财富积累，医疗、教育为主要开支	准备退休金，进行多元化投资	意外伤害险、健康保险、养老保险、财产保险
空巢期（子女独立至退休）	经济负担减轻，储蓄能力最强	准备退休金，降低投资组合风险	监考保险、投资型保险、年金保险、财产保险
养老期（退休之后）	收入、消费减少，医疗保健开支增加	以固定收益投资为主	年金保险、医疗保险

1. 人寿保险需求分析

家庭需求法，依据家庭保障需求总额来确定人寿保险的需求金额。家庭保障需求总额包括个人丧葬费用、各类债务、遗属生活费用、子女教育基金等；可确保的财务来源总额包括存款、其他可变现资产、各类保险给付、其他收入等。寿险需求分析表如表 6-2 所示。

寿险需求 = 家庭保障需求总额 - 可确保的财务来源总额

表 6-2　寿险需求分析表

家庭保障需求	金额
1. 个人丧葬费用	
个人丧葬费用	
2. 遗属生活费用	
配偶	
子女	
父母	
其他亲属	
遗属生活费用现值	
3. 子女教育金	

表6-2(续)

家庭保障需求	金额
子女教育金现值	
4. 各类债务	
房屋贷款	
其他债务	
各类债务总额	
家庭保障需求（1+2+3+4）	
可确保财务来源	
5. 存款及其他可变现资产	
6. 保险给付	
社会保障给付	
商业保险给付	
保险给付总额	
7. 其他收入来源	
其他收入来源现值	
可确保财务来源总额（5+6+7）	
寿险需求=家庭保障需求总额-可确保的财务来源总额	

2. 医疗保险需求分析

医疗保险需求=疾病导致的医疗费用-已有医疗保障

医疗保险需求分析表如表6-3所示。

表6-3　医疗保险需求分析表

家庭保障需求	金额
1. 因疾病导致的医疗费用	
医疗费用总额	
2. 已有医疗保障	
社会医疗保障	
公司福利	
商业保险	
已有医疗保障总额	
3. 医疗保险需求（1-2）	

3. 其他保险需求

（1）残疾保险需求=残疾后收入的减少+费用增加额-可获得的残疾福利

（2）财产保险的需求分析，根据需要估算家庭财产的保险需求，考虑家电、住宅、古董、珍藏等因素。

（3）养老保险的需求分析，根据养老目标，估计退休后的生活开支和退休收入，考虑通货膨胀率、投资收益率、收入增长率的影响，测算未来的养老保险需求。

第二节　保险规划实务

一、实训任务

根据实际案例材料，结合保险的信息搜集和相关经济理论，分析客户的保险需求，计算需要的保险额度和保险种类，并且在此基础上拟定一份符合客户保险要求的保险品种和保险规划方案。

二、实训目的

（1）通过实训训练，使学生掌握保险需求的分析方法。

（2）掌握保险规划方案的制定方法。

三、实训要求

（1）实训以小组为单位，成果在课堂完成上交，提交电子版文件，如涉及计算分析过程，同时提交 Excel 文件，要求写明计算过程。

（2）小组讨论，根据老师下发的客户背景案例，分析客户的保险需求，计算需要的保险额度，制订保险规划方案。

四、实训步骤

（1）分小组讨论，以自身作为案例进行分析，说明目前自己家庭的保险状况，并分析家庭需要的保险金额和类型。

（2）分析案例材料，根据材料内容分析保险需求，列出保险需求的额度和种类。

（3）制订保险规划方案。

五、实训报告

表 6-4　家庭每年的保费支出适宜性计算

家庭目前的月收入	（　　　）元
保费的理财金三角比例/%	7~10
每年的适宜性保费支出/元	（　　　）元

表 6-5 每年的保费支出适宜性计算

五年的“净生活费”（评估标准：衣食住行、娱乐休闲、水电等，不包括子女教育费用）
每月（ ）元×12 个月×5 年=（ ）元
子女生活教育费用（评估标准：你的子女从现在到长大成人，一共需要多少费用）
子女（ ）人，分别为（ ）万元，（ ）万元，（ ）万元，一共（ ）万元
房屋贷款（评估标准：尚未偿还的贷款本金）
（ ）元
五年的亲属抚养金（评估标准：当你的收入来源中断，而且没有其他人代替你抚养时）
每个月（ ）元×12 个月×5 年=（ ）元
生意资金：（ ）元（个别规划）；各项税金：（ ）元（个别规划）
其他费用（评估标准：其他方面的未偿还贷款或者负债、其他必须缴付的费用）
车贷（ ）元；信用卡（ ）元；保费（ ）元； 其他（ ）元。 一共（ ）元 人寿保险额（ ）元

表 6-6 意外保险金额试算

你的人寿保险投保额（W1）/元	
你的意外保险投保额（W2）/元	

表 6-7 住院医疗保险金额试算

你预期的医院住院费用（F）/（元/日）	
你预期保障的住院医疗天数（T）/天	
你的住院医疗保险投保额（W3）/元	
因此，综合计算出投保人的基本人身保险金额为（W）/元	
而根据你的收入你适宜投入的保费/元	
你可以根据这两个数据在保险市场上寻找适合的保险险种	

案例分析 1：针对以下客户的具体情况进行保险需求分析①

李先生 35 岁，年收入 7.2 万元；李太太 35 岁，年收入 4.8 万元；家庭税后年收入 12 万元；子女两个，分别为女孩 7 岁，男孩 5 岁，每个月生活费约为 0.5 万元（包含孩子的生活费，没包含教育费）；每个月还房贷 3 000 元；每月赡养父母 500 元；李先生和李太太是重庆人。

讨论：针对本案例中李先生的家庭状况进行保险需求分析，并提出合理的保险建议。

① 本节案例来源主要为根据广州城建职业学院的个人理财实训指导书改编。

1. 家庭基本情况分析

（1）家庭年收入________________

（2）五年的生活费________________

（3）子女生活教育费________________

（4）房屋贷款________________

（5）亲属扶养金________________

（6）生意资金________________

（7）各项税金________________

（8）其他________________

2. 需为夫妻俩投保的人寿保险金额及建议险种以及理由

（1）李先生________________

（2）李太太________________

3. 两个孩子的保险安排

（1）女孩________________

（2）男孩________________

4. 适宜投入的保费

（1）保费占家庭年收入的比例是（写明理由和计算过程）

（2）适宜投入的保费是（写明理由和计算过程）

案例分析 2：结合投资连结险分析案例中王小姐的理财是否合理

某保险代理人向王小姐推荐了某公司理财投连险。

（1）保障功能：保障至 80 周岁。提供包括 20 种重大疾病、身故及意外身故在内的三种保障，50 岁之前，给付 100%的账户价值，不收任何风险保费。

（2）在投资理财方面，该产品设三个理财账户（安逸稳健、策略增长、积极进取）供客户灵活选择。这三个账户在资本市场不同的投资渠道进行投资，客户只需设定风险喜好、投资目标，保险公司的投资专家便为客户随需而动，三个账户可即时自由转换，不限次数，其间不收取任何费用。

资金定期重新分配，理财功能能够自动检测投资者账户收益，根据其购买之初所选资金分配比例重新分配。此外，理财账户可提取收益。一旦投资者有提取账户资金的需要，从第 2~5 年开始，可以免费提取不超过所交保费的 10%的账户资金，第 6 年开始便可任意提取享受终身免费。

分析：

案例分析 3：结合终生寿险两全分红型保险分析吴小姐的理财是否合理

吴小姐为其才出生 60 多天的女儿购买了一份终身寿险两全分红型保险。保险代理人的推算如下：0 岁女孩，保额 5 万元，年交保费 47 915 元，交费期 5 年，保障终身。

承诺保险利益：

（1）生存保险金：第 6 年开始，每年领取保额 10%，即 5 000 元，领取终身。

（2）分红利益：每年有现金分红，第 10 年开始拥有特别红利。

（3）身故保险金：所交保费的 120%减去已经领取金额，或现金价值，二者取高赔付。

身故金除外责任：两年内自杀、投保人或受益人对被保险人的故意伤害、因自身犯罪或因拒捕导致的。

第 20 年，所领取返还金为 75 000 元，按中等红利累积计算有现金红利 94 254 元，再加特别红利 8 500 元。现金价值为 111 834 元。第 30 年，所领取返还金为 125 000 元，按中等红利累积计算有现金红利 169 043 元，再加特别红利 12 750 元。现金价值为 105 195 元……第 100 年，所领取返还金为 475 000 元，按中等红利累积计算有现金红利 1 909 768 元，再加特别红利 42 500 元。现金价值为 7 036 元。

只要交 5 年，一年只要交 4 万多，不但有固定的年金可以拿，还可以分享保险公司的赢利，年年有分红。相当于现在给孩子买一套签了终身租约的小房子了，孩子这一辈子就衣食无忧了。

分析：____

____

____

____

____

____

保险规划综合案例分析

1. 两口之家的保险需求分析

王女士今年 24 岁，丈夫 28 岁。公公婆婆已经年逾花甲，没有收入和保险。王女士父母有自己的收入，也买有保险，基本不需要小两口操心。丈夫是大学教师，年收入 6 万~7 万元，王女士年收入约 4 万元，收入稳定。小两口有商品房一套，市值 88 万元，贷款 48 万元，还有 28 年就可以还完。现有存款 5 万元。有基金 6 万元，已投一年多，亏损 7%。王女士和丈夫两人都在学习，预计 3 年后两人的年收入达到 15 万元。家庭生活月支出约 2 500 元。准备两年后要一个宝宝，买辆代步车。夫妻两人均有社保，没有购买其他保险，无股票投资，无外债。

（1）请结合案例，简要分析王女士家庭存在的财务风险。

（2）你认为王女士家庭需要增加的保险种类和保额分别为多少，填入表6-8。

表6-8　王女士家庭需增加的保险种类和保额

需要者	保险种类	保额

（3）根据你的保险种类，请上网查找保险公司的相关保险品种，填入表6-9。

表6-9　保险品种情况

保险公司名称	保险产品类型	保险产品名称	保额	年保费支出

据此，王女士一家年保费支出将增加________元。

注：保险产品，尤其是年保费支出必须和案例家庭的实际收支情况相匹配。

教师检查签字________________　　检查时间________年____月____日

实训任务七　金融投资规划

投资规划是指专业人员（如金融理财师或理财顾问）为客户制订方案，或代替客户对其一生或某一特定阶段或某一特定事项的现金流在不同时间、不同投资对象上进行配置，以获取与风险相对应的最优收益的过程。

投资规划是个人理财规划的一个重要组成部分，如何满足客户需要是制定投资规划的关键。合适的投资规划是根据不同客户或同一客户不同时期的理财目标而设计的，不同的理财目标要借助于不同的投资产品来实现。

第一节　投资规划相关理论概述

一、投资的概念及其种类

广义的投资是指经济主体（企业和个人）为获得未来收益而垫支资本转为资产的过程，这一过程因存在风险而呈现不确定性。广义的投资包括生产性投资和金融投资。生产性投资即直接投资，也称作实业投资，是通过购置生产资料的活动增加经济生产能力，实现经济的增长；金融投资是指投资于金融资产或金融工具的投资活动或经济行为，是通过货币所有权的转移取得投资的回报。

狭义的投资就是指金融投资，特别是证券投资。

投资根据投资对象可分为实物投资和证券投资。实物投资是指投资者为获取预期收益，以货币购买现实的物质资产，形成固定资产、流动资产和无形资产的投资活动。实物资产的投资会形成社会资本存量和生产能力的增加。

证券投资是指投资者买卖股票、债券、基金等有价证券以及这些有价证券的衍生品，以获取利息和资本利得的投资行为和投资过程。证券投资属于金融投资，是最具典型意义的金融投资。

二、投资工具的种类

1. 股票投资

股票是股份公司为筹集资金而发行给股东作为持股凭证并借以取得股息和红利的一种有价证券。股票的基本分类见表 7-1。

表 7-1　股票的基本分类

分类标准	种　类
根据股东权利不同	普通股、优先股、后配股
根据上市地区不同	A 股、B 股、H 股、N 股、S 股
根据业绩不同	ST 股、垃圾股、绩优股、蓝筹股
根据股票是否记载股东姓名	记名股票、无记名股票
根据股票是否记明每股金额	有面值股票、无面值股票
根据股票所代表的权利大小	普通股票、特别股票
根据股票持有者有无表决权	表决权股票、无表决权股票

2. 债券投资

债券是发行者依照法定程序发行，并约定在一定期限内还本付息的有价证券，是表明投资者与筹资者之间债券债务关系的书面债务凭证。

债券是一种表明债券债务关系的凭证，证明持券者有按约定的条件（如面值、票面利率和偿还期等）向发行人取得利息和到期收回本金的权利。具体地说，持券者就是债权人；债券的发行者是债务人，包括国家、地方政府、公司或金融机构。由于收益相对固定，投资风险相对较低，一些债券还具有税收优势，因此，债券往往成为人们比较青睐的投资品种。特别是在高利率时期，投资者更愿意投资债券，以确保获得稳定的高收益率。我国债券主要种类见表 7-2。

表 7-2　我国债券主要种类

	凭证式国债	记账式国债	储蓄国债(电子式)
交易场所	银行柜台	银行柜台 交易所 银行间债券市场	银行柜台 网上银行
认购办法	现金直接购买	开立账户购买	开立账户购买
可否流通	不可流通	可流通	不可流通
付息方式	利随本清	多种方式	多种方式
兑付方式	临柜兑付	自动到账	自动到账
发行对象	个人、机构	个人、机构	个人

3. 证券投资基金

证券投资基金是一种利益共享，风险共担的集合证券投资方式，通过发行投资基金单位，集中投资者的资金，由基金托管人托管，由基金管理公司管理和运用资金，从事股票债券等金融工具的投资，并将投资收益按投资者的投资比例进行分配的一种间接投资方式。

4. 期货投资

期货合约是指协议双方同意在约定的某个日期，按照约定的条件买卖一定标准数量的标的资产的标准化协议。期货交易是集中的在交易所中以公开竞价进行的，根据其标的资产不同可分为商品期货和金融期货两类。金融期货包括利率期货（以债券工具为标的资产）、外汇期货（以外汇为标的资产）和股指期货（以股票指数为标的资产）。

5. 期权投资

金融期权是指赋予其购买者在规定期限内按双方约定的价格（简称“协议价格”）或执行价格购买或出售一定数量某种金融资产的权利的合约。其实质是一种权利的单方面有偿让渡，购买期权者以支付一定数量的期权费为代价，得到一种权利，有权买进或卖出，或是可以放弃。相反，期权的卖方在收取一定数量的期权费后，在一定时间内无条件服从买方的选择，出售或购进证券。

6. 外汇投资

外汇是指货币在各国间的流动，以及把一个国家的货币兑换成另一个国家的货币，借以清偿国际债权、债务关系的一种专门性的经营活动，是国际汇兑的简称。这是外汇的动态定义。外汇的静态定义是指以外币表示的可用于国际结算的支付凭证。狭义的外汇是以外国货币表示的、为各国普遍接受的、可用于国际债权债务结算的各种支付手段。主要包括：外国货币，包括铸币、钞票等；外币支付凭证，包括票据、银行存款凭证、邮政储蓄凭证等；外币有价证券，包括政府公债、国库券、公司债券、股票、息票等；特别提款权、欧洲货币单位等；其他外汇资产。

7. 信托投资

信托是指委托人基于对受托人的信任，将其财产权委托给受托人，由受托人按委托人的意愿以自己的名义，为受益人的利益或者特定目的，进行管理或者处分的行为。信托是一种以财产为核心，以信任为基础，由他人受托管理的财产管理方式。信托是一种涉及三方当事人的法律关系，是围绕着一定财产而发生的法律关系，它以信任为基础，受托人忠实地为受益人进行利益管理。信托是财产上的所有权和其利益相分离的一种法律关系。信托可分为资金信托和财产信托两类。

资金信托是指委托人基于对信托投资公司的信任，将自己合法拥有的资金直接委托给信托投资公司，由信托投资公司按委托人的意愿以自己的名义，为受益人的利益或特定目的管理、运用和处分资金的行为。集合资金信托计划是由信托公司担任受托人，按照委托人意愿，为受益人的利益，将两个以上（含两个）委托人交付的资金进行集中管理、运用或处分的资金信托业务活动。

财产信托是指委托人将自己的动产、不动产等非货币形式的财产、财产权，委托给信托投资公司按照约定的条件和目的进行管理或者处分的行为。

8. 黄金投资

黄金投资是人们积累和保护财富最古老的方式之一。作为一种全球的资产，黄金能较好地抵御通货膨胀，具有良好的保值能力，同时也是一种重要的投资工具，因此，黄金投资成为家庭投资理财的一项重要选择。

9. 理财产品投资

随着理财产品市场的不断发展，理财产品的概念也在不断演化。从广义角度而言，一切与投资或资产配置相关的金融及非金融工具，当被居民或家庭甚至企业、政府等机构用于财富管理时，都可以称为理财产品。从狭义角度而言，理财产品是指由金融机构（如商业银行、证券公司、信托公司等）发行的，根据合同约定将所募集资金投资于金融或非金融产品，并将取得的投资收益分配给投资人或受益人的一种金融投资工具。

三、投资规划流程安排

投资规划的基本流程是确定投资目标，在投资目标的基础上制定投资策略，这个过程中应该对投资报酬的现值和终值进行测算和分析，制订一个科学合理的投资计划，最后实施投资策略，并持续反馈和调整。投资规划流程如图 7-1。

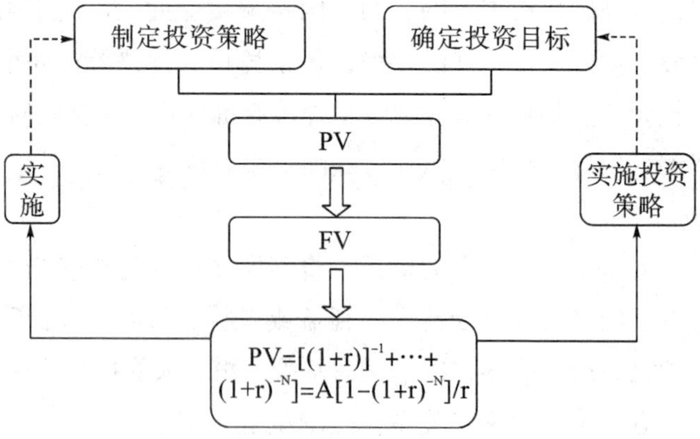

图 7-1　投资规划流程

第二节 投资规划实务

一、实训任务

根据所抽取的案例，结合课本案例分析客户的投资需求，并根据客户的实际情况，制订出一个完整的客户投资规划方案。

二、实训目的

（1）投资分析实训操作目的是使实训者具备基本的调研和分析能力。

（2）通过本部分的实训操作，要求实训者了解投资工具的种类以及每类投资工具的特点、操作方法，市场行情分析的方法。

（3）通过实训练习使实训者能够分析投资需求，正确衡量投资的风险和收益，并制订投资规划方案。

三、实训要求

（1）实训以小组为单位，成果在课堂完成上交，提交电子版文件，如涉及计算分析过程，同时提交 Excel 文件。

（2）根据实际案例，结合所学的知识，分析案例的投资需求，制订投资规划方案。

四、实训步骤

（1）选择你感兴趣的一种投资，介绍该实物投资的特点及具体操作手法。

（2）对该类投资的当前及未来市场行情做简要分析。

（3）情景模拟，小组中的一位同学扮演客户，其他同学扮演客户经理，分析客户的投资需求；总结并为客户制订投资规划方案。

（4）由指导教师对部分实训者或每个实训者的部分内容进行抽查，实训者口头阐述自己的实训成果。

五、实训报告

1. 简单描述你选择的投资品种。

注：参考种类：股票、债券、基金、外汇、理财产品、黄金（纸黄金）、邮票、书画作品等。在选择种类时，必须在每一种类下进行细化，如邮票要选择其中一个

题材、某个主题或某种型号的品种，书画要选择某位作家的某个系列的作品等。

2. 简述该类投资的特点、风险点、交易场所及投资技巧。

3. 对该实物投资的当前及未来市场行情做简要分析。

任务单 1：投资规划方案设计

（一）分析客户的风险承受能力和投资偏好

投资有风险，不同风险偏好和承受能力的客户，应选择不同的投资产品或投资组合。以下测试，帮助您更好地了解自己的风险偏好和风险承受能力。

1. 客户风险偏好测试

（1）风险投资于您而言：

A. 觉得很危险　B. 可以尝试低风险　C. 比较感兴趣　D. 非常感兴趣

（2）您的亲友会以下列哪句话来形容您：

A. 您从来都不冒险

B. 您是一个小心、谨慎的人

C. 您经仔细考虑后，会愿意承受风险

D. 您是一个喜欢冒险的人

（3）假设您参加一项有奖竞赛节目，并已胜出，您希望获得的奖励方案：

A. 立刻拿到 1 万元现金

B. 有 50%的机会赢取 5 万元现金的抽奖

C. 有 25%的机会赢取 10 万元现金的抽奖

D. 有 5%的机会赢取 100 万元现金的抽奖

（4）因为一些原因，您的驾照在未来的三天无法使用，您将：

A. 搭朋友的便车、坐出租或公车

B. 白天不开，晚上交警少的时候可能开

C. 小心点开车就是了

D. 开玩笑，我一直都是无照驾驶的

（5）有一个很好的投资机会刚出现。但您得借钱，您会选择融资吗？

A. 不会　　B. 也许　　C. 会

（6）您刚刚有足够的储蓄实践自己一直梦寐以求的旅行，但是出发前三个星期，您忽然被解雇。您会：

A. 取消旅行

B. 选择另外一个比较普通的旅行

C. 依照原定的计划，因为您需要充足的休息来准备寻找新的工作

D. 延长路程，因为这次旅行可能成为您最后一次豪华旅行

（7）如果投资金额为 50 万元，以下四个投资选择，您个人比较喜欢：

A. 最好的情况会赚 2 万元（4%），最差的情况下没有损失

B. 最好的情况会赚 8 万元（16%），最差的情况下损失 2 万元（4%）

C. 最好的情况会赚 26 万元（52%），最差的情况下损失 8 万元（16%）

D. 最好的情况会赚 48 万元（96%），最差的情况下损失 24 万元（48%）

（8）如果您收到了 25 万元的意外财产，您将：

A. 存到银行

B. 投资债券或债券型基金

C. 投资股票或股票型基金

D. 投入到生意中

2. 客户风险承受能力测试

（1）您现在的年龄：

A. 60 岁以上　B. 46~60 岁　C. 36~45 岁　D. 26~35 岁　E. 25 岁以下

（2）您的健康状况如何：

A. 一直都不是很好，要经常吃药和去医院

B. 有点不好，不过目前还没什么大问题，我担心当我老了的时候会变得恶劣

C. 至少现在还行，不过我家里人有病史

D. 还行，没大毛病

E. 非常好

（3）是否有过投资股票、基金或债券的经历？

A. 没有　B. 有，少于 3 年　C. 有，3~5 年　D. 有，超过 5 年

（4）您目前投资的主要目的是？

A. 确保资产的安全性，同时获得固定收益

B. 希望投资能获得一定的增值，同时获得波动适度的年回报

C. 倾向于长期的成长，较少关心短期的回报和波动

D. 只关心长期的高回报，能够接受短期的资产价值波动

（5）您投资的总额占您个人（或家庭）总资产（含房产等）的：

A. 低于 10%　B. 10%~25%　C. 25%~40%　D. 40%~55%　E. 55% 以上

（6）您预期的投资期限是：

A. 少于 1 年　B. 1~3 年　C. 3~5 年　D. 5~10 年　E. 10 年以上

（7）在您投资 60 天后，价格下跌 20%。假设所有基本面均未改变，您会怎么做？

A. 为避免更大的担忧，全部卖掉再试试其他的

B. 卖掉一部分，其余等着看看

C. 什么也不做，静等收回投资

D. 再买入。它曾是好的投资，现在也是便宜的投资

（8）您有没有想过如果有一天您的财务状况发生很大的变化，比如说突然有一笔很大的开支，这笔开支可能会动用您 10%的个人资产甚至更多：

A. 没想过，我感觉这种大变化不会在我身上发生

B. 经常想，我很担心整个生活都将变得一团糟，可是我又有什么办法呢

C. 想过一两次，感觉挺可怕的

D. 曾经想过一两次，但是我还年轻，无所谓的

（9）您对您目前的财务状况满意吗？

A. 不太好，常常要借钱

B. 刚刚好，我要特别小心打理

C. 我做得还行，一直按照我人生的规划在顺利进行

D. 特别好，现在想买什么就买什么

（10）当您退休后，您计划做什么：

A. 节俭地生活，避免把钱花光

B. 继续工作挣钱，因为我的养老金估计不够用

C. 享受人生，周游世界

D. 努力花钱，直到去见上帝之前还要给上帝带上一件最奢侈的礼物

评分标准及分类：A—1 分　B—2 分　C—3 分　D—4 分　E—5 分

风险偏好类型（最低 8 分，最高 31 分）

8~15 分　风险厌恶型

16~25 分　风险中性

26 分以上　风险偏好型

风险承受能力类型（最低 10 分，最高 44 分）

10~15 分　非常保守型

16~20 分　温和保守型

21~30 分　中庸稳健型

31~38 分　温和进取型

39 分以上　非常进取型

客户风险偏好和风险承受能力分析

结果：

客户的风险偏好测试得分为______分，属于__________型客户。风险承受能力测试得分为______分，属于__________型客户。

分析：

____

____

____

____

建议：

____

____

____

（二）根据客户的风险和财务情况，为客户构建一份投资组合

实训内容：大学生的投资规划

实训步骤：先分析客户的投资需求，制定理财目标，对目标进行详细分析，并制定完成时间表，确定投资组合。

根据当前生活状况或对未来的规划，按照下列的提示制定一个短期理财目标和一个长期理财目标。

步骤一：根据个人生活状况制定现实的理财目标。

（1）短期目标：________________

（2）长期目标：________________

步骤二：对你的目标进行具体化、量化论述

（1）________________

（2）________________

（3）________________

步骤三：制定完成上述目标的时间表

（1）________________

（2）________________

（3）________________

步骤四：明确为实现目标所要构建的投资组合，说明投资品种种类、资金配置及其理由

（1）________________

（2）________________

（3）________________

（4）________________

任务单 2：辨析金融资产与实物资产

Lanni Products 是一家新兴的计算机软件开发公司，它现有计算机设备价值 30 000 美元，以及由 Lanni Products 的所有者提供的 20 000 美元现金。在下面的交易中，指明交易涉及的实物资产和（或）金融资产。在交易过程中有金融资产的产生和损失吗？

A. Lanni Products 公司向银行贷款。它共获得 50 000 美元现金，并且签发了一张票据保证 3 年内还款。

B. Lanni Products 公司使用这笔现金和它自有的 20 000 美元为其一新的财务计划软件开发提供融资。

C. Lanni Products 公司将其软件产品卖给微软公司（Microsoft），微软以它的品牌供应给市场，Lanni Products 公司获得微软股票 1 500 股作为报酬。

D. Lanni Products 公司以每股 80 美元的价格卖出微软公司的股票，并用所获部分资金偿还贷款。

请分析这四个投资分别属于哪种类型的投资：

A. ____________________

B. ____________________

C. ____________________

D. ____________________

任务单 3：根据案例为自己规划一个比较合适的未来五年的投资规则

陈先生 2008 年毕业后进入一家民营建筑公司上班，当时的平均月收入在 3 000 元左右，随着工龄的增加，现在已经有了近 4 000 元的收入。工资不算高，平时花钱很厉害，所以陈先生上班以后便定下了一个计划，那就是争取五年内买车、买房。为了实现这个计划，他执行了严格的生活、理财计划。

生活方面：不在外面租房子居住，与多位同事一起使用单位提供的宿舍，节约出一笔房租费、水电气费；尽量在单位食堂吃饭，平均每天的饭费不超过 15 元；每个月的电话费不超过 100 元。

理财方面：第一年把每个月的闲钱拿到银行零存整取；第二年把存款拿去买一年期固定收益型理财产品；从第三年开始把积蓄平分成三份，一份用于炒股，一份用于买国债，一份用于买理财产品。

陈先生说，他一方面省吃俭用，一方面坚持长期理财，去年按揭了一套住房，今年年初买了一辆 6 万元的代步车，最后还剩下 1 万余元作为当年应急存款。

陈先生说，由于最近股市震荡比较厉害，银行理财产品也不景气，所以在理财时就应大幅度降低收益预期，能够赚到几个百分点就撤退。他现在启动了大家公认为属于傻瓜式理财的基金定投，每个月投入 500 元，计划连续投资 10 年。目的是减少震荡行情可能带来的风险。

陈先生通过几年时间的摸索，觉得理财其实是一种生活方式。工薪族一定不要认为小钱没用，一定要坚持把自己的小钱变成大钱，只要坚定不移地运用各种理财手段，无论是股票、基金，还是国债、定期存款，只要别让闲钱在活期账户睡懒觉，每年或多或少都会有收益。

陈先生认为，工薪族每个月领到工资以后，最好把未来一个月的开支放在一边，然后把闲钱投放到理财市场"钱生钱"。工薪族理财也不能一味地求稳，必要的时候还得搏一把，否则小钱也难变成大钱。有时候也不能光靠省钱，如果自己没有在股市里赚了一笔，买房子的首付还是有问题的。

陈先生现在很受同学的羡慕，虽然工资没有一些同学高，但是经过自己的规划，达到了比较高的生活质量，用他自己的话来说就是打持久战，六年实现了有车有房。

案例来源：张元缘. 理财故事：让小钱变大钱［EB/OL］.（2010-06-10）［2020-06-30］. finance.ce.cn/rouing/201006/10/t20100610_034.

请讨论：根据案例中的陈先生的模式，试着为自己制定一个比较适合的未来五年的投资规划。

首先，陈先生理财过程中的可取之处有哪些？

____

____

____

其次，针对自身现有的条件和对未来的期望设计一个五年的投资规划，应该选择哪些投资品种？各类投资资产的分配比例如何？

第一年____

____

第二年____

____

第三年____

____

第四年____

____

第五年____

____

最后，陈先生的投资理财规划对你有何启示？

____

____

____

____

教师检查签字______________ 检查时间________年____月____日

实训任务八　退休规划

开篇引例

小风和小宇是同一公司的同事，也是好朋友，两人年龄相同、收入相同、积蓄相当。小风 30 岁起每个月投入 3 000 元用于退休养老准备，保持每年 7%的投资收益率，一直到 60 岁退休为止，储备了 366 万元。而小宇 35 岁才开始每个月投入 3 000 元用于退休养老准备，也保持每年 6%的投资收益率，一直到 60 岁退休为止，小宇储备了 243 万元用于养老生活。在同样的条件下，仅仅是晚了五年进行退休理财规划，小风只比小宇多投入了 18 万元本金，两人最终的收入竟相差超过 123 万元，这体现了复利的威力。因此，为了保证和提高老年生活的质量，退休养老规划要及早进行。

第一节　退休规划相关理论概述

一、退休规划的概念及原则

退休，指员工在达到一定年龄或为企业服务一定年限的基础上，按照国家的有关法规和员工与企业的劳动合同而离开企业的行为。55~65 岁为我国国内社会养老保险规定的退休年龄，不考虑延迟退休，男职工年满 60 周岁，女干部年满 55 周岁，女工人年满 50 周岁退休。退休规划，是为保证个人的退休生活而制定和实施的理财规划。

由于在退休后收入将减少，无法保证支出的维持，传统的养儿防老等传统养老方式又难以为继，“广覆盖、低保障”的社会养老保险仅能满足老年人基本生活保障，随着医疗支出的增加，老年人对生活品质的要求提高，退休规划显得十分必要。在退休规划中，应遵循以下几个重要的原则：

(1) 宜早不宜迟。养老规划是长期规划，投资时间越长，复利效应越大，及早进行养老规划，可以用较长的在职时间摊薄养老成本。

(2) 注重安全。离退休时间较近时，应选择储蓄和低风险债券；离退休时间较远时，可选择收益和风险相对较高的产品。

(3) 采取多样化的退休金储备方式。以社会养老保险和商业养老保险满足退休后的基本支出，以报酬率较高的有价证券投资满足退休后的生活品质支出。

积累期、投资收益、年积累额对退休储备金的影响见表 8-1。

表 8-1　积累期、投资收益、年积累额对退休储备金的影响

	退休本金积累额度/元							
	每年积累 20 000				每年积累 50 000			
	年收益率				年收益率			
	4%	6%	8%	10%	4%	6%	8%	10%
10 年	240 122	263 616	289 731	318 748	600 305	659 040	724 328	796 871
20 年	595 562	735 712	915 239	1 145 500	1 488 904	1 839 280	2 288 098	2 863 750
25 年	832 918	1 097 290	1 462 119	196 941	2 082 295	2 743 226	3 655 297	4 917 353
30 年	1 121 699	1 581 164	2 265 664	3 289 880	2 704 247	3 952 909	5 664 161	8 224 701
35 年	1 473 044	2 228 696	3 446 336	5 420 487	3 682 611	5 571 739	8 615 840	13 551 218
40 年	1 900 510	3 095 239	5 181 130	8 851 851	4 751 276	7 738 098	12 952 826	22 129 628

二、养老保险体系

1. 社会养老保险

社会养老保险，是国家为保障公民退休后的基本生活而建立的社会保险。它起源于 1889 年，俾斯麦在德国首次建立现代社会养老保险制度。社会保险包括五大险种，分别为养老保险、医疗保险、失业保险、工伤保险和生育保险。

社会养老保险制度的特点有：①由国家立法强制实行，单位和个人必须参加；②养老保险费用由国家、企业、个人共同负担；③养老保险具有社会性，影响面广，费用支出庞大。

2. 企业年金

企业年金（企业补充养老保险），由企业退休基金提供的养老金。企业年金具有以下特征：①由企业自愿建立，国家不强制建立，不直接干预；②年金缴费，或由企业承担，或由企业和职工共同承担；③缴费人自主决定年金管理模式、管理主体（养老金管理公司、基金公司等）。

我国企业年金建立的基本原则为：①自愿参与原则；②个人账户原则，企业年金所有权属于个人；③信托原则，企业年金进行信托管理；④市场化管理原则，政府不直接介入；⑤效率优先，兼顾公平原则。

按年金计发办法，企业年金分两种，待遇确定型企业年金（DB 型）和缴费确定型企业年金（DC 型）。待遇确定型企业年金（DB 型）是指员工退休后每年可领取的企业年金数额不变，类似于一般的商业养老保险，一般不设立个人账户，由企业全额缴费，积累的年金一般投资于低风险的固定收益资产。缴费确定型企业年金（DC 型）是指员工退休后每年可领取的企业年金数额受投资收益率影响，一般设立个人账户，由企业和员工共同缴费，积累的年金部分投资于风险适当的权益类资产，如蓝筹股。

【阅读资料】

美国的企业年金：401K 计划

401K 计划是一种缴费确定型企业年金，可减免年金计划的投资收益所得税。允许延迟纳税，允许职工将部分税前工资存入养老金计划，不必立即支付个人所得税；退休后从养老金计划取出本金和投资收益时，需要付个人所得税。降低纳税等级，在累进税制下退休后个人收入少，纳税等级降低，应纳税额减少。

3. 我国养老保险制度

中国家庭的养老金主要来自社会养老保险、农村养老保险、企业年金和家庭资金（个人储蓄、个人养老保险、子女赡养）。除此以外，还有城市最低生活保障、社会救济等。

社会养老保险，覆盖所有城镇企业和职工，养老保险费用由国家、企业、职工共同负担。缴费上采用社会统筹和个人账户相结合的方式，个人缴费（工资总额的 8%）进入个人账户，单位缴费（通常是工资总额的 12%以上）进入社会统筹账户。个人缴费工资总额上限为当地平均工资的 300%，下限为当地平均工资的 60%。我国长期以来实行现收现付制，这种模式下政府承担的最终债务风险非常大，而完全积累模式转制成本太高，不适合我国现行经济发展的需要，因此我国当前已从现收现付模式转向部分积累模式，亦即社会统筹账户进行部分的代际转移。

$$社会养老保险金 = 基础养老金 + 个人账户养老金$$

$$基础养老金 = 退休前一年本地区职工月平均工资\times 20\%$$

$$个人账户养老金 = 个人账户本息和\div 120$$

例 1：假设李先生平均月薪 12 000 元，刘女士平均月薪 1 200 元，当地月平均工资为 3 000 元。请问：（1）李先生每月应缴多少社会养老保险金？（2）刘女士每月应缴多少社会养老保险金？

李先生月薪高于当地月平均工资的 300%，每月应缴养老保险金 = 9 000×8% =

720（元）

刘女士月薪低于当地月平均工资的 60%，每月应缴养老保险金 = 1 800×8% = 144（元）

例 2：假设王先生平均月薪 4 000 元（假设今后收入不变），养老保险缴费期为 20 年，个人账户投资收益率为 5%，20 年后北京市月平均工资为 3 000 元，那么退休后，他每月能领到多少养老金?

每月能领到的养老金= 3 000×20%+ 4 000×8%×12×（F/A，5%，20）÷ 120 = 600+127 000÷120 =1 658（元）

【阅读资料】

退休金双轨制

中国现行的是"退休金双轨制"，有两套并行的养老金体系，一套是政府部门、事业单位的退休制度，由财政统一支付"吃皇粮的人民公仆"的养老金；另一套是社会企业单位的"缴费型"统筹制度，单位和职工本人按一定标准缴纳。机关事业单位退下来的人员的养老金和企业退下来的人员的养老金，具体将表现为三个不同：

一是统筹的办法不一样，即企业人员是单位和职工本人按一定标准缴纳，机关事业单位的则由国家财政统一筹资；二是支付的渠道不一样，即企业人员由自筹账户上支付，而机关事业单位则由国家财政统一支付；三是享受的标准不一样，即机关事业单位的养老金标准远远高于企业退休人员，差距是 3~5 倍。养老金待遇最高相差 50 倍，从被访者来看，最低为 200 元，最高为 10 000 元。

资料来源：赵婧妤. 养老金双轨制的历史原因及其负面效应［J］. 法制与社会，2016（24）.

三、退休规划工作流程

退休养老规划是为保证客户在将来有一个自立、尊严、高品质的退休生活，而从现在开始积极实施的规划方案。退休规划核心在于进行退休需求的分析和退休规划工具的选择。退休规划的工具具体来说包括社会养老保险、企业年金、商业养老保险以及其他储蓄和投资方式。

1. 确定退休目标

需要确定的两个退休目标。一是退休时间，退休时间越推后，所能积累的养老金越多，退休后所需的养老金就越少，同时随着经济结构的转变和人均寿命的增加，考虑普遍存在推迟退休年龄的趋势。二是退休后的生活水平，通常人们希望退休后不降低当前的生活水平，另外退休后的医疗支出和生活享受支出可能有所增加。

2. 估算退休后的支出

退休后的支出可分为两类：经常性开支类，包括基本生活服务费开支、医疗费用开支；非经常性开支类，包括子女婚娶、旅游支出等。

退休后支出的一般估算方法为，退休后支出=维持当前生活水平所需支出+老年阶段增加的开销（医疗护理）－老年阶段减少的开销（如子女教育费用、房屋按揭费用、保险支出、交通费等）。同时需要考虑投资报酬率和通货膨胀率。

除了上述方法之外，还可以将退休前收入或支出的一定比例作为支出的简单估算：

（1）以退休前支出的某一比例估算，如支出的70%～80%；

（2）以退休前收入的某一比例估算，如收入的60%～70%。

退休第一年支出估计见表8-2。

表8-2 退休第一年支出估计

支出项目	目前年支出/元	退休后年支出（当前价格）/元	价格变化	复利终值系数（$n=20$）	退休后第一年支出/元
饮食	12 000	8 000	3%	1.806	14 448
服装美容	5 000	3 000	1%	1.22	3 660
房租	0	0	3%	1.806	0
房屋按揭贷款	30 000	0	0	1	0
水电气、电话费	5 000	3 000	4%	2.191	6 573
交通	6 000	5 000	4%	2.191	10 955
子女大学教育费用	12 000	0	6%	3.207	0
休闲娱乐	6 000	10 000	6%	3.207	32 070
旅游	12 000	16 000	6%	3.207	51 312
医疗保健	5 000	10 000	6%	3.207	32 070
保险	5 000	0	0	1	0
其他	5 000	5 000	5%	2.653	13 265
生活总支出	103 000	60 000	5.1%	2.739	164 353

3. 估算退休后的收入

个人退休后的收入来源包括社会养老保险、企业年金、商业养老保险、资产投资收益 、资产变现收益、子女赡养费、遗产继承、兼职工作收入等。但是在实际估算中往往会存在一定的偏差。退休收入估算存在偏差的原因有两个：一是养老规划周期很长，悲观或乐观情绪容易使养老规划产生较大偏差；二是缺乏收入估算的经验和知识。

4. 估算退休金缺口（退休金净值）

退休金缺口＝预计的养老金支出－预计的养老金收入

退休准备金＝当前资产中留作养老储备金的部分+未来每年储蓄留作养老储备金的部分

5. 制定退休规划

根据退休金缺口，制定退休规划，利用各种方法弥补退休金缺口。退休金缺口的弥补方法有：

（1）提高当前收入水平、提高储蓄比例、降低退休后开支、延长工作年限、提高投资收益等。

（2）退休生活分段。退休前期，65 岁以前，尚有工作能力，可选择兼职工作；退休中期，65~75 岁，具备积极的生活能力，退休支出高峰期，可外出旅游，发展业余爱好；退休后期，75 岁以后，以居家为主，医疗护理支出增加。

6. 选择退休规划工具

养老投资原则：以社会养老保险和商业养老保险满足退休后的基本支出；以报酬率较高的有价证券投资满足退休后的生活品质支出；注重安全性、收益性、多样性、流动性。

根据上述原则，可选择的主要养老投资工具包括社会养老保险、企业年金、商业养老保险、银行存款、国债、高等级企业债券、银行理财产品、基金、股票（主要投资于蓝筹股）、实物投资，如房产。个人应根据自身的风险和财务情况，同时考虑退休需求来选择合适的投资工具。

7. 执行计划

在制订好退休计划、选择好养老投资工具后，就进入执行计划阶段。养老规划周期一般很长，应严格执行养老规划，养成强制储蓄的习惯。

8. 反馈与调整

如果市场环境、客户养老目标没有发生重大变化，只需要定期（每年）检查退休规划的执行情况。

第二节　退休规划实务

一、实训任务

（1）能够根据实际案例，分析退休规划面临的现状。

（2）遵循退休规划的原则，针对需求客户进行相应的退休规划。

二、实训目的

（1）通过实训练习使学生形成退休规划的理念。

（2）掌握退休需求的分析，正确理解终值和现值的概念，学会估计退休支出和收入。

（3）掌握退休规划的流程，学会制定退休规划。

（4）掌握遗产传承安排的基本流程。

三、实训要求

（1）实训以小组为单位，成果在课堂完成上交，提交形式为电子版 word 文件，如涉及计算分析过程，同时提交 excel 文件，写明计算过程。

（2）根据实际案例，结合所学的退休规划的知识，计算出退休所需要的费用及其收入、在此基础上计算出退休费用的缺口，并制定退休规划方案。

四、实训步骤

（1）结合案例内容和当前的退休政策，分析讨论案例；

（2）根据客户目标，制定客户需求的退休规划；

（3）由指导教师对部分实训者或每个实训者的部分内容进行抽查，实训者上台展示，口头阐述自己的实训成果。

注意事项（含安全操作规程等）：注意做好组内成员分工，积极参与实训。注意表格制作的规范与合理。

五、实训报告

案例分析 1：退休规划需求分析

张先生现年 35 岁，在银行从事大堂经理工作，税后收入 4 500 元，预计 60 岁退休，退休后再生活 20 年。假设张先生从今以后的税后投资报酬率是 4%，保持不变。张先生目前有房贷 60 万，贷款了 25 年，贷款年利率为 6.5%，采用等额本息还款法。张先生有一个儿子，目前正在上小学一年级，其妻子在某航空公司从事空姐职业，税后月收入 4 000 元。目前家庭成员身体都比较健康，没有购置任何保险，每年有一次全家体检和出行计划。

根据当前的退休政策以及物价变化，结合自己的生活常识，查阅相关资料，估算张先生一家在退休后第一年的支出，填列下表。

支出项目	目前年支出	退休后年支出（当前价格）	价格变化幅度	复利终值系数（n=__）	退休后第一年支出
饮食					
服装美容					
房租					
房屋按揭贷款					
水电气、电话费					
交通					
子女教育费用					

支出项目	目前年支出	退休后年支出（当前价格）	价格变化幅度	复利终值系数（$n=$__）	退休后第一年支出
休闲娱乐					
旅游					
医疗保健					
保险					
其他					
生活总支出					

假设张先生一家预计退休后第一年支出为26.5万元。请回答以下问题。

（1）如果不考虑退休后的通货膨胀，请计算张先生退休时需要储备多少养老金才能满足养老需要？

（2）假设张先生退休后，平均通货膨胀率是3%，请计算张先生退休时需要储备多少养老金才能满足支出养老需要？

（3）假设张先生退休后每月领取社会养老保险金2 000元，退休时保险金的缺口是多少？

（4）从现在起25年内，每年应定期定额储蓄多少钱才能弥补上述退休金缺口。

案例分析 2：制定退休理财规划综合方案

吴先生今年 45 岁，是外资企业的二级经理，税后月收入 10 000 元，年末有 2 万元分红；45 岁的妻子为一家金融机构职员，月收入 4 000 元；两人计划在 60 岁时退休，退休后有希望生活 30 年；女儿在上大二，2 万元的年末分红足够支付她一年的教育费用。

除去家庭月支出 8 000 元和保费月支出 1 000 元，每月可有 5 000 元的结余。一家人现有住房面积为 90 平方米左右，价值 55 万元，按揭已还讫。另外，还持有市值 30 万元的股票和 40 万元的人民币定期存款。为了两年后女儿出国留学，吴先生准备了 3 万欧元（折合人民币 29 万元）。夫妻俩今后的退休金共计 2 000 元。

吴先生的家庭收支表和家庭资产负债表如表 7-3 和表 7-4 所示。

表 7-3　吴先生的家庭收支表

家庭年度收入	金额/元	家庭年支出	金额/元
吴先生年收入	140 000	年生活费用支出	96 000
张太太年收入	48 000	保费支出	12 000
存款利息收入（按 1 年计）	8 064	教育支出	20 000
股票收益	15 000		
收入总计	211 064	支出合计	12 800
年度盈余 = 83 064 元，　家庭储蓄能力 30%			

表 7-4　吴先生的家庭资产负债表

家庭资产	金额/万元	家庭负债	金额/万元
定期存款	40	0	0
股票	30		
3 万欧元	折合人民币 29		
房产	55		
资产合计	154		

分析步骤：

（1）请从家庭生活支出和资产结构两个方面分析吴先生的家庭财务状况。

家庭生活支出分析：

资产结构分析：

（2）请按照下面的流程给吴先生的家庭进行退休规划。

①估算退休支出。

A. 生活支出。

问题一：吴先生的家庭目前每月的基本生活开支为多少元？

问题二：若吴先生两口希望退休后能够维持目前的生活水平，假定通货膨胀保持年均3%的增长幅度，那么老两口在退休当年的月生活支出能达到多少元？

问题三：老两口在退休当年的月生活支出在扣除退休后按月领取的国家基本养老金2 000元后，要维持退休后30年的生活支出，以去除通货膨胀后的实际投资报酬率5%计算，退休当年须储备好多少元的退休金？

B. 医疗费用的支出。

问题一：假定两人退休后平均每年在医疗保健上的花费为10 000元，那么30年的总花销为多少元？

问题二：以上两项合计就是吴先生家庭需要的养老储备金，为多少元？

②估算养老金收入。

根据吴先生当前的投资组合和投资报酬率可以测算两人从现在到退休所能储备的养老金资产。

问题三：吴先生的养老准备金来源有哪几个？

问题四：根据吴先生目前资产分配比例来算，假定其银行存款与股票投资的预期综合投资报酬率为5%。每年的投资收益加上原有70万生息资产，退休当年预计大致能储备多少元养老准备金？

③估算养老金缺口。

问题五：按照吴先生现有的资产投资配置，尚存在养老金缺口多少元？

（3）请帮助吴先生进行退休理财规划，建议其购买何种理财产品？并说明理由。

教师检查签字____________________________ 检查时间________年____月____日

实训任务九　个人税收筹划

开篇引例

小王和小田是大学同学，毕业后在同一家企业上班。2019 年两人的工资在扣除社保和公积金后刚好都是 100 000 元/年。小王利用业余时间继续攻读在职研究生，每个月能额外享受 400 元专项附加扣除。如果两人无其他扣除，则小王一年需缴纳所得税额 1 056 元，而小田一年需缴纳所得税额 1 480 元，比小王多 424 元。

这是因为，小王接受学历（学位）继续教育的支出，在教育期间应纳税额可以按照每月 400 元定额扣除，由此个人所得税纳税开支得到了节省。此外，若纳税人接受符合要求的职业资格继续教育的支出，在取得相关证书的当年，能按照 3 600 元定额扣除。小田原本也有意继续进修，对税法中专项附加扣除的规定进一步了解后，感到通过继续教育既能实现自我提升，还能享受税收优惠政策，也积极准备接受继续教育。

第一节　个人所得税概述

个人所得税是以个人（自然人）取得的各项应税所得为征税对象征收的一种税。个人和家庭承担的个人所得税税负的情况，会和其收支状况、理财活动等相互影响。

一、纳税义务人

个人所得税的纳税义务人，按照住所和居住时间两个标准，分为居民个人纳税义务人和非居民个人纳税义务人，分别承担不同的纳税义务。按照《中华人民共和国个人所得税法》（以下简称《个人所得税法》）的规定，居民个人是指在中国境内有住所，或者无住所而一个纳税年度内在中国境内居住累计满 183 天的个人，其从中国境内和境外取得的所得，都要依法在中国缴纳个人所得税；非居民个人是指在中国境内无住所又不居住，或者无住所而一个纳税年度内在中国境内居住累计不满 183 的个人，其从中国境内取得的所得，依法缴纳个人所得税。

二、法定征税范围

1. 工资、薪金所得

工资、薪金所得是指个人因任职或者受雇取得的工资、薪金、奖金、年终加薪、劳动分红、津贴、补贴以及与任职或者受雇有关的其他所得。

2. 劳务报酬所得

劳务报酬所得是指个人从事各种劳务取得的所得，包括从事设计、装潢、安装等 26 项劳务以及其他劳务取得的所得。

3. 稿酬所得

稿酬所得是指个人因其作品以图书、报刊等形式出版、发表而取得的所得。

4. 特许权使用费所得

特许权使用费所得是指个人提供专利权、商标权、著作权、非专利技术以及其他特许权的使用权取得的所得；提供著作权的使用权取得的所得，不包括稿酬所得。

5. 经营所得

经营所得包括以下四方面内容：

（1）个体工商户从事生产、经营活动取得的所得，个人独资企业投资人、合伙企业的个人合伙人来源于境内注册的个人独资企业、合伙企业生产、经营的所得；

（2）个人依法从事办学、医疗、咨询以及其他有偿服务活动取得的所得；

（3）个人对企业、事业单位承包经营、承租经营以及转包、转租取得的所得；

（4）个人从事其他生产、经营活动取得的所得。

6. 利息、股息、红利所得

利息、股息、红利所得是指个人拥有债权、股权等而取得的利息、股息、红利所得。

7. 财产租赁所得

财产租赁所得是指个人出租不动产、机器设备、车船以及其他财产取得的所得。

8. 财产转让所得

财产转让所得是指个人转让有价证券、股权、合伙企业中的财产份额、不动产、机器设备、车船以及其他财产取得的所得。

9. 偶然所得

偶然所得是指个人得奖、中奖、中彩以及其他偶然性质的所得。

三、适用税率

（1）综合所得，适用3%~45%的七级超额累进税率。个人所得税税率（综合所得适用）如表8-1所示，本表所称全年应纳所得税额是指依照《个人所得税法》第六条的规定，居民个人取得综合所得以每一纳税年度收入额减除费用6万元以及专项扣除、专项附加扣除和依法确定的其他扣除后的余额。

表8-1　个人所得税税率表一（综合所得适用）

级数	全年应纳税所得额	税率（%）	速算扣除数
1	不超过36 000元的部分	3	0
2	36 000元至144 000元的部分	10	2 520元
3	144 000元至300 000元的部分	20	16 920元
4	300 000元至420 000元的部分	25	31 920元
5	420 000元至660 000元的部分	30	52 920元
6	660 000元至960 000元的部分	35	85 920元
7	超过960 000元的部分	45	181 920元

注：非居民个人取得工资、薪金所得，劳务报酬所得，稿酬所得和特许权使用费所得，依照本表按月换算后计算应纳税额。

（2）经营所得，适用5%~35%的五级超额累进税率。个人所得税税率（经营所得适用）如表8-2所示，本表所称全年应纳税所得额是指依照《个人所得税法》第六条的规定，以每一纳税年度的收入总额减除成本、费用以及损失后的余额。

表8-2　个人所得税税率表二（经营所得适用）

级数	全年应纳税所得额	税率（%）	速算扣除数
1	不超过30 000元的部分	5	0
2	30 000元至90 000元的部分	10	1 500元
3	90 000元至300 000元的部分	20	10 500元
4	300 000元至500 000元的部分	30	40 500元
5	超过500 000元的部分	35	65 500元

（3）利息、股息、红利所得，财产租赁所得，财产转让所得，偶然所得，适用20%的比例税率。

（4）速算扣除数：《个人所得税法》中并没有提供含速算扣除数的个人所得税税率表，当纳税人收入较高时计算应纳税额比较复杂，但根据税法可以推导出包含速算扣除数的个人所得税税率表（如表8-1、表8-2所示）。

四、应纳税所得额的计算

（一）收入的确定

居民个人取得工资、薪金所得，劳务报酬所得，稿酬所得，特许权使用费所得（以下称综合所得），按纳税年度合并计算个人所得税。非居民个人取得前述四项所得，按月或者按次分项计算个人所得税。

其中，劳务报酬所得、稿酬所得、特许权使用费所得以收入减除20%的费用后的余额为收入额，稿酬所得的收入额减按70%计算。

纳税人取得经营所得，利息、股息、红利所得，财产租赁所得，财产转让所得，偶然所得，分别计算和缴纳个人所得税。

（二）费用减除标准

（1）居民个人的综合所得，以每一纳税年度的收入额减除费用6万元以及专项扣除、专项附加扣除和依法确定的其他扣除后的余额，为应纳税所得额。

①专项扣除包括三险一金：居民个人按照国家规定的范围和标准缴纳的基本养老保险、基本医疗保险、失业保险等社会保险费和住房公积金等。

②专项附加扣除：包括子女教育、继续教育、大病医疗、住房贷款利息或者住房租金、赡养老人等支出。个人所得税专项附加扣除额一个纳税年度扣除不完的，不能结转以后年度扣除。专项附加扣除项目如表8-3所示。

表8-3 专项附加扣除项目

专项附加扣除项目	扣除标准	扣除方式
子女教育	子女接受全日制学历教育和学前教育（年满3岁至小学入学前），每个子女1 000元/月。	父母一方100%扣除，或双方分别按50%扣除。
继续教育	在境内接受学历（学位）继续教育，400元/月，不超过48个月。 接受职业资格继续教育，取得相关证书的当年，3 600元。	本人扣除；接受本科及以下学历（学位）继续教育，可由父母扣除，也由本人扣除。
大病医疗	一个纳税年度内，扣除医保报销后个人负担（医保目录范围内的自付部分）累计超过15 000元部分，在80 000元限额内据实扣除。	由本人或配偶扣除；未成年子女的费用可由父母一方扣除。每人医药费用支出单独归集并分别计算扣除额。
住房贷款利息	本人或配偶首套住房贷款（指享受首套住房贷款利率的住房贷款）的利息支出，1 000元/月，不超过240个月。只能享受一次首套住房贷款的利息扣除。	可选择由夫妻一方扣除；夫妻婚前各自发生的首套住房贷款，婚后可：择其中一套由购买方100%扣除，或双方对各自购买的住房分别按50%扣除，

表8-3(续)

专项附加扣除项目	扣除标准	扣除方式
住房租金	直辖市、省会（首府）城市、计划单列市，1 500 元/月；市辖区户籍人口>100 万，1 100 元/月；市辖区户籍人口≤100 万，800 元/月。	本人扣除；配偶与纳税人同城无自有住房的，由一方扣除；不能同时享受住房贷款利息和住房租金专项附加扣除。
赡养老人	赡养一位及以上年满 60 岁的父母，及子女均已去世的年满 60 岁的祖父母、外祖父母的支出：独生子女 2 000 元/月；非独生子女≤1 000 元/月。	独生子女本人扣除；非独生子女，与兄弟姐妹分摊 2 000 元/月，可均摊、约定分摊、指定分摊。

③依法确定的其他扣除。

个人购买符合规定的商业健康保险产品的支出，允许在当年（月）计算应纳税所得额时予以税前扣除，扣除限额为 2 400 元/年（200 元/月）。

自 2018 年 5 月 1 日起一年内，在试点地区个人购买符合规定的商业养老保险产品的支出，允许在一定标准内税前扣除。计入个人商业养老资金账户的投资收益，暂不征收个人所得税。个人领取商业养老金时，再按规定征收个人所得税。

缴纳企业年金和职业年金（以下简称“年金”）时，个人根据国家有关政策规定缴付的年金个人缴费部分，在不超过本人缴费工资计税基数的 4%标准内的部分，暂从个人当期的应纳税所得额中扣除。年金投资收益分配计入个人账户时，个人暂不缴纳个人所得税。个人领取年金时，再按规定缴纳个人所得税。

（2）非居民个人的工资、薪金所得，以每月收入额减除费用 5 000 元后的余额为应纳税所得额；劳务报酬所得、稿酬所得、特许权使用费所得，以每次收入额为应纳税所得额。

（3）经营所得，以每一纳税年度的收入总额减除成本、费用以及损失后的余额，为应纳税所得额。

（4）财产租赁所得，每次收入不超过 4 000 元的，减除费用 800 元；4 000 元以上的，减除 20%的费用，余额为应纳税所得额。

（5）财产转让所得，以转让财产的收入额减除财产原值和合理费用后的余额，为应纳税所得额。

（6）利息、股息、红利所得和偶然所得，以每次收入额为应纳税所得额。

五、个人综合所得纳税计算

应纳税额=应纳税所得额×适用税率-速算扣除数

应纳税所得额=年度收入额-费用（60 000 元）-专项扣除-专项附加扣除-依法确定的其他扣除

例 9-1　王女士在重庆市某互联网公司任职，无自有住房，2019 年每月的工资扣除三险一金后为 9 000 元，在公司附近租住一套住房每月支付租金 2 000 元。王女士系独生子女，未婚，其父亲 62 岁、母亲 57 岁均已退休。

计算王女士 2019 年应纳税所得额为：

$9\ 000\times12-60\ 000-1\ 500\times12-2\ 000\times12=6\ 000$（元）

应纳税额为：

$6\ 000\times3\%=180$（元）

第二节　个人税收筹划

一、税收筹划的概念

税收筹划是纳税人在法律允许的范围内，通过对经营、投资、理财等经济活动进行事先安排，充分利用税法提供的优惠和差别待遇，以减轻税负，达到整体税后收益最大化。

二、税收筹划的特点

1. 合法性

税收筹划的合法性是指税收筹划必须在税收法律许可的范围内。不得违反法律规定、逃避纳税责任。在合法的前提下，当存在多种可选择的纳税方案时，纳税人可以选择较低税负方案。

2. 事先性

税收筹划是在纳税义务发生之前对涉税事项进行筹划和安排。在经济活动中产生的纳税义务通常具有滞后性，这在客观上为纳税人在纳税义务发生前进行筹划提供了可能性。

3. 风险性

税收筹划在纳税义务发生前进行，这使得未来纳税的结果有一定的不确定性，包括最终经营行为未取得预期效果、税收政策变动影响、因对税收政策理解不透彻等带来法律和纳税调整的风险等。

三、税收筹划风险控制原则

正视税收筹划风险的客观存在，是为了纳税人能更好地进行税收筹划。在具体筹划时纳税人应遵循以下原则：

（1）坚持合法性。

（2）保持适度的灵活性。

（3）重视货币的时间价值。

（4）树立风险意识，立足于事先防范。

（5）加强联系。加强与当地税务机关的联系，充分了解当地税务征管的特征和具体要求。聘请税收筹划专家，提高税收筹划的权威性和可靠性。税收筹划是一门综合性学科，其专业性相当强，需要专业技能较好的专家来实施，因此对于综合性的税收筹划，聘请专业人士进行筹划可以进一步降低税收筹划的风险。

四、个人理财税收筹划的基本流程

1. 分析客户的税负状况

这一步骤主要通过分析客户的应纳税所得额和承担的税率，来评估客户的税负情况。税率分析涉及的指标包括四点。

（1）名义税率：即税率表所列明的税率，是纳税人纳税时适用的税率。

（2）平均税率：是纳税人应纳税额与应纳税所得额的比率。一般而言，在累进税率下，除了个人收入落入累进税率第一等级外，其收入的平均税率要比边际税率低。

（3）实际税率（又称有效税率）：是纳税人实际缴纳税额与收入总额的比率。由于存在费用减除等规定，实际税率往往低于平均税率。

（4）边际税率：是指在一定数量水平上，征税对象的增加导致的所纳税额的增量与征税对象的增量之间的比例。

例如，王先生 2019 年 5 月取得工资收入 9 000，仅考虑 5 000 元的基本减除费用，应纳税所得额为 4 000 元，应纳税额为 190 元。他的名义税率为 3%、10%；他的平均税率为 4.75%（190/4 000×100%），实际税率为 2.1%（190/9 000×100%），边际税率为 10%。

理财规划师应当根据分析得到的数据，结合客户的工作性质和家庭情况，判断有无进行税收筹划的空间。

2. 分析高税负形成的原因

（1）由于对税法缺乏充分了解和掌握，或是未能用好用足税收优惠政策，又或是没有履行税法要求的必要程序，从而未能充分享受税收优惠带来的降低税负的好处。

例如，某客户购买了符合要求的商业健康保险产品，每月可以由此在 200 元限额内进行其他扣除，却因为不了解该项政策而未进行申报，未能享受该税收优惠政策带来的好处。

（2）纳税人、扣缴义务人和其他当事人因违反税收相关法律规定而被税务机关征收滞纳金、税收罚款等，导致其税负增加。纳税人、扣缴义务人和其他当事人应熟知相关法律规定并严格遵守，以防发生不必要的损失。

五、税收筹划的方法

总的来说，应纳税所得额和税率是影响应纳税额的重要因素，税收筹划可以从这两个方面加以考虑。

1. 避免应税所得的实现

通过尽量取得不被税法认定为应税所得的经济收入，减轻税收负担。

如税法规定，对个人取得的银行存款利息收入、国债和国家发行的金融债券利息以及股票转让所得免征或暂免征收个人所得税。个人在进行金融投资时，或者在不同投资品种的投资比较选择时，也应当将这些免税的因素进行综合考虑。

2. 避免适用较高的税率

一般情况下，适用税率高，应纳税额就多，税后净收益就少，尤其在适用超额累进税率时净收益可能受到更大的影响。

（1）个人所得税中部分所得项目适用超额累进税率，这时，如果纳税人的应税所得增加，其适用的最高边际税率也可能更高，从而使得纳税人负担的平均税率和实际税率都可能提高。

所以，若纳税人在一段时期内收入总额既定，则其在将收入分摊到各纳税期内时应尽量均衡，避免大起大落带来纳税人的税收负担增加。

（2）工资、薪金福利化。

在符合法律规定的前提下，让员工实际消费水平不降低的同时，如果可以通过将部分工资、薪金转为向员工提供福利，有可能减少员工的应纳税所得额，规避高边际税率，从而降低其税负。

措施包括：

①企业提供与企业经营业务有关的培训。

②企业提供用餐补贴。员工因公务在城区、郊区工作，不能在工作单位或返回就餐的，可按标准领取误餐费，不扣缴个人所得税；员工出差发生的餐费，也可在标准内领取差旅费补贴，不扣缴个人所得税。

③企业提供通勤便利。企业可配备车辆接送员工上下班，将这部分支出从员工工资中扣除，员工也无须为此缴纳个人所得税；或是在标准内给员工发放交通补贴，员工无须缴纳个人所得税，

④企业提供属于实际工作条件的劳保用品。

例 9-2　重庆市 A 公司的员工秦女士每月扣除社保、公积金后领取的工资为 8 500 元。由于公司离住所较远，秦女士每月上下班交通费支出约 600 元。现公司拟配备车辆接送员工上下班，但会将乘车员工工资调低 600 元用于接送员工的支出，从个人所得税的角度考虑，参加乘坐公司交通车，秦女士每个月应纳税额会发生怎样变化？

若秦女士除 5 000 元的基本减除费用外无专项附加扣除和其他扣除，则其每月应纳税所得额为 8 500-5 000=3 500（元），应纳所得税额为 3 500×10%-210=140（元）。

若乘坐公司交通车，同时接受工资下调为 7 900 元，则秦女士每月应纳税所得额降为 7 900-5 000=2 900 元，应纳所得税额为 2 900×3%=87 元。秦女士每个月减少的所得税为 140-87=53 元。

但在实务中，还需结合公司以员工工资、薪金所得为基数缴纳社会保险、住房公积金等情况与所得税的节省综合考虑。

3. 充分利用税前扣除

充分利用允许纳税人税前扣除的规定，可以缩小应纳税所得额，而当适用超额累进税率时，还可能降低适用的最高边际税率，从而减轻实际税负。

（1）通过公益捐赠，纳税人在实现个人从事公益事业的同时，也可在一定程度上减轻税负。

个人通过境内公益性社会组织和国家机关，向教育、扶贫、济困等公益慈善事业的捐赠，发生的公益捐赠支出，可以按照个人所得税法有关规定在计算应纳税所得额时扣除。

居民个人发生的公益捐赠支出可以在财产租赁所得、财产转让所得、利息股息红利所得、偶然所得（以下统称分类所得）、综合所得或者经营所得中扣除。在当期一个所得项目扣除不完的公益捐赠支出，可以按规定在其他所得项目中继续扣除。居民个人的公益捐赠支出，在综合所得、经营所得中扣除的，扣除限额分别为当年综合所得、当年经营所得应纳税所得额的 30%；在分类所得中扣除的，扣除限额为当月分类所得应纳税所得额的 30%。居民个人可根据各项所得的收入、公益捐赠支出、适用税率等情况，自行决定在综合所得、分类所得、经营所得中扣除的公益捐赠支出的顺序。

居民个人在进行公益捐赠时如考虑纳税因素，应根据税法，选择适当的捐赠方式、捐赠款投向等，并取得合法的捐赠凭据。

（2）工资、薪金转化为劳务报酬。

根据税法的规定，居民个人的工资、薪金所得和劳务报酬所得均计入年度综合所得合并计税，统一减除每年 6 万元费用、专项扣除、专项附加扣除和依法确定的其他扣除。由于劳务报酬所得以减除 20%的费用后记为收入额，因此，在某些情况下如果将工资、薪金所得转化为劳务报酬所得，通过增加费用减除，可能节约税收。若存在多处收入取得的情况，可考虑选择其中一处作为固定雇佣工作获取工资、薪金，其余作为劳务报酬所得。

例 9-3 傅先生在一家公司技术部门工作，2019 年获得工资收入 10 万元，同时他在另一企业兼职担任技术顾问工作，每年收入 10 万元。不考虑专项扣除、专项附加扣除和其他扣除，如果两处收入来源都作为工资、薪金收入，2019 年应纳税多少？从降低税负的角度有何建议？

分析：若两处均作为工资、薪金项目收入，傅先生 2019 年应纳税所得额＝100 000+100 000－60 000＝140 000 元，2019 年应纳税额＝140 000×10%－2 520＝11 480 元。

从降低税负的角度，我们可以考虑将其中一处转为劳务报酬，则 2019 年应纳税所得额＝100 000+100 000×（1－20%）－60 000＝120 000（元），2019 年应纳税额＝120 000×10%－2 520＝9 480（元）。相对于都作为工资薪金收入，当年可节约纳税额 11 480－9 480＝2 000 元。

（3）专项附加扣除的筹划。

专项附加扣除包括子女教育、继续教育、大病医疗、住房贷款利息或者住房租金、赡养老人等支出。专项附加扣除在纳税人年度综合所得的应纳税所得额中扣除，本年度扣除不完的不得结转以后年度扣除，但在扣除方法上给予了纳税人一定的选择空间，纳税人应充分利用现有政策，采取合适的扣除方式。

例 9－4 袁先生和廖女士有 2 个孩子，都在上小学。袁先生的月收入为 15 000 元，廖女士月收入 8 000 元，不考虑其他扣除，该家庭应选择哪种扣除方式进行子女教育费用扣除来降低家庭总税负？

分析：根据税法的规定，子女学历教育费用按照每个子女每月 1 000 元的标准扣除，可由父母一方按 100%扣除，或双方分别按 50%扣除。

方案一：由袁先生 100%扣除，计算该家庭的应纳税额。

（15 000－5 000－2 000）×10%－210+（8 000－5 000）×3%＝ 680（元）

方案二：由廖女士 100%扣除，计算该家庭的应纳税额。

（15 000－5 000）×10%－210+（8 000－5 000－2 000）×3%＝ 820（元）

方案三：由双方各 50%扣除，计算该家庭的应纳税额。

（15 000－5 000－1 000）×10%－210+（8 000－5 000－1 000）×3%＝ 750（元）

因此，子女教育附加应由收入较高的袁先生进行扣除，即选择方案一。因为当双方工资减除 5 000 元基本费用后，袁先生适用的税率比廖女士高，所以由袁先生申报扣除，可以更大程度降低家庭承担的所得税负。

4. 推迟纳税义务发生时间

推迟纳税可以使个人在不减少纳税额的情况下获得资金的时间价值。纳税人通过推迟纳税义务，有利于节省利息支出，以及减轻通货膨胀的影响从而降低了实际纳税额。例如，可以参加企业年金、购买税收递延型商业养老保险等进行纳税递延的筹划。

5. 利用税收优惠

《个人所得税法》及其实施条例，以及财政部、国家税务总局的若干规定等，都对个人所得项目给予了减免税的优惠。以下是部分减免税项目。

（1）个人所得税免征项目：

①省级人民政府、国务院部委和中国人民解放军以上单位，以及外国组织、国际组织颁发的科学、教育、技术、文化、卫生、体育、环境保护等方面的奖金。

②国债和国家发行的金融债券利息。

③按照国家统一规定发给的补贴、津贴，指按照国务院规定发给的政府特殊津贴、院士津贴，以及国务院规定免予缴纳个人所得税的其他补贴、津贴。

④福利费、抚恤金、救济金，保险赔款，军人转业费、复员费、退役金。

⑤按照国家统一规定发给干部、职工的安家费、退职费、基本养老金或退休费、离休费、离休生活补助费。

⑥依照有关法律应予免税的各国驻华使馆、领事馆的外交代表、领事官员和其他人员所得。

⑦中国政府参加的国际公约以及签订的协议中规定的免税所得。

⑧教育储蓄存款利息所得。

⑨生育妇女按照县级以上人民政府根据国家有关规定制定的生育保险办法，取得的生育津贴、生育医疗费或其他属于生育保险性质的津贴、补贴。

（2）暂免征收个人所得税的所得项目：

①个人转让自用达5年以上并且是唯一的家庭居住用房的收入所得。

②储蓄存款利息所得。

③个人在上海证券交易所、深圳证券交易所转让从上市公司公开发行和转让市场取得的上市公司股票所得。

④个人从公开发行和转让市场取得的上市公司股票，持股期限超过1年的，股息红利所得暂免征收个人所得税。持股期限在1个月以内（含1个月）的，股息红利所得全额计入应纳税所得额；持股期限在1个月以上至1年（含1年）的，暂减按50%计入应纳税所得额；上述所得统一适用20%的税率计征个人所得税。

第三节　个人税收筹划实训

一、实训任务

（1）根据案例，分析客户税负状况，给予税收筹划建议。

（2）掌握税收筹划的基本流程。

二、实训目的

（1）通过实训练习使学生理解税收筹划的知识。

（2）掌握税收筹划的流程，学会税收筹划的方法。

三、实训要求

（1）实训以小组为单位，成果在课堂完成上交，提交形式为电子版 word 文件，如涉及计算分析过程，同时提交 excel 文件，写明计算过程。

（2）根据实际案例，结合所学的税收筹划的知识，制定税收筹划建议。

四、实训步骤

1. 完成计算练习；结合案例，讨论并制定客户的税收筹划建议。

2. 由指导教师对部分实训者或每个实训者的部分内容进行抽查，实训者上台展示，口头阐述自己的实训成果。

五、实训报告

1. 计算题

胡女士在成都市某公司从事行政工作，2019 年每月的工资扣除三险一金后为 8 000 元，每月租房支出 2 000 元。胡女士为独生子女，未婚，父亲 58 岁尚未退休，母亲 56 岁已退休。请计算胡女士 2019 年应纳税额为多少。

2. 案例分析一

小王和小李为夫妇，考虑了专项扣除后，小王每月工资 10 000 元，妻子小李每月工资 8 000 元，两人的工资、薪金为唯一收入来源。两人在婚后于 2019 年 2 月共同购买首套住宅，贷款期限20年。他们育有一子4岁，在读幼儿园。请问该家庭该如何进行纳税筹划？

3. 案例分析二

小张今年40岁，其妻子小刘36岁，考虑了专项扣除后，小张每月工资12 000元，此外还有一份兼职工作每月取得收入5 000元，妻子小刘每月工资9 000元。两人现有住房1套，无贷款。两人育有一子7岁，上小学一年级。双方均为独生子女，双方父母均已年过60岁并退休，有退休金收入。请给予该家庭纳税筹划建议。

教师检查签字________________________ 检查时间________年____月____日

实训任务十　财产分配和财产传承规划

开篇引例

2004年11月13日上海均瑶发出公告:“根据王均瑶董事长生前安排，其持有的本公司50%的股权中，5%的股权转让给现股东王均金先生，5%的股权转让给现股东王均豪先生，40%的股权转让给其长子（未成年)，并委托王均金先生、王均豪先生共同代为管理。”11月18日，均瑶集团新董事长王均金出面“澄清”：①40%的股权是留给亲属及长子的。②这40%并非指均瑶集团公司，而是上海均瑶，前者有25个亿，后者仅8亿。

按照11月13日上海均瑶的公告，王均瑶长子持集团40%的股权，他两位掌管集团的叔叔各拥有35%和25%的股权；按照11月18日的“更正”，这个40%为亲属及长子共同支配，那么这两位叔叔又在重要的亲属之列，也可以再控制40%股权中的部分产权。王均瑶长子兄妹3人，还有生母和继母。如果按前一个说法，问题会简单得多，也许矛盾仅限王均瑶长子兄妹；如果按后者标准，整个王氏家族将面临产权再分配。

启示：

不少的企业家苦于找不到合适的“接班人”：子女不是不肖就是不孝，难以继承家业；现代化的公司产权制度和治理结构还没有完善，还无法使所有权与决策权和经营权之间相对分离；家族企业如何实现永续经营和可持续发展已经成为民营企业家遗留下来最大的苦恼和心病。

第一节　财产分配和传承规划

财产分配规划，是指为了使家庭财产及其所产生的收益在家庭成员之间实现合理的分配而做的财务规划。

财产传承规划是为了保证家庭财产实现代际相传、安全让渡而设计的财务方案，也就是遗产规划，是当事人在其健在时通过选择遗产管理工具和制定遗产分配方案，将拥有或控制的各种资产或负债进行安排，确保在自己去世或丧失行为能力时能够实现一定的目标，是从财务的角度对个人一生的财产进行的整体规划。

一、收集客户信息，界定财产权属关系

（一）婚姻

1. 婚姻成立的条件

双方亲自订立并且意思表示真实是婚姻成立的条件。

（1）实质要件。

①必须是异性男女，我国不承认同性婚姻。

②男女双方必须在自愿的基础上达成合意。

③必须达到法定婚龄。男的不得低于 22 周岁、女的不得低于 20 周岁。

④必须符合一夫一妻制，即不得重婚。

⑤必须不是直系血亲和三代以内的旁系血亲禁。

⑥双方必须均未患有医学上认为不应结婚或暂缓结婚的疾病。

（2）形式要件：登记。

我国《婚姻法》第八条规定："要求结婚的男女双方必须亲自到婚姻登记机关进行结婚登记，符合本法规定的，予以登记，发给结婚证，取得结婚证，即确立夫妻关系。"婚姻成立的时间是完成登记颁发结婚证之时。

2. 夫妻关系

夫妻关系分为夫妻人身关系和夫妻财产关系。前者要求夫妻关系地位平等、独立；都享有姓名权；夫妻之间的忠实义务；人身自由权；住所选定权；禁止家庭暴力、虐待、遗弃；计划生育义务。夫妻财产关系是指，夫妻财产的所有权（夫妻一方的财产所有权和夫妻双方的共同财产所有权）；相互扶养义务；相互继承遗产的权利。

3. 分割继承

夫妻有相互继承遗产的权利，夫妻在婚姻关系存续期间所获得的共同财产，除事先约定的以外，在分割遗产时应当先预提其配偶所拥有的双方共同财产的一半，剩余的则为被继承人的遗产。夫妻互为第一顺序法定继承人。

（1）夫妻法定财产，分为夫妻法定共有财产和夫妻法定特有财产。

夫妻法定共有财产是发生在婚姻存续期间的财产，包括工资、奖金；生产、经营的收益；知识产权的收益（知识产权取得的经济利益，属于夫妻共同财产，不包括署名权等）；金融资产；因继承或赠与所得的财产，但遗嘱或赠与合同中确定只归夫或妻一方的财产除外；其他。

夫妻法定特有财产，又称夫妻个人财产或夫妻保留财产，可由一方自由进行管理、使用、收益和处分，而不需要征得另一方的同意。夫妻法定特有财产包括：一方的婚前财产；一方因身体受到伤害获得的医疗费、残疾人人生活补助费等费用；遗嘱或赠与合同中确定只归属于夫妻其中一方的财产；一方专用的生活用品；其他应当归一方的财产。

（2）夫妻约定财产，夫妻财产约定制有三种类型：一般共同制（全部共有）；部分共同制（部分共有，部分各自所有）；分别共同制（全部各自所有）。

（3）夫妻债务，指在婚姻关系存续期间，夫妻双方或一方为维持共同生活的需要，或出于为共同生活目的从事经营活动所引起的债务。

a. 夫妻个人债务是指，妻约定为个人负担的债务或者一方从事无关家庭共同生活时所产生的债务。夫妻个人债务主要包括：①一方的婚前债务，如夫妻一方为购置房屋等财产负担的债务，该房屋没有用于婚后共同生活的，应当认定为个人债务。②夫妻双方依法约定由个人负担的债务。夫妻双方将本属共同生活所负的债务，约定由一方负担的，可以视为夫妻个人债务。这种约定原则上不对债权人产生对抗效力，除非债权人事先知道该约定或者事后追认该约定。③夫妻一方因个人不合理的开支，如赌博、吸毒、酗酒所负债务。④遗嘱或赠与合同中确定只归夫或妻一方的财产为一方个人财产，附随这份遗嘱或赠与合同而来的债务也应由接受遗嘱或赠与的一方单独承担，他方无清偿责任。⑤夫妻一方未经对方同意，擅自资助没有扶养义务人所负担的债务。⑥夫妻一方未经对方同意，独自筹资从事生产或者经营活动所负债务，且其收入确未用于共同生活的。⑦其他依法应由个人承担的债务，包括夫妻一方实施违法犯罪行为、侵权行为所负的债务。

b. 夫妻共同债务，指在夫妻关系存续期间，夫妻双方或一方为共同生活所产生的债务。夫妻共同债务主要包括：①夫妻为家庭共同生活所负的债务。如购置共同生活用品所负债务；购买、装修共同居住的住房所负的债务；为支付一方医疗费用所负的债务。②夫妻共同从事生产、经营活动所负的债务。③履行法定赡养义务所负的债务。④为支付夫妻一方或双方的教育、培训费用所负的债务。⑤为支付正当必要的社会交往所负的债务。⑥夫妻一方或双方为履行法定扶养义务所负的债务。⑦夫妻协议约定为共同债务的债务。

c. 夫妻共同财产中的股权构成。夫妻双方分割共同财产中的股票、债券、投资基金份额等有价证券以及未上市股份有限公司时，协商不成或者按市价分配有困难的，人民法院可以按照数量比例分配。

d. 房屋财产。①夫妻一方婚前付了全部房款，并取得房产证，该房屋属于婚前财产。②夫妻一方婚前以个人财产购买房屋，并按揭贷款，把房屋产权证登记在个人名义下，该房屋为个人财产，按揭也为个人债务。③夫妻一方婚前支付了部分房款，但婚后才取得房产证，即使是婚后双方共同还贷，其仍应属于一方的婚前个人财产。④如果夫妻一方婚前已支付部分房贷，婚后夫妻共同还贷，或一方用个人财产还贷且房屋升值，在进行财产分配时，房产证还没有拿到，先不界定房屋归属权，等双方拿到房产证后再确定。⑤一方在婚前购房且房产证登记在其名下，其配偶有证据证明也有出资，分割房屋财产时，该房屋仍为登记人的个人财产，但对配偶方所付房款，一方应当予以赔偿。

（二）亲子关系

子女包括婚生子女、非婚生子女、收养子女和有抚养教育关系的子女。法律上的亲子关系分为两种类型：一类是自然血亲的父母子女关系，包括父母与婚生子女、父母与非婚生子女；另一类是拟制血亲的父母子女关系，包括养父母与养子女、继父母与受其抚养的继子女。父母子女关系建立的原因可能有所不同，但权利义务是相同的情况有五点。

（1）父母对子女有抚养教育的义务，而父母对成年子女的抚养教育义务则是有条件的、相对的。对以下情况的成年子女，父母有能力负担时，需要承担教育抚养的义务：

①丧失劳动力或丧失部分劳动力，其收入不足以维持生活的成年子女；

②尚在校就读的成年子女；

③确无独立生活的能力和条件。

（2）父母有管教和保护未成年子女的权利和义务。父母没有管教好子女，致使子女对他人造成伤害，父母要承担赔偿责任。凡未成年人造成他人伤害的，其父母都有义务对受损害方给予赔偿；如果父母已经离婚，未成年人对他人造成伤害的，一般由与子女共同生活的一方承担民事责任；如果独立承担责任确实有困难，可以与另一方共同承担责任。

（3）非婚生子女、继父母继子女的合法权益受到法律的保护，继父母如果抚养教育了继子女，可享受被继子女赡养的权利。

（4）父母子女有互相继承遗产的权利。

（5）子女被合法收养时，其与生父母之间的权利义务消除。

（三）兄弟姐妹

血缘关系中最近的旁系血亲，包括全血缘的兄弟姐妹和半血缘的兄弟姐妹。有负担能力的兄姐，对父母死亡或无力抚养的未成年弟妹，有抚养义务；有负担能力的兄弟姐妹对无劳动能力而且生活困难的兄弟姐妹应给予经济上的帮助。

（四）祖父母、外祖父母

祖父母、外祖父母是孙子女、外孙子女除父母以外最近的直系亲属。有负担能力的祖父母、外祖父母，对父母已经死亡或无力抚养的孙子女、外孙子女有抚养的义务。

祖父母、外祖父母负担抚养义务需同时具备三个条件：父母双方死亡或一方死亡另一方却无抚养能力或父母均无抚养能力；孙子女未成年；祖父母外祖父母有负担能力。

二、提供咨询服务

（一）婚姻家庭财产风险因素分析

（1）经营的风险。夫妻双方对合伙企业债务承担无限连带责任（夫妻共同财产）；对公司，个人财产与经营的实业财产部分会有风险，而公司股东严重损害公司债权人利益的对公司债务承担连带责任。

（2）婚姻变动中的财产风险。婚后财产共有制容易导致纠纷的产生，可能出现利用婚姻诈骗财产，转移共同财产的风险，跨国婚姻还应该额外考虑法律风险因素。

（3）子女抚养教育的相关财产风险。一般情况下子女教育等财产投入风险；离异情况下子女抚养教育财产风险；夫妻一方去世情况下子女抚养教育财产被侵占的风险。

（4）财产传承风险，主要有遗产的争夺风险和产业的传承风险。

（二）界定客户财产权属

财产所有权，是指财产所有人依照法律对其财产享有占有、使用、收益和处分的权利，分为个人所有财产和夫妻共有财产。

个人所有财产包括个人的合法收入；不动产；金融资产，如储蓄、债券、基金份额和股票等；其他财产，如生活用品、古董、图书资料。

共有财产可分为按份共有和共同共有。按份共有，指各共有人按照确定的份额对共有财产分享权利和分担义务的共有；共同共有，指两个或者两个以上的人基于共同关系，共同享有某物的所有权。家庭中的夫妻关系、家庭成员关系和继承关系中属于共同共有关系。对于共有财产的分割，应遵循法律原则、约定原则和平等协商、和睦团结的原则。分割的方式主要有三种：

（1）实物分割，先进行实物分割，对剩余的无法进行实物分割财产再进行其他方法处理。

（2）变价分割，将共有财产变换成货币后由共有人分割。

（3）作价补偿，共有人之一希望取得该物，其他共有人不希望取得该物，进行作价分割。

（三）财产分配规划咨询

这部分需要对夫妻的财产权属、离婚、子女监护等事项进行确定，夫妻财产分为夫妻法定财产和约定财产，具体的财产属性在上文中已经详细阐述，这里不再赘述。

【相关阅读】

辞职补偿金能否作为夫妻共同财产分割

冯某（男），刘某（女）于2001年结婚。婚后由于各种原因双方相处不合。2005年2月，刘某单位经济效益不佳，为鼓励员工再就业，单位规定对辞职员工经济补偿，刘某遂申请辞职，并领取了5万元辞职补偿金。2006年，二人协议离婚，在5万元的辞职补偿金的问题上发生分歧。5万元补偿金是否可以成为共同财产进行分割？

分析："辞职补偿金"不是劳动者一般意义上的工资、奖金所得，它与劳动者个人身份具有严格、密切的关系，不管婚姻关系是否存在，这种针对辞职而获得的财产的事实是独立的，而与婚姻关系无明显、内在的必然联系。这种补偿金是对辞职者以后个人基本生活的一种最低保障。从单位得到的补偿金，是基于辞职而产生，是其以放弃长期稳定的劳动期待收入为代价换来的。

三、遗产与遗嘱

（一）遗产和遗嘱

1. 遗产

遗产只能是公民死亡时遗留的财产，只有在被继承人死亡时留下的没有被处分掉的财产才是遗产。遗产的内容具有财产性和概括性，既包括财产权利，也包括财产义务。注意遗产中不包括的事项有：与被继承人人身不可分的人身权利；与人身有关的和专属性的债权债务，因为这些债权债务具有不可转让性，都不属于遗产；国有资源的使用权，如科学试验权、承包经营权。

2. 遗嘱

遗嘱是单方民事法律行为、死后发生效力、依法律规定处分财产的民事行为。遗嘱人只能在法定继承人的范围内指定继承人。遗嘱的适用顺序是先适用遗嘱扶养协议，后适用遗嘱继承或遗赠，最后适用法定继承。

遗嘱的主要形式有：

（1）公证遗嘱：必须由遗嘱人亲自到公证机关办理，不能由他人代理，采用书面形式。公证遗嘱有遗嘱公证书，经过公证的遗嘱一般不得变更或者撤销。如果有几份遗嘱同时存在，以最后的公证遗嘱为准。

（2）自书遗嘱：不能代笔，也不能打印，得签名。

（3）代书遗嘱：两个以上的见证人，代书人也可以为见证人。

（4）录音遗嘱。录音遗嘱是指遗嘱人用录音的形式制作的自己口述的遗嘱。为防止录音遗嘱被人篡改或录制假遗嘱弊端的发生，《中华人民共和国继承法》（简称《继承法》）第十七条第四项明确规定："以录音形式设立的遗嘱，应当有两个以上的见证人在场见证。”见证的方法可以采取书面或录音的形式，录音遗嘱制作完毕后，应当场将录音遗嘱封存，并由见证人签名，注明年、月、日。

（5）口头遗嘱。中国《继承法》第十七条第五项规定：“遗嘱人在危急情况下，可以立口头遗嘱。口头遗嘱应当有两个以上见证人在场见证。危急情况解除后，遗嘱人能够用书面或者录音形式立遗嘱的，所立的口头遗嘱无效。”

（二）财产继承

1. 法定继承权

法定继承是指在被继承人没有对其遗产的处理立有遗嘱的情况下，由法律直接规定继承人的范围、继承顺序、遗产分配的原则的一种继承形式。与遗嘱继承相对，又称无遗嘱继承，指按照法律规定的继承人范围、继承顺序和遗产分配份额进行继承的制度。其法律特征有：①法定继承是以一定的人身关系为前提，即依继承人和被继承人之间的婚姻、血缘关系而确定的。②法定继承人的范围、继承顺序和遗产分配份额，都是强制性规范，除由死者生前依法以遗嘱方式加以改变外，其他任何人都无权变更。

法定继承人的顺序：第一顺序包括配偶、子女、父母；第二顺序包括兄弟、姐妹、祖父母、外祖父母。前项子女、父母、兄弟姐妹包括血亲和拟制血亲。继承开始后，由第一顺序继承人继承，第二顺序继承人不继承。没有第一顺序继承人继承的，由第二顺序继承人继承。

2. 遗嘱继承权

遗嘱继承是指按照立遗嘱人生前所留下的符合法律规定的合法遗嘱的内容要求，确定被继承人的继承人及各继承人应继承遗产份额。

我国民法规定，公民有处分自己合法所有的个人财产的权利，被继承人在死亡之前对自己合法所有的个人财产进行处分，在其死后生效，充分体现了我国法律对公民个人财产的保护，但是，这种处分应符合法律的规定，应充分考虑老人、妇女、儿童、胎儿及残疾人和无生活来源人的利益，违反法律规定的遗嘱，是不受法律保护的。

3. 代位继承与转继承

代位继承只适用于法定继承，必须是被继承人的晚辈直系血亲。转继承既可以发生在法定继承中，也可发生在遗嘱继承中。

4. 继承权的放弃与丧失

继承权的放弃与丧失是指继承人在继承开始后到遗产处理以前期间做出的放弃其继承遗产的意思表示。下列行为导致继承权的丧失：故意杀害被继承人；为争夺遗产而杀害其他继承人；遗弃被继承人或者虐待被继承人情节严重的；伪造，篡改或者销毁遗嘱，情节严重的。

四、财产分配与传承规划方案制定流程

第一步，收集客户信息，分析审核财产的权属证明原件，保留该财产权属证明复印件，并指导其填写相关表格。

第二步，计算和评估遗产。

第三步，分析财产传承规划工具。

方案要详细分析遗嘱、遗嘱信托、人寿保险信托三种工具，根据需要选择合适工具。并协助其合法有效地利用规划工具，对有关注意事项及时提醒，以保证有关文件的有效性。（与信托产品结合的工具运用具有一定优势。）

第四步，形成制定财产传承方案。

第五步，适时调整财产传承规划方案。

第二节　财产分配与传承规划实务

一、实训任务

（1）根据案例，进行财产分配与传承规划。

（2）掌握财产分配与传承规划方案制定的基本流程。

二、实训目的

1. 通过实训练习使学生掌握财产分配与遗产规划的知识。

2. 掌握财产分配与遗产规划的流程，学会制定财产分配与遗产规划。

三、实训要求

（1）实训以小组为单位，成果在课堂上完成并上交，提交形式为电子版 word 文件，如涉及计算分析过程，同时提交 excel 文件，写明计算过程。

（2）根据实际案例，结合所学知识，制定财产分配与遗产规划方案。

四、实训步骤

（1）结合案例，讨论财产分配与传承规划方案。

（2）由指导教师对部分实训者或每个实训者的部分内容进行抽查，实训者上台展示，口头阐述自己的实训成果。

五、实训报告

案例分析 1：财产分配

李峰（男）在 2013 年通过按揭贷款购买了一套房产，产权证上写的李峰的名字。他在 2015 年结婚后，夫妻双方共同偿还贷款，2017 年夫妻因感情不和协商离异，请问该套房屋应如何进行分割？

案例分析 2：设计遗产规划方案

周梅（女）早年丧偶，担心自己去世后三个子女会因遗产分割产生纠纷，于是在 2002 年 3 月自己写了一份遗嘱，并到公证机关进行了公证；为防止三个子女不执行遗嘱，周梅在 2002 年 6 月重新写了一份遗嘱，并在其中指定让王律师充当遗嘱执行人，以监督遗嘱的执行。2003 年 9 月，她无意中听到有理财规划师在为客户制定财产传承规划，便来到一家理财规划专业机构，就自己的财产传承事宜向专业的理财规划师咨询。

案例来源：2016 年理财规划师综合评审练习题。

问题一：周梅的两份遗嘱的效力如何界定？

问题二：评价一下王律师的介入对周梅财产传承愿望实现的意义。

问题三：如果你是周梅的理财规划师，你会按照什么程序为其制定财产传承规划？（请将你对周梅财产传承规划提出的建议列入其中。）

案例分析3：财产传承规划

陈旺（男）和梁娥（女）夫妇俩生育有三个儿子，陈强、陈达、陈胜。老大陈强早已成家，和妻子赵丹生育一个女儿陈楠，老二陈达大学刚毕业参加工作，老三陈胜身体有残疾一直跟随父母生活。1999年4月，陈强遭遇车祸去世，赵丹带女儿改嫁，很少和陈家联系。2000年5月，因为家庭矛盾，陈达在当地一家媒体上公布和陈旺脱离父子关系，后与家人失去联系。2003年8月，陈旺突发心脏病去世。在外地的陈达闻讯赶回来，协助料理完丧事后，要求分割遗产。经过估算，陈旺的家庭财产总值共有200万元。

案例来源：2006年9月综合评审试卷案例分析题。

1. 陈旺的遗产总值是多少？说明分析过程。

2. 按照法定继承原则，该如何对陈旺的遗产进行分配？

3. 如果陈旺生前欲聘请你为其订立一份财产传承规划，请列出你的具体操作程序和遗产规划建议。

教师检查签字____________________________ 检查时间________年____月____日

实训任务十一　综合理财规划

综合理财规划方案是针对个人理财的所有目标进行分析、规划后形成的方案，包括现金规划、投资规划、教育规划、退休规划、保险规划、住房规划等内容。

在进行理财规划后最终会形成一个理财规划报告，这也是理财咨询和规划的最后一步，它是在对客户的理财需求和风险偏好进行了详细的分析和评估后，根据现有资产的风险收益特征进行分析，完成大类资产配置、个股个债的选择工作和市场时机的选择工作，最后形成理财规划报告。

理财规划报告要求具有一定的专业性和针对性，多用图表，结合文字分析，要有建设性意见。

一般而言，理财规划的基本结构至少应该包含四个部分。第一部分是基本信息评估，包括个人基本信息和财务基本信息，财务基本信息主要指资产负债表和现金收支表；第二部分是理财规划目标确定，包括理财目标规划和风险评估；第三部分是产品推荐，包括对产品的具体分析和产品组合的推荐；第四部分是总结。

一、实训任务

（1）能够根据实际案例，进行综合理财规划的需求和策略分析。

（2）撰写综合理财规划书。

二、实训目的

（1）通过实训使学生掌握理财规划的基本流程。

（2）能够制订并撰写一份规范的综合理财规划方案。

三、实训要求

（1）实训以小组为单位，成果在课堂上完成并上交，提交形式为纸质版文件。

（2）根据实际案例，结合所学的理财规划的知识，计算出保险、教育、退休、住房等所需要的费用及其收入，在此基础上计算出资金缺口，据此制订综合理财规划方案。

四、实训步骤

（1）回顾理财规划的内容和主要流程，根据案例材料，分析讨论案例。

（2）根据客户目标，制定客户需求的综合理财规划。

（3）根据案例题目，结合自己搜集的资料，估计数据，撰写理财规划方案。

（4）由指导教师对部分实训者或每个实训者的部分内容进行抽查，实训者上台展示，口头阐述自己的实训成果。

五、实训报告

任务 1　分析综合理财案例

综合案例分析资料

李华现年 36 岁，出生于 1973 年 4 月，毕业于清华大学，博士研究生学历，是某市一家知名企业的 IT 工程师，税后月收入为 10 000 元，每年年底有一笔分红，税后约 30 000 元。李华在工作空闲的时候有时会接一些私活，因此有一些不固定的收入，合计每年约 8 000 元。妻子张玲 1978 年 2 月出生，现年 31 岁，大学本科学历，是一名中学教师，税后月收入是 3 000 元，该中学采取的是 14 个月工资制，年中年末不另外发奖金。夫妻俩的工作都非常稳定。他们有一个女儿李琳，2003 年 5 月出生，现年 6 岁，今年 9 月将上小学一年级。

李华的家庭在当地属于中高收入家庭，资产状况如下：现金 2 万元，活期存款 2 万元；3 年期定期存款 3 万元，将于明年年底到期；国债 1 万元；基金市值 1 万元，金融资产每年能够取得投资收益约 2 000 元。自有两室一厅住房市值 250 万元左右，家用轿车市值 15 万元左右，其他家庭使用资产估值约 3 万元。李先生 3 年前因为买房向朋友借款 3 万元，计划在年底归还，住房抵押贷款尚有余额约 50 万元，采用的是公积金与商业组合贷款，其中商业贷款余额 37 万元。

收支方面，李华的太太做过初步统计：家庭每月基本生活开支约 3 000 元，主要集中在伙食费（1 500 元）和交通费（800 元）；女儿的学费每年支出 3 000 元，医药费支出约 1 500 元；他们夫妻俩都购买了商业养老保险，总保额 50 万元，年保费支出3 000元；全家每年的旅游和娱乐支出合计约5 000元；赡养父母约5 000元。

李先生有几个目标希望实现：①随着女儿逐渐长大，希望给她更大的生活空间，因此计划3年内换一套三室一厅的房子，总价控制在300万元左右；②随着年龄的增大，希望增加自己和太太的保障；③他们计划在30年后正式退休，因此希望能够为退休积累一笔资金；④为女儿读高中准备一笔择校费，希望女儿大学毕业后能够到美国留学深造，因此需要准备一笔教育金。这个家庭对理财方面并不在行，他们对自己的理财目标、实现目标的具体方式和实践没有概念。

请模拟理财经理的角色，利用自己的专业知识，对李先生的财务状况进行基本分析，并帮助他了解自己的财务目标、基本信息和投资偏好。

第一部分 客户基本资料

客户基本信息

信息栏	本 人	太 太	子 女
姓 名			
性 别			
年 龄			
职 位			
工作单位			
工作稳定度			
健康状况			
拟退休年龄			
拟完成教育			

第二部分 客户财务状况描述

资产负债表

年 月 日 单位：

资 产	金 额	负 债	金 额
1. 金融资产		1. 短期负债	
		短期负债合计	
		2. 长期负债	
金融资产合计			

续表

资　产	金　额	负　债	金　额
2. 实物资产		长期负债合计	
		负债总计	
使用资产合计		净资产	
个人资产合计		负债与净资产合计	

年度收支表

年　月　　日至　　年　　月　日　　　　　　单位：元

收　入	金　额	支　出	金　额
1. 工作收入		1. 基本支出	
		基本支出合计	
工作收入合计		2. 其他支出	
2. 投资收入			
投资收入合计			
3. 其他收入			
其他收入合计		其他支出合计	
收入总计		支出总计	
净节余			

第三部分　客户财务状况分析

1. 家庭资产和负债状况分析

（1）负债分析。

负债结构分析公式：________________________

标准：________________________

客户家庭负债比例：______________

图示：

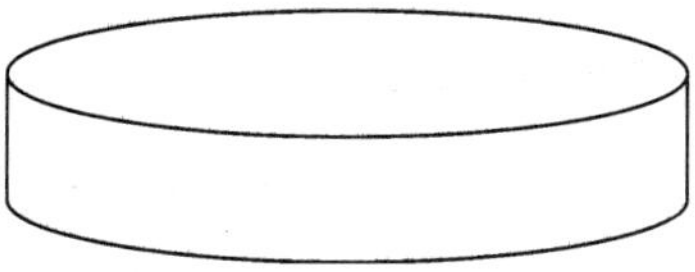

分析结果：____________________

____

____

（2）资产分析。

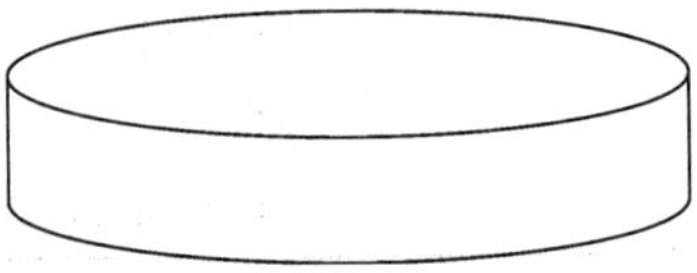

资产结构分析公式：____________________

客户使用资产比例：____________

标准：____________

分析结果：____________________

____

资产负债结构分析：

____

____

②投资性资产比例：____________　　标准：____________

结构：

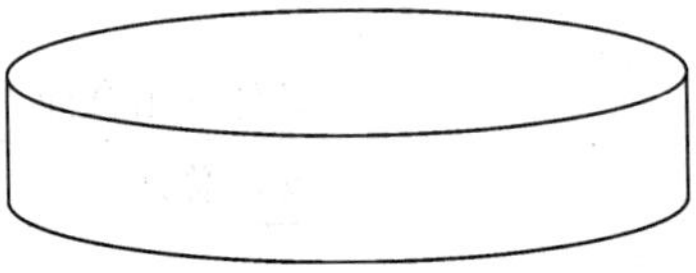

分析：____________________

____

2. 家庭收入支出分析

（1）盈余与支出。

结构：

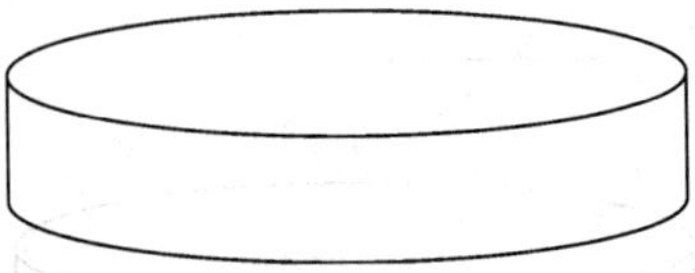

分析：____________________

____

（2）收入。

结构：

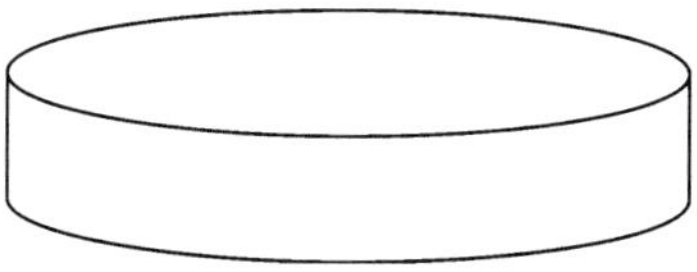

分析：____

____

（3）支出。

结构：

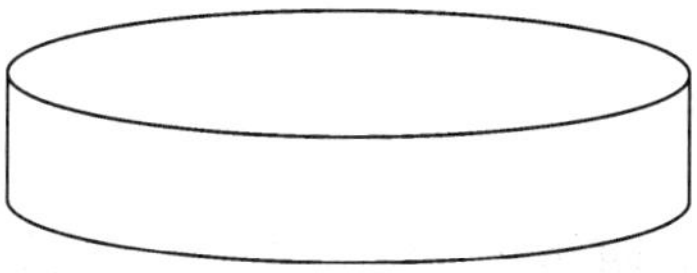

分析：____

____

（4）财务比率分析。

①偿付比率。

公式：____________________

分析：____

②负债总资产比率。

公式：____________________

分析：____

③负债收入比率。

公式：____________________

分析：____

④储蓄比率。

公式：____________________

分析：____

⑤流动性比率。

公式：____________________

分析：____

⑥投资与净资产比率。

公式：____________________

分析：____

⑦投资回报率。

公式：________________

分析：________________

3. 财务状况分析结论

优势：

（1）________________

（2）________________

（3）________________

不足：

（1）________________

（2）________________

（3）________________

第四部分　客户理财目标规划

1. 理财目标规划

目标类型		目标实现年限	优先程度	具体表述
短期目标				
中期目标				
长期目标				

2. 客户风险属性分析

	10　分	8　分	6　分	4　分	2　分	得　分
年龄（36 岁）	总分 50 分，25 岁及以下者 50 分，每多一岁少 1 分，75 岁以上 0 分。					
就业状况	公教人员	上班族	佣金收入者	自营事业者	失业	
家庭负担	未婚	双薪 无子女	双薪 有子女	单薪 有子女	单薪 养三代	
置产状况	投资不动产	自宅无房贷	房贷<50%	房贷>50%	无自宅	
投资经验	10 年以上	6~10 年	2~5 年	1 年以内	无	
投资知识	有专业证照	财经专业 毕业	自修	懂一些	一片空白	
总　分						

第五部分　综合理财规划

（一）现金及投资规划

投资性资产配置调整

目前金融资产分布			调整后的投资状况			
项　目	余额	比　例	项　目	投资调整	收益率	比　例
合　计			合　计			

调整后收益率：____________________

投资建议：____

____

____。

（二）子女教育投资规划

（1）重点高中择校费。

重点高中费用估算

当前择校费	实现时间	费用增长率	客户的届时费用

（2）大学教育费用。

当前我国大学本科4年费用估算

	年数	学费/年	杂费/年	住宿费/年	生活费用/年	交通费/年
总计						

12年后大学费用估算

当前大学费用	实现时间	费用增长率	客户的届时费用

（3）美国深造费用。

美国硕士费用估算

学费/年	生活费/年	年　数	总　计

16 年后客户女儿

当前留学费用	实现时间	费用增长率	汇率（假设按照当前汇率）	客户的届时费用

子女教育费用规划

所需金额合计	准备年数	投资报酬率	每年投资金额

分析（给出投资建议）：______________________________
____
____
____
____
______________________________。

（三）换房目标分析

换房资金估算

项　目	
家庭人数	
每人所需平方米数	
房屋总面积	
当前新房单价	
拟几年后换房	
新房价格增长率	
届时新房总价	
计划装修费用	
3 年后换房所需金额合计	

首付款比例及来源分析：____

____

____

____。

换房规划

新房总价	首付款金额	贷款总额		贷款年限	月还款额
		公积金贷款	商业贷款		

新增月还款额合理性分析：____

____

____

____。

（四）退休目标分析

预计退休后年支出	预计退休后生存年限	退休后所需总费用	投资报酬率	每年投资金额

分析（给出投资意见）：____

____

____

____。

（五）保险需求

李先生的家庭是否需要增加保险额度？________（是/否）。

原因是____。

（1）人寿保险、人生意外保险需求分析。

分析：____

____

____。

（2）财产保险需求分析。

分析：____

____

____。

保险产品推荐

险种	产品名称	保额	缴费情况	产品特色

任务 2　撰写理财规划方案

一、实训任务

根据所学的相关知识，任意选择一个题目进行理财规划。小组中一人扮演客户，其余人员扮演理财经理，综合考虑客户的理财需求和现状制订规划方案，并撰写规范的理财规划方案书。题目包括：退休规划、教育规划、保险规划、住房规划、投资规划。

二、实训要求

（1）基本要求：根据所学，完成客户提出的理财目标。要求计算正确，规划合理。

（2）高级要求：根据客户的资料和现实的经济情况，分析客户财务状况现状，发现客户可能存在理财问题，并对目前缺乏效率的财务问题进行优化。

（3）以小组为单位，按照规范格式制订详细的理财规划方案，提交形式为纸质版文件。所需资料不足的可查阅相关资料，或做出合理假设。

题目一：

客户基本情况：

（1）周先生 30 岁，职业股民，税后年工资收入 0 元，股票红利年平均 4 000 元，股票买卖收入年平均 55 000 元。

（2）未婚妻李小姐 28 岁，每月税后收入 3 000 元，有社保。

（3）公积金账户余额 2 万元。

（4）家庭资产：自住房屋 50 万元，股票市值 20 万元。

家庭支出情况：家庭年支出 3. 6 万元。

基本假设：

年收入成长率5%。

年支出成长率4%。

商业贷款利率6%，公积金贷款利率4.9%。

房价成长率5%。

学费成长率3%。

通货膨胀率4%。

预期寿命90岁。

理财目标：

（1）结婚目标：两年内结婚，费用5万元。

（2）购房目标：三年内购买婚房，费用70万元，首付最低比例20%。

（3）生小孩目标：五年后生小孩，年支出2万元。

题目二：

客户情况：高先生夫妇今年40岁，儿子14岁。

资产状况：夫妇月收入均为4 000元；两年期存款30万元；一辆经济型汽车，市价约5万元；居住于70平方米的一居室楼房（估价为6 000元/平方米）；高先生持有养老保险单价值100 000万元，年保费支出5 500元，退休后每年可获得养老金3 500元。月生活费3 000元；车辆使用费20 000元/年，孩子教育费30 000元/年，赡养老人费用20 000元/年。

理财目标：

（1）准备4年后孩子上大学的费用及出国留学费用。

（2）再购买一套70万元的住房，首付比例20%，贷款利率8.2%。

（3）考虑60岁退休，退休后生活25年，月支出要求为5 000元。

题目三：

客户情况：王女士，29岁；丈夫，32岁；均为金融从业人员。女儿3岁，双方父母健在。

资产状况：两人年收入共计15万元，其中王女士收入约占1/3；家庭支出12万元/年。住房价值64万元，汽车价值23.5万元。活期存款2万元；一年定期存款3万元。现有银行房贷48万元，还款期为20年，月供款3 000元。两人单位上均购买了基本保险，女儿有6万元保额的教育险。双方父母都有良好的退休保障，不需王女士夫妇的经济支持。通货膨胀率假设为4%。

理财需求：

（1）尽快还完房贷。

（2）为孩子准备上学基金。

（3）五年后准备换车，换一辆价值 50 万元的车。

题目四：

客户基本状况：

谢先生今年 40 岁，是北京市一家政府机构的公务员，谢先生税前月薪 8 000 元，年终奖金 2 万元。谢太太是律师，今年 35 岁，税前月薪 1 万元，年终奖 5 万元。夫妻俩有个上小学四年级的儿子谢明明，今年 10 岁，每年学费 12 000 元。

一家三口每月的生活花销为 5 000 元。谢太太名下有一套位于市区的 120 平方米的房子，现值 300 万元，没有房贷。谢先生名下有 35 万元定存和 30 万元股票基金。谢太太名下有 8 万元活期存款和 10 万元国债，国债年化收益率为 5% 。夫妻俩都有住房公积金，账户余额合计 20 万元。谢太太目前的养老保险账户有 8 万元，缴费年限 10 年。

假设条件：

（1）夫妻的年工作收入增长率为 5%，夫妻两人养老金的年增长率为 5%。

（2）谢先生公务员退休后，可领到退休前月薪的 80%当养老金。

理财目标：

（1）换房规划：出售现在的房子，尽快换房。目前有两处选择，一个是市区的住宅，180 平方米，总价 500 万元。一个是郊区的别墅，250 平方米，总价 550 万元。根据规定市区住宅最高贷款为房屋总价的 60%，别墅最高贷款为房屋总价的 50%。

（2）购车规划：如果购买郊区别墅，就需要购车，目标金额 20 万元。

（3）子女教育规划：谢明明 18 岁上大学每年学费现值 2 万元，大学毕业后准备送儿子去加拿大多伦多大学读硕士，读 2 年。

教师检查签字________________________ 检查时间_______年____月____日

参考文献

［1］ GARMAN E THOMAS，RAYMOND E FORGUE. Personal Finance ［J］. Journal of Women's Health，2000.

［2］ ZVI BODIE. Thoughts on the future：Life-cycle investing in theory and practice ［J］. Financial Analysts Journal，2003.

［3］ 中国金融教育发展基金会金融理财标准委员会组织. 投资规划 ［M］. 北京：中信出版社，2004.

［4］ 理财规划实务编撰委员会. 理财规划实务（增修订第三版）［M］. 台北：台湾金融研训院，2005.

［5］ 苏毅平，任淑美. 家庭理财实务 ［M］. 北京：机械工业出版社，2006.

［6］ 魏涛. 投资与理财 ［M］. 2 版. 北京：电子工业出版社，2012.

［7］ 柴效武. 个人理财规划 ［M］. 北京：北京交通大学出版社，2009.

［8］ 克沃科. 个人理财策划 ［M］. 北京：中国金融出版社，2003.

［9］ 艾正家. 关于老年人理财问题的几点思考 ［J］. 中国证券期货，2011（8）.

［10］ 陈跃气. 规范书写理财规划方案 ［J］. 大众理财顾问，2013（3）.

［11］ 郭秀兰. 个人理财规划 ［M］. 3 版. 成都：西南财经大学出版社，2017.

［12］ 中国就业培训技术指导中心. 理财规划师专业能力（国家职业资格二级）［M］. 5 版. 北京：中国财政经济出版社，2013.

［13］ 计金标. 税收筹划 ［M］. 7 版. 北京：中国人民大学出版社，2019.

［14］ 梁俊姣. 税收筹划 ［M］. 7 版. 北京：中国人民大学出版社，2019.

附录1　复利终值系数表

期数	1%	2%	3%	4%	5%	6%	7%	8%	9%	10%
1	1.01	1.02	1.03	1.04	1.05	1.06	1.07	1.08	1.09	1.1
2	1.020 1	1.040 4	1.060 9	1.081 6	1.102 5	1.123 6	1.144 9	1.166 4	1.188 1	1.21
3	1.030 3	1.061 2	1.092 7	1.124 9	1.157 6	1.191	1.225	1.259 7	1.295	1.331
4	1.040 6	1.082 4	1.125 5	1.169 9	1.215 5	1.262 5	1.310 8	1.360 5	1.411 6	1.464 1
5	1.051	1.104 1	1.159 3	1.216 7	1.276 3	1.338 2	1.402 6	1.469 3	1.538 6	1.610 5
6	1.061 5	1.126 2	1.194 1	1.265 3	1.340 1	1.418 5	1.500 7	1.586 9	1.677 1	1.771 6
7	1.072 1	1.148 7	1.229 9	1.315 9	1.407 1	1.503 6	1.605 8	1.713 8	1.828	1.948 7
8	1.082 9	1.171 7	1.266 8	1.368 6	1.477 5	1.593 8	1.718 2	1.850 9	1.992 6	2.143 6
9	1.093 7	1.195 1	1.304 8	1.423 3	1.551 3	1.689 5	1.838 5	1.999	2.171 9	2.357 9
10	1.104 6	1.219	1.343 9	1.480 2	1.628 9	1.790 8	1.967 2	2.158 9	2.367 4	2.593 7
11	1.115 7	1.243 4	1.384 2	1.539 5	1.710 3	1.898 3	2.104 9	2.331 6	2.580 4	2.853 1
12	1.126 8	1.268 2	1.425 8	1.601	1.795 9	2.012 2	2.252 2	2.518 2	2.812 7	3.138 4
13	1.138 1	1.293 6	1.468 5	1.665 1	1.885 6	2.132 9	2.409 8	2.719 6	3.065 8	3.452 3
14	1.149 5	1.319 5	1.512 6	1.731 7	1.979 9	2.260 9	2.578 5	2.937 2	3.341 7	3.797 5
15	1.161	1.345 9	1.558	1.800 9	2.078 9	2.396 6	2.759	3.172 2	3.642 5	4.177 2
16	1.172 6	1.372 8	1.604 7	1.873	2.182 9	2.540 4	2.952 2	3.425 9	3.970 3	4.595
17	1.184 3	1.400 2	1.652 8	1.947 9	2.292	2.692 8	3.158 8	3.7	4.327 6	5.054 5
18	1.196 1	1.428 2	1.702 4	2.025 8	2.406 6	2.854 3	3.379 9	3.996	4.717 1	5.559 9
19	1.208 1	1.456 8	1.753 5	2.106 8	2.527	3.025 6	3.616 5	4.315 7	5.141 7	6.115 9
20	1.220 2	1.485 9	1.806 1	2.191 1	2.653 3	3.207 1	3.869 7	4.661	5.604 4	6.727 5
21	1.232 4	1.515 7	1.860 3	2.278 8	2.786	3.399 6	4.140 6	5.033 8	6.108 8	7.400 2
22	1.244 7	1.546	1.916 1	2.369 9	2.925 3	3.603 5	4.430 4	5.436 5	6.658 6	8.140 3
23	1.257 2	1.576 9	1.973 6	2.464 7	3.071 5	3.819 7	4.740 5	5.871 5	7.257 9	8.954 3
24	1.269 7	1.608 4	2.032 8	2.563 3	3.225 1	4.048 9	5.072 4	6.341 2	7.911 1	9.849 7
25	1.282 4	1.640 6	2.093 8	2.665 8	3.386 4	4.291 9	5.427 4	6.848 5	8.623 1	10.834 7
26	1.295 3	1.673 4	2.156 6	2.772 5	3.555 7	4.549 4	5.807 4	7.396 4	9.399 2	11.918 2
27	1.308 2	1.706 9	2.221 3	2.883 4	3.733 5	4.822 3	6.213 9	7.988 1	10.245 1	13.11
28	1.321 3	1.741	2.287 9	2.998 7	3.920 1	5.111 7	6.648 8	8.627 1	11.167 1	14.421
29	1.334 5	1.775 8	2.356 6	3.118 7	4.116 1	5.418 4	7.114 3	9.317 3	12.172 2	15.863 1
30	1.347 8	1.811 4	2.427 3	3.243 4	4.321 9	5.743 5	7.612 3	10.062 7	13.267 7	17.449 4

续上表

期数	11%	12%	13%	14%	15%	16%	17%	18%	19%	20%
1	1. 11	1. 12	1. 13	1. 14	1. 15	1. 16	1. 17	1. 18	1. 19	1. 2
2	1. 232 1	1. 254 4	1. 276 9	1. 299 6	1. 322 5	1. 345 6	1. 368 9	1. 392 4	1. 416 1	1. 44
3	1. 367 6	1. 404 9	1. 442 9	1. 481 5	1. 520 9	1. 560 9	1. 601 6	1. 643	1. 685 2	1. 728
4	1. 518 1	1. 573 5	1. 630 5	1. 689	1. 749	1. 810 6	1. 873 9	1. 938 8	2. 005 3	2. 073 6
5	1. 685 1	1. 762 3	1. 842 4	1. 925 4	2. 011 4	2. 100 3	2. 192 4	2. 287 8	2. 386 4	2. 488 3
6	1. 870 4	1. 973 8	2. 082	2. 195	2. 313 1	2. 436 4	2. 565 2	2. 699 6	2. 839 8	2. 986
7	2. 076 2	2. 210 7	2. 352 6	2. 502 3	2. 66	2. 826 2	3. 001 2	3. 185 5	3. 379 3	3. 583 2
8	2. 304 5	2. 476	2. 658 4	2. 852 6	3. 059	3. 278 4	3. 511 5	3. 758 9	4. 021 4	4. 299 8
9	2. 558	2. 773 1	3. 004	3. 251 9	3. 517 9	3. 803	4. 108 4	4. 435 5	4. 785 4	5. 159 8
10	2. 839 4	3. 105 8	3. 394 6	3. 707 2	4. 045 6	4. 411 4	4. 806 8	5. 233 8	5. 694 7	6. 191 7
11	3. 151 8	3. 478 6	3. 835 9	4. 226 2	4. 652 4	5. 117 3	5. 624	6. 175 9	6. 776 7	7. 430 1
12	3. 498 5	3. 896	4. 334 5	4. 817 9	5. 350 3	5. 936	6. 580 1	7. 287 6	8. 064 2	8. 916 1
13	3. 883 3	4. 363 5	4. 898	5. 492 4	6. 152 8	6. 885 8	7. 698 7	8. 599 4	9. 596 4	10. 699 3
14	4. 310 4	4. 887 1	5. 534 8	6. 261 3	7. 075 7	7. 987 5	9. 007 5	10. 147 2	11. 419 8	12. 839 2
15	4. 784 6	5. 473 6	6. 254 3	7. 137 9	8. 137 1	9. 265 5	10. 538 7	11. 973 7	13. 589 5	15. 407
16	5. 310 9	6. 130 4	7. 067 3	8. 137 2	9. 357 6	10. 748	12. 330 3	14. 129	16. 171 5	18. 488 4
17	5. 895 1	6. 866	7. 986 1	9. 276 5	10. 761 3	12. 467 7	14. 426 5	16. 672 2	19. 244 1	22. 186 1
18	6. 543 6	7. 69	9. 024 3	10. 575 2	12. 375 5	14. 462 5	16. 879	19. 673 3	22. 900 5	26. 623 3
19	7. 263 3	8. 612 8	10. 197 4	12. 055 7	14. 231 8	16. 776 5	19. 748 4	23. 214 4	27. 251 6	31. 948
20	8. 062 3	9. 646 3	11. 523 1	13. 743 5	16. 366 5	19. 460 8	23. 105 6	27. 393	32. 429 4	38. 337 6
21	8. 949 2	10. 803 8	13. 021 1	15. 667 6	18. 821 5	22. 574 5	27. 033 6	32. 323 8	38. 591	46. 005 1
22	9. 933 6	12. 100 3	14. 713 8	17. 861	21. 644 7	26. 186 4	31. 629 3	38. 142 1	45. 923 3	55. 206 1
23	11. 026 3	13. 552 3	16. 626 6	20. 361 6	24. 891 5	30. 376 2	37. 006 2	45. 007 6	54. 648 7	66. 247 4
24	12. 239 2	15. 178 6	18. 788 1	23. 212 2	28. 625 2	35. 236 4	43. 297 3	53. 109	65. 032	79. 496 8
25	13. 585 5	17. 000 1	21. 230 5	26. 461 9	32. 919	40. 874 2	50. 657 8	62. 668 6	77. 388 1	95. 396 2
26	15. 079 9	19. 040 1	23. 990 5	30. 166 6	37. 856 8	47. 414 1	59. 269 7	73. 949	92. 091 8	114. 48
27	16. 738 7	21. 324 9	27. 109 3	34. 389 9	43. 535 3	55. 000 4	69. 345 5	87. 259 8	109. 59	137. 37
28	18. 579 9	23. 883 9	30. 633 5	39. 204 5	50. 065 6	63. 800 4	81. 134 2	102. 97	130. 41	164. 84
29	20. 623 7	26. 749 9	34. 615 8	44. 693 1	57. 575 5	74. 008 5	94. 927 1	121. 50	155. 19	197. 81
30	22. 892 3	29. 959 9	39. 115 9	50. 950 2	66. 211 8	85. 849 9	111. 06	143. 37	184. 68	237. 38

附录2　复利现值系数表

期数	1%	2%	3%	4%	5%	6%	7%	8%	9%	10%
1	0.990 1	0.980 4	0.970 9	0.961 5	0.952 4	0.943 4	0.934 6	0.925 9	0.917 4	0.909 1
2	0.980 3	0.961 2	0.942 6	0.924 6	0.907	0.89	0.873 4	0.857 3	0.841 7	0.826 4
3	0.970 6	0.942 3	0.915 1	0.889	0.863 8	0.839 6	0.816 3	0.793 8	0.772 2	0.751 3
4	0.961	0.923 8	0.888 5	0.854 8	0.822 7	0.792 1	0.762 9	0.735	0.708 4	0.683
5	0.951 5	0.905 7	0.862 6	0.821 9	0.783 5	0.747 3	0.713	0.680 6	0.649 9	0.620 9
6	0.942	0.888	0.837 5	0.790 3	0.746 2	0.705	0.666 3	0.630 2	0.596 3	0.564 5
7	0.932 7	0.870 6	0.813 1	0.759 9	0.710 7	0.665 1	0.622 7	0.583 5	0.547	0.513 2
8	0.923 5	0.853 5	0.789 4	0.730 7	0.676 8	0.627 4	0.582	0.540 3	0.501 9	0.466 5
9	0.914 3	0.836 8	0.766 4	0.702 6	0.644 6	0.591 9	0.543 9	0.500 2	0.460 4	0.424 1
10	0.905 3	0.820 3	0.744 1	0.675 6	0.613 9	0.558 4	0.508 3	0.463 2	0.422 4	0.385 5
11	0.896 3	0.804 3	0.722 4	0.649 6	0.584 7	0.526 8	0.475 1	0.428 9	0.387 5	0.350 5
12	0.887 4	0.788 5	0.701 4	0.624 6	0.556 8	0.497	0.444	0.397 1	0.355 5	0.318 6
13	0.878 7	0.773	0.681	0.600 6	0.530 3	0.468 8	0.415	0.367 7	0.326 2	0.289 7
14	0.87	0.757 9	0.661 1	0.577 5	0.505 1	0.442 3	0.387 8	0.340 5	0.299 2	0.263 3
15	0.861 3	0.743	0.641 9	0.555 3	0.481	0.417 3	0.362 4	0.315 2	0.274 5	0.239 4
16	0.852 8	0.728 4	0.623 2	0.533 9	0.458 1	0.393 6	0.338 7	0.291 9	0.251 9	0.217 6
17	0.844 4	0.714 2	0.605	0.513 4	0.436 3	0.371 4	0.316 6	0.270 3	0.231 1	0.197 8
18	0.836	0.700 2	0.587 4	0.493 6	0.415 5	0.350 3	0.295 9	0.250 2	0.212	0.179 9
19	0.827 7	0.686 4	0.570 3	0.474 6	0.395 7	0.330 5	0.276 5	0.231 7	0.194 5	0.163 5
20	0.819 5	0.673	0.553 7	0.456 4	0.376 9	0.311 8	0.258 4	0.214 5	0.178 4	0.148 6
21	0.811 4	0.659 8	0.537 5	0.438 8	0.358 9	0.294 2	0.241 5	0.198 7	0.163 7	0.135 1
22	0.803 4	0.646 8	0.521 9	0.422	0.341 8	0.277 5	0.225 7	0.183 9	0.150 2	0.122 8
23	0.795 4	0.634 2	0.506 7	0.405 7	0.325 6	0.261 8	0.210 9	0.170 3	0.137 8	0.111 7
24	0.787 6	0.621 7	0.491 9	0.390 1	0.310 1	0.247	0.197 1	0.157 7	0.126 4	0.101 5
25	0.779 8	0.609 5	0.477 6	0.375 1	0.295 3	0.233	0.184 2	0.146	0.116	0.092 3
26	0.772	0.597 6	0.463 7	0.360 7	0.281 2	0.219 8	0.172 2	0.135 2	0.106 4	0.083 9
27	0.764 4	0.585 9	0.450 2	0.346 8	0.267 8	0.207 4	0.160 9	0.125 2	0.097 6	0.076 3
28	0.756 8	0.574 4	0.437 1	0.333 5	0.255 1	0.195 6	0.150 4	0.115 9	0.089 5	0.069 3
29	0.749 3	0.563 1	0.424 3	0.320 7	0.242 9	0.184 6	0.140 6	0.107 3	0.082 2	0.063
30	0.741 9	0.552 1	0.412	0.308 3	0.231 4	0.174 1	0.131 4	0.099 4	0.075 4	0.057 3

附录2 复利现值系数表

续上表

期数	11%	12%	13%	14%	15%	16%	17%	18%	19%	20%
1	0.900 9	0.892 9	0.885	0.877 2	0.869 6	0.862 1	0.854 7	0.847 5	0.840 3	0.833 3
2	0.811 6	0.797 2	0.783 1	0.769 5	0.756 1	0.743 2	0.730 5	0.718 2	0.706 2	0.694 4
3	0.731 2	0.711 8	0.693 1	0.675	0.657 5	0.640 7	0.624 4	0.608 6	0.593 4	0.578 7
4	0.658 7	0.635 5	0.613 3	0.592 1	0.571 8	0.552 3	0.533 7	0.515 8	0.498 7	0.482 3
5	0.593 5	0.567 4	0.542 8	0.519 4	0.497 2	0.476 1	0.456 1	0.437 1	0.419	0.401 9
6	0.534 6	0.506 6	0.480 3	0.455 6	0.432 3	0.410 4	0.389 8	0.370 4	0.352 1	0.334 9
7	0.481 7	0.452 3	0.425 1	0.399 6	0.375 9	0.353 8	0.333 2	0.313 9	0.295 9	0.279 1
8	0.433 9	0.403 9	0.376 2	0.350 6	0.326 9	0.305	0.284 8	0.266	0.248 7	0.232 6
9	0.390 9	0.360 6	0.332 9	0.307 5	0.284 3	0.263	0.243 4	0.225 5	0.209	0.193 8
10	0.352 2	0.322	0.294 6	0.269 7	0.247 2	0.226 7	0.208	0.191 1	0.175 6	0.161 5
11	0.317 3	0.287 5	0.260 7	0.236 6	0.214 9	0.195 4	0.177 8	0.161 9	0.147 6	0.134 6
12	0.285 8	0.256 7	0.230 7	0.207 6	0.186 9	0.168 5	0.152	0.137 2	0.124	0.112 2
13	0.257 5	0.229 2	0.204 2	0.182 1	0.162 5	0.145 2	0.129 9	0.116 3	0.104 2	0.093 5
14	0.232	0.204 6	0.180 7	0.159 7	0.141 3	0.125 2	0.111	0.098 5	0.087 6	0.077 9
15	0.209	0.182 7	0.159 9	0.140 1	0.122 9	0.107 9	0.094 9	0.083 5	0.073 6	0.064 9
16	0.188 3	0.163 1	0.141 5	0.122 9	0.106 9	0.093	0.081 1	0.070 8	0.061 8	0.054 1
17	0.169 6	0.145 6	0.125 2	0.107 8	0.092 9	0.080 2	0.069 3	0.06	0.052	0.045 1
18	0.152 8	0.13	0.110 8	0.094 6	0.080 8	0.069 1	0.059 2	0.050 8	0.043 7	0.037 6
19	0.137 7	0.116 1	0.098 1	0.082 9	0.070 3	0.059 6	0.050 6	0.043 1	0.036 7	0.031 3
20	0.124	0.103 7	0.086 8	0.072 8	0.061 1	0.051 4	0.043 3	0.036 5	0.030 8	0.026 1
21	0.111 7	0.092 6	0.076 8	0.063 8	0.053 1	0.044 3	0.037	0.030 9	0.025 9	0.021 7
22	0.100 7	0.082 6	0.068	0.056	0.046 2	0.038 2	0.031 6	0.026 2	0.021 8	0.018 1
23	0.090 7	0.073 8	0.060 1	0.049 1	0.040 2	0.032 9	0.027	0.022 2	0.018 3	0.015 1
24	0.081 7	0.065 9	0.053 2	0.043 1	0.034 9	0.028 4	0.023 1	0.018 8	0.015 4	0.012 6
25	0.073 6	0.058 8	0.047 1	0.037 8	0.030 4	0.024 5	0.019 7	0.016	0.012 9	0.010 5
26	0.066 3	0.052 5	0.041 7	0.033 1	0.026 4	0.021 1	0.016 9	0.013 5	0.010 9	0.008 7
27	0.059 7	0.046 9	0.036 9	0.029 1	0.023	0.018 2	0.014 4	0.011 5	0.009 1	0.007 3
28	0.053 8	0.041 9	0.032 6	0.025 5	0.02	0.015 7	0.012 3	0.009 7	0.007 7	0.006 1
29	0.048 5	0.037 4	0.028 9	0.022 4	0.017 4	0.013 5	0.010 5	0.008 2	0.006 4	0.005 1
30	0.043 7	0.033 4	0.025 6	0.019 6	0.015 1	0.011 6	0.009	0.007	0.005 4	0.004 2

附录3　年金终值系数表

期数	1%	2%	3%	4%	5%	6%	7%	8%	9%	10%
1	1	1	1	1	1	1	1	1	1	1
2	2.01	2.02	2.03	2.04	2.05	2.06	2.07	2.08	2.09	2.1
3	3.030 1	3.060 4	3.090 9	3.121 6	3.152 5	3.183 6	3.214 9	3.246 4	3.278 1	3.31
4	4.060 4	4.121 6	4.183 6	4.246 5	4.310 1	4.374 6	4.439 9	4.506 1	4.573 1	4.641
5	5.101	5.204	5.309 1	5.416 3	5.525 6	5.637 1	5.750 7	5.866 6	5.984 7	6.105 1
6	6.152	6.308 1	6.468 4	6.633	6.801 9	6.975 3	7.153 3	7.335 9	7.523 3	7.715 6
7	7.213 5	7.434 3	7.662 5	7.898 3	8.142	8.393 8	8.654	8.922 8	9.200 4	9.487 2
8	8.285 7	8.583	8.892 3	9.214 2	9.549 1	9.897 5	10.259 8	10.636 6	11.028 5	11.435 9
9	9.368 5	9.754 6	10.159 1	10.582 8	11.026 6	11.491 3	11.978	12.487 6	13.021	13.579 5
10	10.462 2	10.949 7	11.463 9	12.006 1	12.577 9	13.180 8	13.816 4	14.486 6	15.192 9	15.937 4
11	11.566 8	12.168 7	12.807 8	13.486 4	14.206 8	14.971 6	15.783 6	16.645 5	17.560 3	18.531 2
12	12.682 5	13.412 1	14.192	15.025 8	15.917 1	16.869 9	17.888 5	18.977 1	20.140 7	21.384 3
13	13.809 3	14.680 3	15.617 8	16.626 8	17.713	18.882 1	20.140 6	21.495 3	22.953 4	24.522 7
14	14.947 4	15.973 9	17.086 3	18.291 9	19.598 6	21.015 1	22.550 5	24.214 9	26.019 2	27.975
15	16.096 9	17.293 4	18.598 9	20.023 6	21.578 6	23.276	25.129	27.152 1	29.360 9	31.772 5
16	17.257 9	18.639 3	20.156 9	21.824 5	23.657 5	25.672 5	27.888 1	30.324 3	33.003 4	35.949 7
17	18.430 4	20.012 1	21.761 6	23.697 5	25.840 4	28.212 9	30.840 2	33.750 2	36.973 7	40.544 7
18	19.614 7	21.412 3	23.414 4	25.645 4	28.132 4	30.905 7	33.999	37.450 2	41.301 3	45.599 2
19	20.810 9	22.840 6	25.116 9	27.671 2	30.539	33.76	37.379	41.446 3	46.018 5	51.159 1
20	22.019	24.297 4	26.870 4	29.778 1	33.066	36.785 6	40.995 5	45.762	51.160 1	57.275
21	23.239 2	25.783 3	28.676 5	31.969 2	35.719 3	39.992 7	44.865 2	50.422 9	56.764 5	64.002 5
22	24.471 6	27.299	30.536 8	34.248	38.505 2	43.392 3	49.005 7	55.456 8	62.873 3	71.402 7
23	25.716 3	28.845	32.452 9	36.617 9	41.430 5	46.995 8	53.436 1	60.893 3	69.531 9	79.543
24	26.973 5	30.421 9	34.426 5	39.082 6	44.502	50.815 6	58.176 7	66.764 8	76.789 8	88.497 3
25	28.243 2	32.030 3	36.459 3	41.645 9	47.727 1	54.864 5	63.249	73.105 9	84.700 9	98.347 1
26	29.525 6	33.670 9	38.553	44.311 7	51.113 5	59.156 4	68.676 5	79.954 4	93.324	109.181 8
27	30.820 9	35.344 3	40.709 6	47.084 2	54.669 1	63.705 8	74.483 8	87.350 8	102.723 1	121.099 9
28	32.129 1	37.051 2	42.930 9	49.967 6	58.402 6	68.528 1	80.697 7	95.338 8	112.968 2	134.209 9
29	33.450 4	38.792 2	45.218 9	52.966 3	62.322 7	73.639 8	87.346 5	103.965 9	124.135 4	148.630 9
30	34.784 9	40.568 1	47.575 4	56.084 9	66.438 8	79.058 2	94.460 8	113.283 2	136.307 5	164.494

续上表

期数	11%	12%	13%	14%	15%	16%	17%	18%	19%	20%
1	1	1	1	1	1	1	1	1	1	1
2	2.11	2.12	2.13	2.14	2.15	2.16	2.17	2.18	2.19	2.2
3	3.342 1	3.374 4	3.406 9	3.439 6	3.472 5	3.505 6	3.538 9	3.572 4	3.606 1	3.64
4	4.709 7	4.779 3	4.849 8	4.921 1	4.993 4	5.066 5	5.140 5	5.215 4	5.291 3	5.368
5	6.227 8	6.352 8	6.480 3	6.610 1	6.742 4	6.877 1	7.014 4	7.154 2	7.296 6	7.441 6
6	7.912 9	8.115 2	8.322 7	8.535 5	8.753 7	8.977 5	9.206 8	9.442	9.683	9.929 9
7	9.783 3	10.089	10.404 7	10.730 5	11.066 8	11.413 9	11.772	12.141 5	12.522 7	12.915 9
8	11.859 4	12.299 7	12.757 3	13.232 8	13.726 8	14.240 1	14.773 3	15.327	15.902	16.499 1
9	14.164	14.775 7	15.415 7	16.085 3	16.785 8	17.518 5	18.284 7	19.085 9	19.923 4	20.798 9
10	16.722	17.548 7	18.419 7	19.337 3	20.303 7	21.321 5	22.393 1	23.521 3	24.708 9	25.958 7
11	19.561 4	20.654 6	21.814 3	23.044 5	24.349 3	25.732 9	27.199 9	28.755 1	30.403 5	32.150 4
12	22.713 2	24.133 1	25.650 2	27.270 7	29.001 7	30.850 2	32.823 9	34.931 1	37.180 2	39.580 5
13	26.211 6	28.029 1	29.984 7	32.088 7	34.351 9	36.786 2	39.404	42.218 7	45.244 5	48.496 6
14	30.094 9	32.392 6	34.882 7	37.581 1	40.504 7	43.672	47.102 7	50.818	54.840 9	59.195 9
15	34.405 4	37.279 7	40.417 5	43.842 4	47.580 4	51.659 5	56.110 1	60.965 3	66.260 7	72.035 1
16	39.189 9	42.753 3	46.671 7	50.980 4	55.717 5	60.925	66.648 8	72.939	79.850 2	87.442 1
17	44.50	48.88	53.74	59.12	65.08	71.67	78.98	87.07	96.02	105.93
18	50.40	55.75	61.73	68.39	75.84	84.14	93.41	103.74	115.27	128.12
19	56.94	63.44	70.75	78.97	88.21	98.60	110.28	123.41	138.17	154.74
20	64.20	72.05	80.95	91.02	102.44	115.38	130.03	146.63	165.42	186.69
21	72.27	81.70	92.47	104.77	118.81	134.84	153.14	174.02	197.85	225.03
22	81.21	92.50	105.49	120.44	137.63	157.42	180.17	206.34	236.44	271.03
23	91.15	104.60	120.20	138.30	159.28	183.60	211.80	244.49	282.36	326.24
24	102.17	118.16	136.83	158.66	184.17	213.98	248.81	289.49	337.01	392.48
25	114.41	133.33	155.62	181.87	212.79	249.21	292.10	342.60	402.04	471.98
26	128.00	150.33	176.85	208.33	245.71	290.09	342.76	405.27	479.43	567.38
27	143.08	169.37	200.84	238.50	283.57	337.50	402.03	479.22	571.52	681.85
28	159.82	190.70	227.95	272.89	327.10	392.50	471.38	566.48	681.11	819.22
29	178.40	214.58	258.58	312.09	377.17	456.30	552.51	669.45	811.52	984.07
30	199.02	241.33	293.20	356.79	434.75	530.31	647.44	790.95	966.71	1 181.88

附录 4　年金现值系数表

期数	1%	2%	3%	4%	5%	6%	7%	8%	9%	10%
1	0. 990 1	0. 980 4	0. 970 9	0. 961 5	0. 952 4	0. 943 4	0. 934 6	0. 925 9	0. 917 4	0. 909 1
2	1. 970 4	1. 941 6	1. 913 5	1. 886 1	1. 859 4	1. 833 4	1. 808	1. 783 3	1. 759 1	1. 735 5
3	2. 941	2. 883 9	2. 828 6	2. 775 1	2. 723 2	2. 673	2. 624 3	2. 577 1	2. 531 3	2. 486 9
4	3. 902	3. 807 7	3. 717 1	3. 629 9	3. 546	3. 465 1	3. 387 2	3. 312 1	3. 239 7	3. 169 9
5	4. 853 4	4. 713 5	4. 579 7	4. 451 8	4. 329 5	4. 212 4	4. 100 2	3. 992 7	3. 889 7	3. 790 8
6	5. 795 5	5. 601 4	5. 417 2	5. 242 1	5. 075 7	4. 917 3	4. 766 5	4. 622 9	4. 485 9	4. 355 3
7	6. 728 2	6. 472	6. 230 3	6. 002 1	5. 786 4	5. 582 4	5. 389 3	5. 206 4	5. 033	4. 868 4
8	7. 651 7	7. 325 5	7. 019 7	6. 732 7	6. 463 2	6. 209 8	5. 971 3	5. 746 6	5. 534 8	5. 334 9
9	8. 566	8. 162 2	7. 786 1	7. 435 3	7. 107 8	6. 801 7	6. 515 2	6. 246 9	5. 995 2	5. 759
10	9. 471 3	8. 982 6	8. 530 2	8. 110 9	7. 721 7	7. 360 1	7. 023 6	6. 710 1	6. 417 7	6. 144 6
11	10. 367 6	9. 786 8	9. 252 6	8. 760 5	8. 306 4	7. 886 9	7. 498 7	7. 139	6. 805 2	6. 495 1
12	11. 255 1	10. 575 3	9. 954	9. 385 1	8. 863 3	8. 383 8	7. 942 7	7. 536 1	7. 160 7	6. 813 7
13	12. 133 7	11. 348 4	10. 635	9. 985 6	9. 393 6	8. 852 7	8. 357 7	7. 903 8	7. 486 9	7. 103 4
14	13. 003 7	12. 106 2	11. 296 1	10. 563 1	9. 898 6	9. 295	8. 745 5	8. 244 2	7. 786 2	7. 366 7
15	13. 865 1	12. 849 3	11. 937 9	11. 118 4	10. 379 7	9. 712 2	9. 107 9	8. 559 5	8. 060 7	7. 606 1
16	14. 717 9	13. 577 7	12. 561 1	11. 652 3	10. 837 8	10. 105 9	9. 446 6	8. 851 4	8. 312 6	7. 823 7
17	15. 562 3	14. 291 9	13. 166 1	12. 165 7	11. 274 1	10. 477 3	9. 763 2	9. 121 6	8. 543 6	8. 021 6
18	16. 398 3	14. 992	13. 753 5	12. 659 3	11. 689 6	10. 827 6	10. 059 1	9. 371 9	8. 755 6	8. 201 4
19	17. 226	15. 678 5	14. 323 8	13. 133 9	12. 085 3	11. 158 1	10. 335 6	9. 603 6	8. 950 1	8. 364 9
20	18. 045 6	16. 351 4	14. 877 5	13. 590 3	12. 462 2	11. 469 9	10. 594	9. 818 1	9. 128 5	8. 513 6
21	18. 857	17. 011 2	15. 415	14. 029 2	12. 821 2	11. 764 1	10. 835 5	10. 016 8	9. 292 2	8. 648 7
22	19. 660 4	17. 658	15. 936 9	14. 451 1	13. 163	12. 041 6	11. 061 2	10. 200 7	9. 442 4	8. 771 5
23	20. 455 8	18. 292 2	16. 443 6	14. 856 8	13. 488 6	12. 303 4	11. 272 2	10. 371 1	9. 580 2	8. 883 2
24	21. 243 4	18. 913 9	16. 935 5	15. 247	13. 798 6	12. 550 4	11. 469 3	10. 528 8	9. 706 6	8. 984 7
25	22. 023 2	19. 523 5	17. 413 1	15. 622 1	14. 093 9	12. 783 4	11. 653 6	10. 674 8	9. 822 6	9. 077
26	22. 795 2	20. 121	17. 876 8	15. 982 8	14. 375 2	13. 003 2	11. 825 8	10. 81	9. 929	9. 160 9
27	23. 559 6	20. 706 9	18. 327	16. 329 6	14. 643	13. 210 5	11. 986 7	10. 935 2	10. 026 6	9. 237 2
28	24. 316 4	21. 281 3	18. 764 1	16. 663 1	14. 898 1	13. 406 2	12. 137 1	11. 051 1	10. 116 1	9. 306 6
29	25. 065 8	21. 844 4	19. 188 5	16. 983 7	15. 141 1	13. 590 7	12. 277 7	11. 158 4	10. 198 3	9. 369 6
30	25. 807 7	22. 396 5	19. 600 4	17. 292	15. 372 5	13. 764 8	12. 409	11. 257 8	10. 273 7	9. 426 9

附录4 年金现值系数表

续上表

期数	11%	12%	13%	14%	15%	16%	17%	18%	19%	20%
1	0. 900 9	0. 892 9	0. 885	0. 877 2	0. 869 6	0. 862 1	0. 854 7	0. 847 5	0. 840 3	0. 833 3
2	1. 712 5	1. 690 1	1. 668 1	1. 646 7	1. 625 7	1. 605 2	1. 585 2	1. 565 6	1. 546 5	1. 527 8
3	2. 443 7	2. 401 8	2. 361 2	2. 321 6	2. 283 2	2. 245 9	2. 209 6	2. 174 3	2. 139 9	2. 106 5
4	3. 102 4	3. 037 3	2. 974 5	2. 913 7	2. 855	2. 798 2	2. 743 2	2. 690 1	2. 638 6	2. 588 7
5	3. 695 9	3. 604 8	3. 517 2	3. 433 1	3. 352 2	3. 274 3	3. 199 3	3. 127 2	3. 057 6	2. 990 6
6	4. 230 5	4. 111 4	3. 997 5	3. 888 7	3. 784 5	3. 684 7	3. 589 2	3. 497 6	3. 409 8	3. 325 5
7	4. 712 2	4. 563 8	4. 422 6	4. 288 3	4. 160 4	4. 038 6	3. 922 4	3. 811 5	3. 705 7	3. 604 6
8	5. 146 1	4. 967 6	4. 798 8	4. 638 9	4. 487 3	4. 343 6	4. 207 2	4. 077 6	3. 954 4	3. 837 2
9	5. 537	5. 328 2	5. 131 7	4. 946 4	4. 771 6	4. 606 5	4. 450 6	4. 303	4. 163 3	4. 031
10	5. 889 2	5. 650 2	5. 426 2	5. 216 1	5. 018 8	4. 833 2	4. 658 6	4. 494 1	4. 338 9	4. 192 5
11	6. 206 5	5. 937 7	5. 686 9	5. 452 7	5. 233 7	5. 028 6	4. 836 4	4. 656	4. 486 5	4. 327 1
12	6. 492 4	6. 194 4	5. 917 6	5. 660 3	5. 420 6	5. 197 1	4. 988 4	4. 793 2	4. 610 5	4. 439 2
13	6. 749 9	6. 423 5	6. 121 8	5. 842 4	5. 583 1	5. 342 3	5. 118 3	4. 909 5	4. 714 7	4. 532 7
14	6. 981 9	6. 628 2	6. 302 5	6. 002 1	5. 724 5	5. 467 5	5. 229 3	5. 008 1	4. 802 3	4. 610 6
15	7. 190 9	6. 810 9	6. 462 4	6. 142 2	5. 847 4	5. 575 5	5. 324 2	5. 091 6	4. 875 9	4. 675 5
16	7. 379 2	6. 974	6. 603 9	6. 265 1	5. 954 2	5. 668 5	5. 405 3	5. 162 4	4. 937 7	4. 729 6
17	7. 548 8	7. 119 6	6. 729 1	6. 372 9	6. 047 2	5. 748 7	5. 474 6	5. 222 3	4. 989 7	4. 774 6
18	7. 701 6	7. 249 7	6. 839 9	6. 467 4	6. 128	5. 817 8	5. 533 9	5. 273 2	5. 033 3	4. 812 2
19	7. 839 3	7. 365 8	6. 938	6. 550 4	6. 198 2	5. 877 5	5. 584 5	5. 316 2	5. 07	4. 843 5
20	7. 963 3	7. 469 4	7. 024 8	6. 623 1	6. 259 3	5. 928 8	5. 627 8	5. 352 7	5. 100 9	4. 869 6
21	8. 075 1	7. 562	7. 101 6	6. 687	6. 312 5	5. 973 1	5. 664 8	5. 383 7	5. 126 8	4. 891 3
22	8. 175 7	7. 644 6	7. 169 5	6. 742 9	6. 358 7	6. 011 3	5. 696 4	5. 409 9	5. 148 6	4. 909 4
23	8. 266 4	7. 718 4	7. 229 7	6. 792 1	6. 398 8	6. 044 2	5. 723 4	5. 432 1	5. 166 8	4. 924 5
24	8. 348 1	7. 784 3	7. 282 9	6. 835 1	6. 433 8	6. 072 6	5. 746 5	5. 450 9	5. 182 2	4. 937 1
25	8. 421 7	7. 843 1	7. 33	6. 872 9	6. 464 1	6. 097 1	5. 766 2	5. 466 9	5. 195 1	4. 947 6
26	8. 488 1	7. 895 7	7. 371 7	6. 906 1	6. 490 6	6. 118 2	5. 783 1	5. 480 4	5. 206	4. 956 3
27	8. 547 8	7. 942 6	7. 408 6	6. 935 2	6. 513 5	6. 136 4	5. 797 5	5. 491 9	5. 215 1	4. 963 6
28	8. 601 6	7. 984 4	7. 441 2	6. 960 7	6. 533 5	6. 152	5. 809 9	5. 501 6	5. 222 8	4. 969 7
29	8. 650 1	8. 021 8	7. 470 1	6. 983	6. 550 9	6. 165 6	5. 820 4	5. 509 8	5. 229 2	4. 974 7
30	8. 693 8	8. 055 2	7. 495 7	7. 002 7	6. 566	6. 177 2	5. 829 4	5. 516 8	5. 234 7	4. 978 9